中国式现代化

蔡昉　等著

中信出版集团 | 北京

图书在版编目（CIP）数据

中国式现代化 / 蔡昉等著 . -- 北京 : 中信出版社，2022.12

ISBN 978-7-5217-4985-4

Ⅰ. ①中… Ⅱ. ①蔡… Ⅲ. ①现代化建设－研究－中国 Ⅳ. ① D61

中国版本图书馆 CIP 数据核字 (2022) 第 214806 号

中国式现代化

著者：　　蔡昉　等

出版发行：中信出版集团股份有限公司

（北京市朝阳区惠新东街甲 4 号富盛大厦 2 座　邮编　100029）

承印者：　北京诚信伟业印刷有限公司

开本：787mm×1092mm 1/16　　印张：24.75　　字数：286 千字

版次：2022 年 12 月第 1 版　　印次：2022 年 12 月第 1 次印刷

书号：ISBN 978–7–5217–4985–4

定价：88.00 元

目录

第二章 高质量发展与中国式现代化

第三章 全国统一大市场与中国式现代化

第四章 创新治理与中国式现代化

第五章 共同富裕与中国式现代化

结语

前　言

以高质量发展推进中国式现代化

如何锚定未来三十年航标？党的二十大报告（以下简称“报告”）给出了答案。报告中系统阐述了新时代新征程的使命任务，提出了党在今后的中心任务、中国式现代化的基本特征与本质要求，以及战略安排与重大原则。①

那么，中国式现代化是如何提出并深化的？有哪些内涵特征和内在要求？应怎样理解其战略部署和首要任务？

① 高举中国特色社会主义伟大旗帜 为全面建设社会主义现代化国家而团结奋斗——在中国共产党第二十次全国代表大会上的报告（2022年10月16日）[N/OL]. 人民日报，[2022-10-26].http://paper.people.com.cn/rmrb/html/2022-10/26/nw.D110000renmrb_20221026_3-01.htm.

中国式现代化的提出及内涵特征

中国式现代化，作为新时代新征程下探索出的新道路，是在全面深刻总结贯穿百年党史主题主线时提出的重大新论断、新概括和新命题。

在 2021 年“七一”庆祝中国共产党成立 100 周年大会上，习近平总书记发表重要讲话指出：“我们坚持和发展中国特色社会主义，推动物质文明、政治文明、精神文明、社会文明、生态文明协调发展，创造了中国式现代化新道路，创造了人类文明新形态。”①

4 个月后召开的十九届六中全会，习近平总书记又指出，“党领导人民……成功走出了中国式现代化道路，创造了人类文明新形态……拓展了发展中国家走向现代化的途径”②。全会决议明确提出，“以中国式现代化推进中华民族伟大复兴”③。

2022 年 7 月，在省部级主要领导干部“学习习近平总书记重要讲话精神，迎接党的二十大”专题研讨班上，习近平表示，“我们成功推进和拓展了中国式现代化”，强调“必须坚持以中国式现代化推进中华民族伟大复兴，既不走封闭僵化的老路，也不

① 习近平．在庆祝中国共产党成立 100 周年大会上的讲话 [OL].[2021-07-01]. http://www.gov.cn/xinwen/2021-07/01/content_5621847.htm.

② 习近平．以史为鉴、开创未来 埋头苦干、勇毅前行 [OL].[2022-01-01]. https://www.12371.cn/2022/01/01/ARTI1641021620027175.shtml.

③ 中共中央关于党的百年奋斗重大成就和历史经验的决议 [OL].[2021-11-16]. http://www.gov.cn/zhengce/2021-11/16/content_5651269.htm.

走改旗易帜的邪路，坚持把国家和民族发展放在自己力量的基点上、把中国发展进步的命运牢牢掌握在自己手中”。[1]

全面建设社会主义现代化国家的新征程，事实上就是中国式现代化道路不断推进的过程。如今中国式现代化在党的二十大报告中被系统论述，这就进一步要求我们对它的内涵特征要有更为充分的认识。

首先，中国式现代化是民族复兴的实现路径。报告提出，从现在起，中国共产党的中心任务就是团结带领全国各族人民全面建成社会主义现代化强国、实现第二个百年奋斗目标，以中国式现代化全面推进中华民族伟大复兴。

其次，中国式现代化体现共性与个性的结合。报告强调，中国式现代化，是中国共产党领导的社会主义现代化，既有各国现代化的共同特征，更有基于自己国情的中国特色。

最后，中国式现代化有五个重要的基本特征。报告指出，中国式现代化是人口规模巨大的现代化，是全体人民共同富裕的现代化，是物质文明和精神文明相协调的现代化，是人与自然和谐共生的现代化，是走和平发展道路的现代化。

① 习近平在省部级主要领导干部“学习习近平总书记重要讲话精神，迎接党的二十大”专题研讨班上发表重要讲话强调：高举中国特色社会主义伟大旗帜 奋力谱写全面建设社会主义现代化国家崭新篇章 [OL].[2021-07-27]. http://www.gov.cn/xinwen/2022-07/27/content_5703131.htm.

中国式现代化与人类文明新形态

从根本上讲，中国式现代化就是社会主义现代化的现实路径，是中国特色社会主义在发展道路上的具体化，是实现中华民族复兴目标的必然选择与必由之路。

面向未来，中国式现代化包含九个方面的本质要求。报告指出，中国式现代化的本质要求是：坚持中国共产党领导，坚持中国特色社会主义，实现高质量发展，发展全过程人民民主，丰富人民精神世界，实现全体人民共同富裕，促进人与自然和谐共生，推动构建人类命运共同体，创造人类文明新形态。

值得一提的是，对中国式现代化的本质要求进行总结和专门概括，尚属首次。

创造人类文明新形态，是上述本质要求的落脚点。从中国式现代化与人类文明新形态的基本逻辑出发，二者之间的关系应为：中国式现代化是人类文明新形态的道路选择，人类文明新形态是中国式现代化的文明追求。

从两步走战略安排到系统协同路径

全面建设社会主义现代化国家，以中国式现代化推进中华民族伟大复兴，不会一蹴而就、一劳永逸，应当蹄疾步稳、有序推进。

战略安排的重要性不言而喻。报告提出，全面建成社会主义现代化强国，总的战略安排是分两步走：从 2020 年到 2035 年基本实现社会主义现代化；从 2035 年到本世纪中叶把我国建成富强民主文明和谐美丽的社会主义现代化强国。未来五年是全面建设社会主义现代化国家开局起步的关键时期。

与此同时，还需要做好必要而充分的风险预案。报告强调，全面建设社会主义现代化国家，是一项伟大而艰巨的事业，前途光明，任重道远。必须增强忧患意识，坚持底线思维，做到居安思危、未雨绸缪，准备经受风高浪急甚至惊涛骇浪的重大考验。

在中国式现代化的推进过程中，要坚持五大原则，并使用更多的策略方法。报告指出，前进道路上，必须牢牢把握以下重大原则：坚持和加强党的全面领导，坚持中国特色社会主义道路，坚持以人民为中心的发展思想，坚持深化改革开放，坚持发扬斗争精神。要增强全党全国各族人民的志气、骨气、底气，不信邪、不怕鬼、不怕压，知难而进、迎难而上，统筹发展和安全，全力战胜前进道路上各种困难和挑战，依靠顽强斗争打开事业发展新天地。

中国式现代化，无疑是一项需要多方协同的系统工程。为此，报告在其他部分相应提出，全面建设社会主义现代化国家，高质量发展是首要任务，教育、科技、人才是基础性、战略性支撑，人民民主是应有之义，尊重自然、顺应自然、保护自然是内在要求。报告还强调，在法治轨道上全面建设社会主义现代化国家。

高质量发展是中国式现代化的首要任务

在中国式现代化的顶层设计中，报告提出，“高质量发展是全面建设社会主义现代化国家的首要任务”，双循环则成为推进中国式现代化战略的必然要求和关键路径。国内大循环作为双循环新发展格局的主体部分，其内生动力和可靠性亟需增强。具体而言，需要坚定不移地以经济建设为中心，进一步深化改革开放，锚定高质量发展航标，统筹发展与安全，协同需求侧管理，扩大内需战略和供给侧结构性改革，加快建设全国统一大市场，深挖国内市场空间与潜力，以市场化法治化持续激发经济增长动能，不断夯实中国式现代化的物质技术基础。

当前越来越重视国内大循环，加快构建内循环为主、外循环赋能、双循环畅通高效的新发展格局，是应对百年未有之大变局的战略安排。这背后也预示着，中国的内需和外需将出现一定的结构性变化。一方面，在全球经济格局调整的大背景下，外需将面临长期结构性调整；另一方面，这种调整给扩大总需求带来较大挑战，扩大内需的重要性随之跃升。这种结构性变化影响深远，再加上数字化的迅速发展，二十大之后的5~10年，中国外贸发展尤其是商品贸易对拉动中国经济增长贡献将有所下降，但服务贸易的比重将逐步提升，全球贸易结构也将呈现分化趋势，新兴市场进一步成为中国主要贸易伙伴。

中国只有重点解决制约国内需求的堵点和难题，才能在极端情况下确保国内大循环高水平顺畅循环。未来内需潜力的释放，要通过进一步改革开放，练好内功，实现消费、制造、科技、投资、服务、金融等全方位循环，重点是推进科技与消费的同频共振。

在提升产业链、供应链韧性和安全水平上，应充分发挥“链主”企业的作用，在供应链安全、敏捷柔性、价值创造、生态协同等方面多维推进，系统带动产业链上下游自主创新，不断提升供应链稳定性和竞争力。通过强大、可控、有韧性的供应链体系与产业链深度融合，促进我国企业增强综合国际竞争力，推动相关产业高质量发展，确保产业链核心环节留在国内的同时借好国际分工的“力”，进一步促进内外双循环，实现经济发展的质量变革、效率变革和动力变革。

中国企业应抓住高质量发展机遇，以数字化转型和绿色化发展为契机，找准自己的角色和定位，打造“有数企业”，提升“战略母产业”，加快建设一批产品卓越、品牌卓著、创新领先、治理现代的世界一流企业。特别是一些投资规模大、辐射领域广、引领带动强的企业，要发挥自身优势，推动供应链上下游、产供销有效衔接协调运转，为畅通国民经济循环、构建新发展格局提供有力支撑。

作为引领未来的顶层设计和战略路径，中国式现代化锚定下一个三十年航标。面向未来，应坚持和深化改革开放，持续以市场化法治化推动高质量发展，扎实推进共同富裕，加快全国统一大市场建设和国家治理现代化进程。

序　章

中国式现代化的顶层设计与关键路径

蔡　昉

中国社会科学院国家高端智库首席专家，中国社会科学院原副院长

党的二十大报告系统论述了中国式现代化的重要特征与丰富内涵，对全面建设社会主义现代化国家进行了顶层设计和战略部署。报告指出，中国式现代化是人口规模巨大的现代化，是全体人民共同富裕的现代化，是物质文明和精神文明相协调的现代化，是人与自然和谐共生的现代化，是走和平发展道路的现代化。

5 年前召开的十九大提出到 2035 年基本实现现代化的目标，十九届五中全会又将这一目标具体化为成为中等发达国家。这两个目标在内涵上是一致的，定量的表述即为，按照 2020 年不变

价和不变汇率计算，人均 GDP（国内生产总值）达到 23000 美元，相当于目前葡萄牙等国家的水平。用人均 GDP 表达经济社会发展水平或现代化水平，是一种简单且简洁的方法。同时，人均 GDP 与其他一些关键发展指标之间的内在联系，可以更深刻揭示基本实现现代化的内涵和外延。

因此，观察从此时到彼时，即人均 GDP 从 10000 美元提高到 23000 美元的时期，在关键发展指标上，中国需要补足哪些短板，或者说看清从此岸到彼岸的关键路径，有助于认清基本实现现代化的主要任务和所需举措。

基本实现现代化要补足哪些短板

到 2035 年基本实现现代化，无疑是一个远景目标、战略意图和顶层设计，在达到彼岸的过程中需要填平诸多发展水平上的缺口。与此同时，在实现这个中长期目标的过程中，也要克服每一个可能发生的不确定冲击，解决随时出现的短期问题。为此，应当着眼于既解决紧迫的挑战难题又推动实现远景目标，揭示基本实现现代化必须补足的短板，并从具体举措方面提出政策建议。首先，形成创造性破坏机制，显著缩小与参照国家在劳动生产率上的差距。其次，继续推动资源重新配置，加快缩小城乡二元经济结构。最后，加强社会共济、社会保护和社会福利，加快中国式福利国家建设步伐。

补足现代化短板的窗口期

按照到“十四五”规划期末成为高收入国家和到2035年成为中等发达国家的目标，中国人均GDP需要在大约15年时间里保持5%左右的年均增长率，在2025年之前跨过世界银行定义的高收入国家门槛，在2023年达到或跨过高收入国家中间组门槛。按照世界银行2022年公布的最新标准，进入高收入门槛的标准为人均GNI（Gross National Income，国民总收入）13205美元。鉴于中国的人均GNI与人均GDP相差很小，以下我们使用人均GDP作为分析的依据。根据预测，未来15年的潜在增长率足以保障目标的实现。然而，作为现代化表征的一些关键经济社会发展指标，虽然具有随人均收入水平提高而改善的特征，却并非人均收入水平提高的自然结果。缩小这些关键指标与目标之间的差距，应该成为这个发展时期的政策着眼点和措施着力点。

从现在到2035年基本实现现代化的时期，中国将经历从中等偏上收入国家到高收入国家的跨越，即从发展中国家到发达国家的跨越。这个重要的窗口期可以分成两个区段，相应地，中国发展面临的挑战也可以从两个方面来认识。第一，稳定跨越中等收入阶段，免于很多国家遭遇过的中等收入陷阱困扰。应该说，完成这个任务已经没有悬念。第二，巩固和提升作为高收入国家的地位，并着力在关键发展指标上缩小乃至消除与发达国家平均水平的差距。完好地应对这两个关键挑战，不是轻轻松松的任务，它们决定了中国的长期发展绩效，也决定了基本实现现代化的成色。

按照现价和全年平均汇率计算，2021 年中国人均 GDP 已经达到 12551 美元，临近世界银行界定的高收入国家门槛水平。人均 GDP 处于 12000 美元到 23000 美元区间的国家，大致是所有高收入国家三等分中的第一组。从这一组别到下一个三等分组即中等发达国家的跨越，是中国在 2035 年要实现的远景目标。因此，我们可以形象地把这个发展阶段称为现代化“从门槛到中途”的阶段。以 21 个近年来稳定处于这个区间的国家作为参照基准，我们可以更好地认识，除了人均收入，中国还需要把哪些反映现代化水平的关键指标作为这个阶段加速赶超的目标（参见世界银行，2022a）。

鉴于可以列入这个清单的指标不胜枚举，我们仅抓住几个既可以作为基本实现现代化目标，又可以作为实现目标必要手段的关键指标，以反映中国已经达到和需要进一步赶超的经济发展质量、城乡平衡发展水平和共同富裕程度。利用世界银行发布的最新数据，表 1 列举了劳动生产率（每个就业人员创造的 GDP）、农业劳动生产率（劳均农业增加值）、农业就业比重（务农劳动力占全部劳动力比重）、城市化率（城市常住人口在全部人口中的比例）和政府支出比重（政府提供货物和服务活动的货币支出占 GDP 比重），并把中国与“从门槛到中途”国家的简单平均水平进行比较，计算出中国与平均水平的差距（相当于平均值的百分比）。

这些关键指标的比较，反映出中国已经达到的现代化水平以及预期达到的目标，缩小在这些指标上与更高发展阶段国家之间

表 1 “从门槛到中途”：高收入阶段的若干指标（美元，%）

	劳动生产率	农业劳动生产率	农业就业比重	城市化率	政府支出比重
中国	31234	5609	25	61	—
参照国家	65578	19134	7	71	35
中国差距	48	29	368	87	—

资料来源：世界银行数据库，https://data.worldbank.org

的差距，提示了实现目标所需要采取的行动。具体来说，在这些方面进一步改善，可以从供给侧保持和提高潜在增长率，从需求侧创造条件以确保增长潜力，并使增长潜力得到充分发挥。从表1显示的差距可以得出结论：中国的整体劳动生产率亟待赶超；重要途径是提高农业劳动生产率，加快农业剩余劳动力转移，进一步提高城市化水平；城市化水平的提高和城乡更加平衡的发展，则要求显著提升社会福利水平。

挖掘生产率提高的新源泉

从定量的角度认识经济发展水平或国家现代化，劳动生产率指标既表达出已经达到的水平，也揭示出达到预期水平的现有能力。所以，从目标和手段相统一的角度来看，劳动生产率是一个核心的现代化指标。从中国面临的经济增长制约因素来看，劳动生产率更是不可或缺的新动能。因此，从中长期目标任务来讲，劳动生产率是基本实现现代化要补足的最大短板。目前，中国每个就业人员创造的 GDP 尚未达到“从门槛到中途”国家平均水平的一半，差距可谓巨大。不仅如此，随着中国经济增长趋于减速，提高生产率的堵点明显增多，生产率提高的速度也显著下降，这进一步加大了生产率赶超的难度。

一般来说，生产率提高有三条途径。第一条途径可以被称为前沿创新，即站在科技前沿上自主创新，并将其转化为生产率的提高。第二条途径是利用后发优势，即主要通过借鉴、模仿和消化发达国家的技术，形成自身需要的应用型技术，加以应用来提高经济的生产率。这两条途径是生产率的源泉，科研机构、技术研发部门和企业是创新的主要载体。第三条途径是资源重新配置，即主要依靠企业等市场主体的自发动力，通过优胜劣汰缩小在产业之间、地区之间和企业之间的生产率差距，从而整体提高生产率。也可以说，第三条途径是创新成果转化为生产率的具体机制。

在中国经济发展水平整体提高的情况下，技术上的后发优势随着差距的缩小而趋于减弱。随着劳动力等生产要素从农业向非农产业转移速度放慢，资源重新配置空间也有缩小的趋势。生产率提高越来越依靠在科技前沿上的自主创新。因此，中国生产率提高的速度趋于放慢。中国每个就业人员创造实际 GDP 的年均增长率，在 1991—2001 年为 9.1%，在 2001—2011 年为 10.2%，在 2001—2020 年下降到 6.6%。一些研究显示，全要素生产率也经历了相同的趋势（《径山报告》课题组，2019）。与此同时，中国与“从门槛到中途”参照国家相比，劳动生产率仅相当于后者平均水平的 48%。

中国生产率快速提高的源泉远未耗竭，机会仍然存在。随着中国进入高收入国家行列，自主创新对生产率提高的贡献将显著增强，而这种贡献具有报酬递增的性质和良性循环的效果。与此同时，在相当长的时间里，中国仍有很大的空间可以借鉴国际上现成的科学技术成果，继续发挥后发优势。更为重要并且最具潜力的生产率源泉在于，中国经济中资源重新配置的空间仍然是巨大的。

在中国的高速增长时期，劳动力从农业向非农产业特别是制造业转移，创造了资源重新配置效率，对整体生产率的提高做出了重要贡献。在这个生产率源泉式微的情况下，仍有两个重要的方向，可以通过改革继续获得资源重新配置效率。其一是沿着产业链条延伸资源配置过程。在中国国民经济行业分类标准中，仅制造业就被划分为 31 个大类、191 个中类和 525 个小类。可见，仅在制造业内部，资源重新配置的链条就足够长，是生产率继续提高的源泉（蔡昉，2022）。其二是在产业和部门内部的企业之间加大资源重新配置力度。在更高的发展阶段，生产率提高愈加依靠企业之间的优胜劣汰，即让效率高的企业生存和壮大，使低效企业退出或死亡。随着改革不断完善这种创造性破坏环境，从中获得的生产率改进也将是巨大的。

消除城乡二元经济结构

随着 20 世纪 70 年代末改革伊始，农业剩余劳动力转移的过程旋即开启。通过为非农产业大规模提供低成本劳动力，在城乡、区域以及产业之间进行资源重新配置的过程推动了中国经济的高速增长。这个发展经济学所谓的二元经济发展，最终推动农业中劳动力剩余现象趋于消失、农业与非农产业生产率差距显著缩小、城乡之间收入和基本公共服务水平更加均等，即城乡二元结构反差减小。2010年以来，劳动年龄人口达峰并负增长，劳动力转移速度也相应减慢，中国经济增长进入回归常态的减速过程。按照发展经济学的定义，这意味着刘易斯转折点的到来。然而，根据中国的国情，由于劳动力无限供给特征并未消失，因此，刘易斯转折点的到来并不意味着二元经济结构的根本消除。

把二元经济发展的潜力发挥殆尽，更彻底地消除二元经济结构，既是在高质量发展中促进共同富裕的要求，同时也有助于应对新发展阶段上的诸多挑战。一方面，在农业与非农产业之间以及城乡之间重新配置资源的潜力尚未开发殆尽。这表现在农业劳动力比重过高，目前是参照国家平均水平的3.7倍；城市化率仍然偏低，仅为参照国家平均水平的87%。这成为农业生产率相对于国际水平和非农产业均低的原因。另一方面，在收入和基本公共服务水平上的城乡差距仍顽固存在，也造成居民整体收入和基本公共服务的不均等。不仅如此，由于进城务工者大多没有获得城镇户口，在常住人口城镇化率与户籍人口城镇化率之间，仍然有约18个百分点的差距，这意味着城乡二元结构被移植到城市内部。

尚存的二元经济结构，不仅意味着中国经济增长潜力尚未充分发挥，也标志着城乡发展格局现状与基本实现现代化的要求仍有很大距离。无论是从基本实现现代化目标还是从保持经济在合理区间增长的要求看，从现在起到2035年的十余年间，是消除城乡二元结构的机会窗口。促进这个进程的突破口是以人为核心的新型城镇化。这里，“以人为核心”的含义就是城镇化归根结底要以农民工在城镇落户为目标，而实现这个目标则要求加快户籍制度改革的步伐。

这项改革是典型的改革红利甚丰且报酬递增的制度创新。首先，提高常住人口城镇化率，意味着更多人口在城镇居住和就业，相应降低农业就业比重，增加非农就业并通过资源重新配置提高生产率，达到提高潜在增长率的显著效果。其次，提高户籍人口城镇化率，同时缩小乃至消除常住人口城镇化率与户籍人口城镇化率之间的差距，不仅可以稳定非农产业劳动力供给，还能通过缩小居民收入差距和基本公共服务差距，提高消费能力和消费倾向，达到扩大社会总需求的显著效果。最后，通过形成城乡平衡发展的条件，促进农业和农村非农产业发展，提高农村居民生活水平和享受基本公共服务的水平，达到消除二元经济结构的效果。

加快建设中国式福利国家

无论是在提高生产率的创造性破坏过程中从社会层面保护劳动者，还是通过缩小城乡收入和基本公共服务差距来消除二元经济结构，抑或应对老龄化程度加深后消费需求减弱的挑战，都要求大幅度提高中国的社会共济、社会保护和社会福利水平。这与德国经济学家阿道夫·瓦格纳（Adolf Wagner）概括的一个特征化事实，即“瓦格纳法则”的含义不谋而合。瓦格纳指出，随着发展水平的提高，人们对社会保护、反垄断和规制、履约和执法、文化教育和公共福利的需求不断扩大。由于这类公共品需要政府充当供给者和买单人，因此，政府支出占 GDP 的比重显现逐步提高的趋势［亨里克森（Henrikson），1993］。

关于政府支出占 GDP 比重这个指标，中国的数据暂付阙如，因此从表 1 中无法看到中国在这方面与参照国家的差距。然而，如果把这个指标与人均 GDP 对应起来，我们就可以观察到一个规律性的变化特点，人均 GDP 在从 10000 美元提高到 23000 美元，即在相当于发达国家“从门槛到中途”这个发展区间，政府支出占 GDP 比重的提速十分显著（见图 1）。按人均 GDP 从低到高排列，该指标从第一个国家的 22.2% 提高到最后一个国家的 34.3%，或者从前 5 个国家平均 23.9% 提高到最后 5 个国家平均 34.3%。这个提升不啻建成福利国家的最后一跃，这个发展区间也可以被称为“瓦格纳加速期”。

如果说中国应该遵循瓦格纳法则，主动在瓦格纳加速期内加大政府社会福利支出，并不仅仅因为中国正处在“从门槛到中途”这个发展阶段，更主要出于在此期间中国必须应对的挑战。2021 年，中国人口自然增长率仅为 0.34‰，系 1960 年之外共和国历史的最低水平，标志着中国即将进入人口负增长时代。随着 65 岁及以上人口比例达到 14.2%，中国已经进入国际公认的老龄社会。对中国来说，这个人口转折点是史无前例的，必将带来全新的挑战。

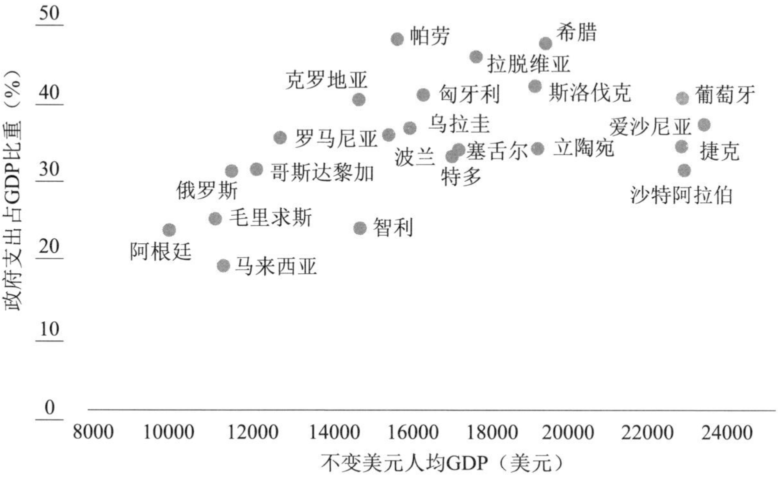

图 1　政府支出占 GDP 比重随收入水平提高

资料来源：世界银行数据库，http://data.worldbank.org/

近年来中国老龄化加深带来的潜在增长率下降，以及养老保障和照料需求增大等挑战，已经得到经济学家和决策者的充分重视。然而，人口负增长和更深度老龄化给消费需求带来的预期冲击，尚未引起应有的政策关注。人口因素一般通过三种效应抑制消费需求，分别是人口总量效应、年龄结构效应和收入分配效应，即在人口增长停滞或负增长、老年人口比重过高，以及收入和基本公共服务差距过大的情况下，消费会受到明显的抑制。由于前两个效应产生于人口变化趋势，通常难以回避，因此，改善收入分配、提高基本公共服务供给水平和均等化水平，可以说是有效应对人口冲击工具箱中的不二选项。

遵循一般发展规律，并不意味着简单复制瓦格纳加速期的统计数字轨迹，即仅仅着眼于提高政府支出在 GDP 的占比，而是着眼于增强人民群众的幸福感和解决他们的切身福祉问题，从幼有所育、学有所教、劳有所得、病有所医、老有所养、住有所居、弱有所扶等方面着手，建立和健全社会福利体系和相应的制度框架，提供覆盖全体居民和全生命周期的基本公共服务。以促进全体人民共同富裕为目标，遵循尽力而为和量力而行的原则，从提供更高水平和更加均等的基本公共服务入手推动这个制度安排，可以定义为中国式福利国家建设。

扩大中等收入群体的着力点

迈向橄榄型社会是共同富裕的一个重要标志。中国 14 亿多人口中有 4 亿多中等收入群体，要想让总人口发挥出超大规模市场的作用，以保证经济增长的消费需求，就要扩大中等收入群体规模，形成橄榄型社会结构，而这个结构的形成需要增强社会流动。

橄榄型社会结构尚未形成

改革开放以来，特别是党的十八大以来，人口的横向流动性已经显著增强，包括人口跨城乡、跨省份、跨东中西部地区、跨产业、跨行业、跨职业、跨企业等大规模的横向流动。从这些方面看，中国已经是一个人口和劳动力高度流动的社会。特别是在过去几十年，劳动力的城乡流动既对农民收入的提高做出了巨大贡献，也对宏观经济增长、生产率的提高做出了巨大贡献。

现阶段，我国城镇居民和农村居民收入都保持着较快增长，但是两者之间还有差距，居民收入的基尼系数仍然在 0.4 以上。造成收入差距的一个重要原因在于，虽然人口的横向流动比较充分，但纵向流动还不够，也就意味着我国尚未形成典型的橄榄型社会结构。人们在教育水平、职业身份、收入分组等各方面的平等向上的通道还不够畅通，或者说纵向流动没有伴随着横向流动同步取得进展。

目前，国家统计局定义的中等收入群体已经达到 4 亿多人。考虑到中国有 14 亿多人口，4 亿多中等收入群体的规模还是不够大的。按照目前采用的中等收入群体标准，典型的三口之家，年收入在 10 万~50 万元之间。根据这个标准，我们从城镇居民和农村居民的收入五等分分组数据来看，符合中等收入群体的人群主要还是在城镇的高收入组和中等偏上收入组，可以说还没有构成很大的人群规模，就是说橄榄型社会结构尚未形成。

制约社会流动的因素

橄榄型社会结构尚未形成，归根结底是由于社会流动的不足。那么，制约我国社会流动的主要因素有哪些呢？

在改革开放的早期阶段，我国社会的横向流动在很长时间是非常通畅的。随着经济增长速度的降低，这种社会流动性，至少是横向流动有减慢的趋势。从一定程度来说，我国早期增长速度快、教育发展快、产业结构调整快，使得那个时期出现大量的机会，人人都可以实现“帕累托改进”，即人们获得更好发展机会的同时，并不会减少其他人的机会。一旦这种机会变少，在一定程度上，社会流动就具有了“零和博弈”的性质，也就是说部分人获得改善的机会，就有可能减少其他人的改善机会。因此，总体上来说，经济增长减速对社会流动性是有负面影响的。

同时，中国的人口老龄化正在加剧。2021 年我国的人口增长速度，也就是综合考虑出生和死亡后的自然增长率是 0.34‰，2022 年很可能就达到零增长。同时，2021 年 65 岁及以上老年人的占比已经达到 14.2%，按照国际标准，我国已经正式进入老龄社会。

老龄社会也会降低社会流动性。首先，从个体层面看，随着年龄的增长，人们倾向于较少追求职业的变化、居住地的变化和生活方式的变化，横向流动趋于减缓。其次，从总体层面看，个体年龄变大降低变化意愿这个微观特征，也会汇总成为老龄社会减缓社会整体横向流动的宏观特征。横向流动的减弱必然降低纵向流动性。最后，从社会意义上来说，进入老龄社会后，需要顺应变化形成一个老年友好型的环境，包括就业环境、创业环境、生活环境等，而这种环境的形成也需要假以时日。在此之前，上述因素都会产生减缓社会流动性的效果。

应该说，虽然经济增长速度下降是符合发展阶段变化规律的，老龄化也是不可逆的趋势，在一定程度上产生减缓社会流动性的效果也难免，但是，通过解除各种体制性、机制性障碍，仍有巨大的社会流动空间可供拓展。

我国有两个关于城镇化的指标，一个是常住人口城镇化率，目前已经达到 64.72%；另一个是户籍人口城镇化率，目前只有 46.7%。也就是说，真正拥有城市户籍的人口占比还显著低于常住城镇的人口占比，二者之间约 18 个百分点的差距反映的主要是进城务工的农民工，这也说明这部分实现了横向流动的群体未能同步地实现纵向流动。可见，现行户籍制度仍然是不利于中等收入群体扩大的体制障碍。

促进社会流动的着力点

在分析了体制因素以后，我们就很自然地要探寻促进社会流动的政策着眼点和着力点。也就是说，我们应该从公共政策的哪些方面出发呢？

第一，促进社会流动要靠改革和制度建设。在目前发展阶段上，推进改革可以带来报酬递增和真金白银的改革红利，这个改革红利就是消除各种阻碍经济增长、收入提高、差距缩小和社会流动的体制机制障碍。

按照党中央确定的 2035 年基本实现现代化目标，在今后的 13 年，我国处于一个重要的窗口期。在这个窗口期，深化经济体制改革、调整社会政策和推动制度建设，对于赢得改革红利至关重要。这段时间，我国正处在人均 GDP 从 12000 美元到 23000 美元过渡的区间。因此，我们希望达到的社会流动性水平，可以与处在相同发展阶段的国家进行比较，也就是以人均 GDP 处于 12000 美元到 23000 美元区间国家的平均水平作为我国的参照系。具体到初次分配、再分配和第三次分配领域，固然各自都有独特的职责和作用可以发挥，但也需要政策协同发力促进社会流动。

第二，初次分配领域要着眼于生产要素的配置，以及生产要素在各所有者之间的合理分配。消除城乡二元结构是该领域最紧迫的改革任务，可以说今后 13 年是消除城乡二元结构的重要窗口期。一般而言，随着人均收入水平、现代化水平和城市化率的不断提高，农业就业比重会不断下降。与前述参照国家的平均水平相比，我国城市化率的提高尚有 10 个百分点的差距，农业劳动力比重下降差距则高达 18 个百分点。

因此，我们需要从两个方面做出努力。一方面，继续推进新型城镇化，同时推动农业劳动力转移，缩小与参照国家之间的差距；另一方面，还需要缩小我国常住人口城镇化率和户籍人口城镇化率之间的差距，让农民工成为市民，把横向流动转化为纵向流动。这样的话，从供需两侧都可以创造改革红利。从供给侧看，可以增加非农劳动力供给、提高劳动参与率、推动重新配置资源，进而提高生产率，这都可以提高经济增长率。从需求侧看，可以通过增加居民收入、缩小收入差距和解除后顾之忧，大幅度扩大消费，确保我国的社会总需求不断扩大，真正形成庞大的国内市场。

第三，加大再分配力度，需要显著增加政府社会性支出。在观察跨国数据时，我们可以看到有一个规律性的现象，也就是我们前面所说的“瓦格纳法则”。考虑到我国未来 13 年的发展任务是实现人均 GDP 从 12000 美元到 23000 美元的过渡，同时一般规律也表明，在这个区间政府的社会性支出比重提高是最快的，因为我国正处于瓦格纳加速期。顺应这个规律显著扩大社会性支出，才能实现基本公共服务的全民和全生命周期覆盖这一重要的再分配目标。

第四，第三次分配领域是对初次分配和再分配的重要补充，个人、企业和社会均可以大有作为。大家都知道第三次分配涉及慈善事业、志愿者行动、企业社会责任等。在这些之外，我想再强调一个内容，即企业的科技向善、创新向善和算法向善，也就是说企业要形成以人为中心的发展导向和经营导向，这是第三次分配中最重要的，但迄今为止或多或少被忽视的一个方面。具体来说，我们需要转变企业的目标函数，用创新的方式把员工、用户、供应商、社区、社会和环境都纳入企业的生产函数。这样，我国的企业发展既可以产生无穷无尽的创意，也能从市场内外获得回报。

这里举个企业可以促进社会流动的例子。一般认为，20~35岁是人口生育旺盛期，同时也是人们的核心劳动时间。从中国情况看，在这个年龄区间，人们始终处于职业的上升期，直到35岁才达到顶点，而在此之后通常就进入下降期。与此同时，这也是个人从事家务劳动幅度持续攀升的时间区间。这就产生了一个职业发展和家庭发展的矛盾，极为拮据的家庭总资源约束，恰恰是我国生育意愿不高和生育率下降的重要原因，也是制约就业质量提升的因素，从而影响我国社会流动性的提高。鉴于所谓的“996”工作模式对家庭预算约束的作用，企业在这方面可以大有作为，通过创新向善的安排和助推，能够让员工的职业和家庭都获得正常发展。

共享生产率成果：高质量发展与共同富裕

在高质量发展中促进全体人民共同富裕，既宣示了中国特色社会主义现代化的奋斗目标，也指出了实现这一目标的基本路径。这一目标与实现路径相统一的表述，在经济学的语境中就是共享生产率提高的成果。在改革开放 40 多年的时间里，中国正是靠解放生产力创造出的高速经济增长奇迹，推动了社会生产力的发展，增强了国家的综合国力，显著提高了人民的生活水平。在新的发展阶段上，中国面临新挑战的特点是发展中的问题和成长中的烦恼，挑战和机遇并存。以人民为中心的高质量发展是解决中国一切问题的基础和关键。同时，进一步深化改革和扩大对外开放是赢得新的机遇、实现共同富裕的保障。

着眼于对高质量发展与共同富裕之间的关系进行经济学解析，在此尝试从目标和路径的统一性出发，阐释推动共同富裕本质上就是共享生产率成果。重点分析初次分配、再分配和第三次分配（主要是企业社会责任）三者之间的独特定位和主要职责，指出相关领域亟待进行的改革任务以及预期产生的改革红利。基本结论是：第一，初次分配是生产率得以不断提升的激励和效率保障机制，因此在三个分配领域中具有基础性的地位；第二，再分配是改善收入分配状况和提高人民福祉不可或缺的途径，需要因应发展阶段的变化不断提高实施力度；第三，以企业社会责任为核心的第三次分配领域，存在着大量的“助推”机会，将其激发起来可以更好地实现生产率提高与共享的统一。

初次分配：提高生产率的基础性机制

做大蛋糕是分好蛋糕的物质前提。经济增长表现是各种资源和要素的函数，生产率的提高来自资源和要素的重新配置。相对于再分配和第三次分配，初次分配领域更加倚重市场配置资源的决定性作用，更加注重效率原则和激励机制。鉴于初次分配的这种性质，将其作为具有基础性地位的分配领域，也可有助于在推动共同富裕的过程中始终坚守尽力而为和量力而行相统一的原则，依靠市场形成的激励机制，调动各个群体的就业和创业积极性，促进各行各业、各个地区的均衡繁荣发展，是实现生产率共享的前提。这样就可以防止超越发展阶段进行再分配和形成社会福利的过度承诺，也避免出现平均富裕和同步富裕这种不切实际的做法，不至于产生鞭打快牛和伤害积极性的后果。

由于初次分配涉及各种生产要素的回报，因而决定了生产要素所有者获得什么样的激励以及激励力度的大小，进而决定了各种要素本身的再生产、参与率、充足性和质量。鉴于这种报酬决定、激励形成和资源重新配置的性质，在三个分配领域中，初次分配是更具基础性地位的。生产要素所有者同时也是初次分配的参与者，包括拥有体力、技能和管理能力的劳动者，拥有资本的投资者，拥有土地用益权的经营者，以及组合生产要素的企业家和提供公共品的政府，都在初次分配中获得自己对产出贡献的相应回报，他们的信心和积极性都是生产率提高和经济增长的重要保障。

在社会主义基本经济制度条件下，各种生产要素所有者和市场主体，处于依法平等使用资源和生产要素、公开公平公正参与竞争、同等受到法律保护的市场环境。也就是说，一旦在公有制为主体、多种所有制经济共同发展这个基本框架内，生产要素所有制结构得以确立，实际上也就同时确立了初次分配的基本格局，总体上符合按劳分配为主体、多种分配方式并存这个基本原则。而具体的分配结果则取决于各种要素所有者和资源配置活动参与者的实际贡献。经济学原理表明，在资源和要素得到初始安排之后，只要产权界定足够清晰，随后的重新配置过程就是以提高资源配置效率为核心而进行。这个资源重新配置的过程恰恰是发生在初次分配领域。

作为中国特色社会主义现代化的奋斗目标，共同富裕必须在高质量发展中实现，是生产率在不断提高中的共享。用经济学的语言把共同富裕转化为生产率成果共享，在于突出生产率提高与共享水平的提高保持步调一致，也就是经济增长与居民收入提高的基本同步。强调这一点，也是由于实现这个基本同步的要求不是自然而然的。在图 2 中，我们分别展示了人均 GDP 和人均居民可支配收入的实际增长率。由于劳动者是人口中的一个组成部分，人均 GDP 就可以代表劳动生产率水平。同时，人均居民可支配收入可以代表居民从生产率提高中获得分享的程度。从数据

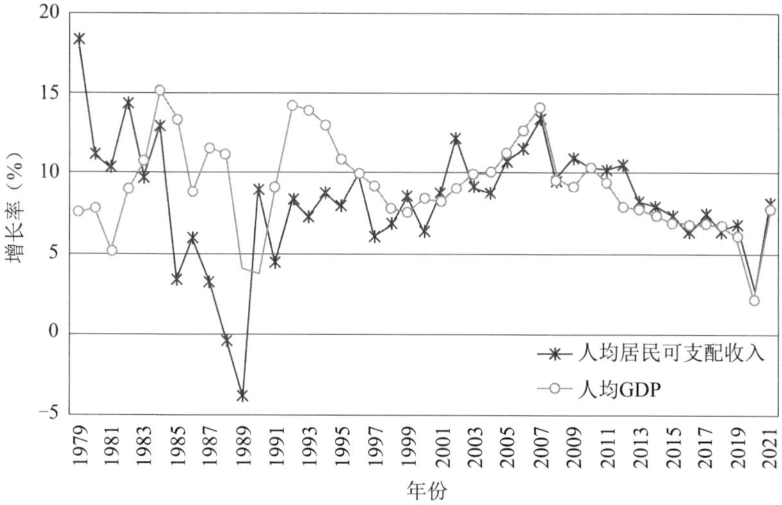

图 2　经济增长与居民收入增长的同步性

资料来源：国家统计局“国家数据”，国家统计局网站

分析可知，从改革开放至今，即从 1978—2020 年整个期间来看，人均 GDP 和人均居民可支配收入之间保持了完全的同步，两者年平均增长率均为 8.2%。

然而，正如图 2 所显示的，在过去 40 余年中的不同时期，人均 GDP 和人均居民可支配收入之间的增长同步性并不相同。例如，在 1985—2000 年，两者之间的同步性表现偏弱，其间人均 GDP 年均增长率为 6.9%，人均居民可支配收入年均增长率为 6.1%。同时，由于城镇居民收入年均增长率为 5.9%，农村居民收入增长率仅为 4.1%，这期间城乡收入差距趋于扩大。党的十八大以来，经济增长与居民收入增长的同步性不仅明显提高，而且居民收入增长快于 GDP 增长，农村居民收入增长快于城镇居民收入增长，产生对以往差距的补偿效应。例如，2010—2020年，人均GDP年均增长率为6.3%，居民可支配收入增长率为7.2%，其中城镇居民收入增长率6.2%，农村居民收入增长率高达7.8%。

党的十九届五中全会为2035年设定了成为中等发达国家的定性目标，与此对应的定量目标则是在2020—2035年期间实现GDP总量翻一番。考虑到人口变化的趋势，同时结合居民收入增长同经济增长基本同步的要求，这个时期中国的人均GDP和居民人均可支配收入的目标也应该是翻一番，年度增长的合理区间应为平均5%左右。为了确保实现这个目标，无疑有必要在诸多领域推进改革。其中，通过户籍制度改革推动以人为核心的新型城镇化，不仅是一个立竿见影的举措，而且改革效应可以同时作用于供给侧和需求侧。

2021年中国常住人口城镇化率为64.72%，而户籍人口城镇化率仅为46.7%，两者之间约有18个百分点的缺口。与此相对应，户籍制度改革的实践含义和潜在效果便是，一旦可以消除两个城镇化率之间的巨大缺口，就可以立竿见影地促进潜在增长率的提高和实现。又由于这项改革可以使高达2.6亿从农村转移出来的城镇常住人口（大多数是农民工）获得城镇户口，从供需两侧显现出来的改革红利必然如同改革所涉及的人口规模一样巨大。

从供给侧来看，获得城镇户口的农民工将提高就业稳定性，增加劳动参与年限，这也将相应产生必要的激励信号，拉动农村劳动力的持续转移，达到显著增加非农产业劳动力供给的效果。例如，2020 年农业劳动力比重为 23.6%，加快降低该比重就意味着非农产业劳动力可以得到继续增长。从需求侧来看，以农民工落户为核心的户籍制度改革将推动新型城镇化，显著扩大城市建设的投资需求和居民消费需求。其中城乡人口迁移的两个步骤将产生居民消费扩大的倍增效应。OECD（经济合作与发展组织）研究团队进行的一项模拟表明，农村劳动力转移到城镇，在尚未获得城镇户口的时候，消费即可提高 30%；进一步，在城镇居住和务工的农民工一旦获得城镇户口，即便其他条件不变，他们的消费水平也可以再提高 30%。

再分配：共享生产率成果的必要途径

分好蛋糕是做大蛋糕的必要保障。初次分配尚没有覆盖分配的全部过程，实现生产率的共享需要再分配机制，促进共同富裕就要强调更加注重公平的再分配过程。认为初次分配可以解决资本要素所有者与劳动要素所有者之间收入的平衡问题，在理念上来自西方经济学诞生以来便存在的自由放任理念，特别是从 20 世纪 80 年代开始盛行的新自由主义经济学，其中有三种理论思潮对政策的影响最为重大。第一种思潮是以弗里德曼为代表的涓流经济学。例如，弗里德曼认为，合理的收入分配伦理，是让每个人最终获得自己拥有要素和手段创造的产出，这就意味着市场机制可以自动解决收入分配问题。第二种思潮则是以奥肯为代表的“大取舍”理论，该理论认为效率与公平天然存在对立消长的关系，具有鱼和熊掌不可兼得的性质。第三种思潮以卢卡斯为代表的“无关论”，该理论不仅否认调节收入分配的必要性和有效性，甚至认为做大蛋糕与分好蛋糕两者是无关的，结论是研究分配问题本身并无助益。

上述几种具有代表性的理论观点，与新自由主义经济学的整体影响一起，在一段时间里对再分配政策产生了国际范围的影响，以致使相关的实践即福利国家建设遭遇挫折，在世界范围内长时间陷入低谷，在一些早期作为先驱的国家还出现了巨大的倒退。其结果是在众多发展中国家，甚至在很多发达国家，收入差距的扩大成为顽疾而无药可医，引起经济的两极化和社会的分化，甚至造成政治的分裂。不言而喻，对经济学家以及政策决策者来说，应该相信的是从经验研究中可以观察到的显著性事实，进而摒弃根深蒂固的传统观念，特别是涓流经济学。

不过，在经验研究中似乎也产生了一对截然对立的观察，分别是著名的库兹涅茨倒U形曲线和皮凯蒂不等式。库兹涅茨根据一些早期工业化国家的经验发现，随着经济发展水平的提高，收入不均等呈现先上升，达到一个峰值水平之后便转而降低的趋势，形成一个倒U形曲线轨迹，收入不均等达到的峰值被称为库兹涅茨转折点。然而，皮凯蒂对大规模、长跨度各国历史数据的分析表明，资本收益的增长速度（r）总是大于经济增长，从而大于工资增长的速度（g），这被称为皮凯蒂不等式。很显然，按照皮凯蒂不等式推论，根本不存在什么库兹涅茨曲线，因而也没有库兹涅茨转折点这回事，收入差距扩大是一个自然的趋势，因而这个趋势也就是不可能自行逆转的。

如果进行有效的再分配，就足以改变皮凯蒂不等式，进而在适当的发展阶段上迎来库兹涅茨转折点，这就意味着收入分配状况遵循倒U形曲线变化的可能性是存在的。应该说，对形成一个社会认同的较合理的收入分配状况来说，初次分配领域的制度安排和再分配领域的政策力度均可做出贡献。国家之间的比较研究表明，收入分配状况的基础性因素，首先在于初次分配领域的政策倾向和制度安排，进而再分配发挥重要的调节功能。根据OECD数据库数据计算，在OECD成员中的高收入国家，再分配可以把初次分配的基尼系数平均降低35%，大幅度缩小收入差距。除了税收和转移支付这种直接的调节手段，政府在社会福利领域的支出力度也具有明显改善收入分配状况的效果。从39个包括OECD成员在内的国家和地区看，在社会领域公共支出占GDP比例与基尼系数之间，存在着显著的负相关关系。

可见，再分配工具的内涵或再分配领域的外延，远远超出税收和转移支付这种直接调节收入分配的范畴。根据在发展中保障和改善民生的理念，以及发展阶段变化的现实需要，中国再分配政策的本质可以表述为提供更加充分、公平，并且覆盖全民、全生命周期的基本公共服务。因此，按照要求建设这种基本公共服务供给体系，或者说，推进中国特色福利国家建设，是当前再分配领域的中心任务。作为一种国家承诺和宣示，国家构建社会福利体系并据此框架提供基本公共服务，确立这种供给的政府责任、范围和标准，规范而准确地界定了政府再分配政策的内涵和实施力度。

尽力而为和量力而行相统一，既需要按照共享发展理念要求，对再分配政策意图达到的目标做出界定，确定该做什么和不该做什么，也需要按照发展阶段的要求，对每一时期的再分配力度做出界定。从理念上说，这个两点论原则的合理切点应该由一个基本公共服务或社会福利供给的恒等式来界定。尽力而为和量力而行，在这个恒等式中则分别表现为再分配力度既不能低于，也不能超过资源允许的限度。在特定的发展阶段通常可以就一个合意的恒等式形成共识，但就其所确定的基本公共服务供给内容和程度来说，增一分则嫌长，减一分则嫌短。

根据发展理念和国情特点做出社会福利体系承诺和配置，再分配举措就成为国家规范，约束性和规范性均得以增强。总体来说，再分配功效应该从扩大居民收入在国民收入分配占比、改善收入分配状况和提高社会福利水平等层面进行评估。这种基础工作也是构建社会福利体系所需要的。在图 3 中，我们用国家统计局编制的实物交易资金流量表，计算再分配后的可支配总收入与初次分配总收入的比值，可以观察国民收入分配过程中的三个主要当事方，即企业部门、政府部门和住户部门在再分配前后的收入状况变化。

从图 3 可以看到，再分配后政府的可支配收入水平与初次分配收入相比，有了显著的提高，主要的获取来源和调节对象是企业部门，这里政府和企业两类部门的再分配比值（可支配收入与初次分配收入比率）呈现此消彼长的关系。与此同时，在政府再

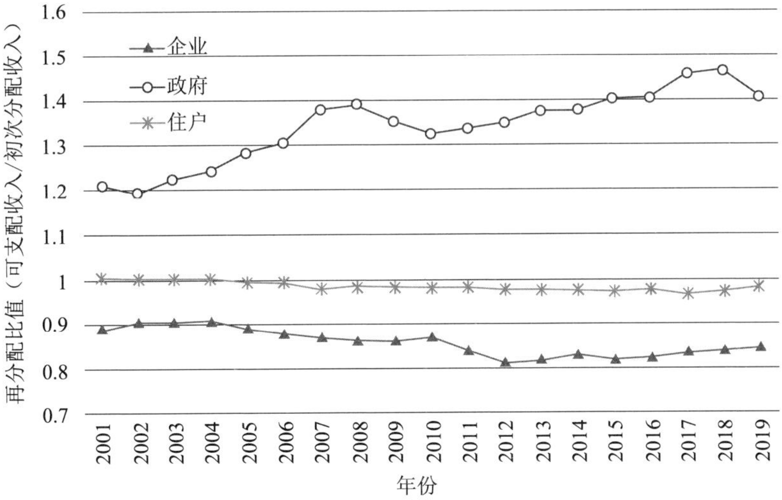

图 3 企业、政府和住户的再分配影响

资料来源：国家统计局"国家数据"，国家统计局网站

分配力度加大的同时，住户收入份额和再分配比值均改善甚微，也就是说，政府份额的提高并没有完全体现在住户部门的可支配收入改善上面。从这个数据我们无法判断社会福利供给状况，设想如果再分配结果最终不能反映为基本公共服务供给水平和均等化程度的提高，再分配的意图无疑就变得更加模糊不清了。

构建覆盖全民和全生命周期的基本公共服务体系，就是建设中国特色福利国家，也是再分配领域的基本职能和主要任务。党的二十大提出在幼有所育、学有所教、劳有所得、病有所医、老有所养、住有所居、弱有所扶上持续用力，就是这一任务的政治宣示和正式表达。这一任务的必要性和紧迫性表现在两个方面。其一，应对中国发展面临的严峻挑战。基本公共服务的充足性和均等化的提高，有助于解除居民消费后顾之忧，以不断扩大的内需支撑经济增长。其二，符合经济社会发展的一般规律。根据世界银行数据计算，社会福利支出规模和比重通常随着人均收入水平的提高而提高，在人均 GDP 从 10000 美元到 25000 美元这个发展阶段，政府社会性支出占 GDP 比重提高最快，各国该比重的算术平均值大体上从 26% 提高到 37%，从而完成福利国家的建设任务。今后一个时期，中国恰好处在这个发展区间，因而也面临福利国家建设的冲刺任务。

社会责任：共享生产率的必要“助推”

初次分配和再分配旨在缩小收入差距和基本公共服务供给差距，是提高人民福祉的重大措施，着眼于建立体系、形成机制和创造激励，以达到不断推进共同富裕的目标。这同时也是一系列改革的过程，属于正式的制度安排，预期形成的是推动目标实现所不可或缺的主动力系统。对改革进行顶层设计，就是要求对这个制度体系和新体制的运作模式主动做出全局性、稳定性的基础安排。例如，着眼提高人民福祉的要求，把一系列民生指标要求纳入中长期发展规划；围绕七个“有所”的内涵和外延，制定并颁布国家基本公共服务标准；遵循新发展理念特别是共享发展理念，对一系列相关领域改革的推进步骤做出部署；等等，都是这个主动力系统的构建任务和实践。

然而，在主动力系统基本确立的情况下，系统在发挥功能的运行过程中是否动力充足和运行通畅，在正式制度安排之外，有没有一个助推的环境以及助推作用的水平高低，则会使最终效果有天壤之别。在主流经济学的视野中，确立一项正式制度安排的初衷，就在于形成一个经济当事人对市场上的基础性激励信号做出反应的确定性模式。例如，消费者依据产品的价格做出购买决策，劳动者依据就业的报酬及其机会成本做出劳动参与决策，企业依据投入品和产出品的供求关系做出生产决策，政府依据国力和财政状况做出公共支出决策，等等。然而，最新的研究特别是行为经济学的研究表明，上述对激励信号做出预期反应的经济学范式，并不足以解释现实中的所有行为方式及其结果。

现实中存在大量具有增强效果或干扰效果的因素，它们决定着激励信号是否得到正确的表达和传递、决策或选择是否合理和合意，进而决策或选择的结果是否符合机制设计初衷。行为经济学家塞勒认为，有众多的"助推"因素影响决策或选择的最终结果。根据该作者及其合作者的阐述，我们可以把这种助推力量看作正式制度安排之外的运行环境，具有作用过程中的非强制性、行为后果副作用小、更加倚重当事人"向善"动机等特征。很显然，有助于共享生产率成果的助推，最可能产生的场合便是第三次分配领域。

第三次分配一般包括慈善事业、志愿者行动、企业和社会组织的社会责任等方面。大多数关于第三次分配领域的讨论，集中在该领域可以挖掘出多少扶贫济困和改善收入分配的资源，以及有哪些相应的贡献渠道。然而，在界定这些可用资源的内涵和外延时，往往把一些并不单纯依靠物质资源的助推因素排除在外。

在现实中可以观察到大量这样的现象，要想实现期望的改变，正式制度安排及其设计的激励信号并不足够，必须与非正式环境中的助推力量相结合。

在现实中，如同对应重大的科技发明，在日常生活和生产中也有层出不穷的人性化小发明一样，对应正式的制度创新，也可以有并且实际产生着各种各样的小型甚至微型的制度创新，或者制度“助推”。这些非正式制度安排，不仅降低了制度运行的交易费用，也使制度设计的理念变得更加贴近人本身。如果说科技小发明更多利用人的生理特征需求，让我们的生活和生产活动更加便利，那么制度助推则更多利用人的心理特征，让我们与所处的制度环境更加融洽无间。也正如科技创新与小发明之间没有截然分明的边界，正式的制度创新与制度助推也不存在着一成不变的边界，这些助推在被证明有益且必要的情况下，往往也可以演进为正式的制度安排。

在第三次分配领域，特别是在企业和组织履行社会责任的过程中，蕴藏着大量可供挖掘的助推机会，既可以帮助正式制度安排更好地运行，也可以弥补正式制度安排的不足。例如，在户籍制度改革得到部署的情况下，如何合理分享改革红利和分担改革成本，推动形成中央政府与地方政府之间，以及城镇户籍居民与待落户农民工之间的激励相容；在生育政策已经放宽到允许生育三孩的情况下，如何拓宽年轻夫妇在职业发展同生育、养育、教育子女之间的资源约束曲线，提高家庭生育意愿；在做出渐进式延迟退休年龄部署的情况下，如何通过提升大龄劳动者的技能和劳动力市场适应能力，提高他们的实际劳动参与率从而延长实际退休年龄；在教育的公共投入规模及GDP占比不断提高的情况下，如何使资源投入结构与不同阶段和不同类型教育的公共品性质相对应；等等，都决定了政策实施的功效，也都对助推举措有着巨大的需求。

对于有利于共享生产率成果的助推，既有紧迫的需求，也有潜在的供给。实际上，科学技术、市场发育和企业管理的水平都已经进步到这样的高度，几乎可以解决制度运行中的一切难点和堵点，唯一缺乏的是有关当事人提供这种助推的动机和激励。换句话说，设计交易费用较低的经济互动机制，创造能够产生助推效果的技巧，以及营造有助于正式制度顺畅运行的环境，均为具有外部效应的行为，需要解决免费搭车现象和激励不相容问题。因此，三个分配领域协调配套制度安排的重要内容之一，就是通过法律法规、社会规范、舆论引导以及社会诚信体系来营造一个制度环境和社会氛围，让各种市场主体自觉地把社会责任具体体现为科技向善、管理向善和创新向善的行动。

改革的红利

共享生产率成果这个命题，有助于我们从理论、政策和实践的角度，把推动高质量发展与促进全体人民共同富裕相统一，把实现中国特色社会主义现代化的目标和途径相统一，把保障和改善民生、提高人民福祉的尽力而为和量力而行两个原则相统一，把构建覆盖全民和全生命周期的社会福利体系建设的紧迫性与可持续性相统一，进而把在高质量发展中促进全体人民共同富裕的要求，与新发展阶段的一系列其他重要目标和重大部署在逻辑上统一在一起。

作为推动实现共同富裕目标的相互协调配套基础性制度安排，三个分配领域都有着紧迫的改革任务，也存在获得改革红利的巨大机会。这种显著改革红利具有报酬递增性质的合理预期，有助于形成在关键领域推动改革的激励；每一步改革所获得的真实收益及其合理分享，有助于形成参与各方的激励相容，推动改革的进一步深化。由此便可以形成改革开放促进高质量发展，进而推动生产率成果共享，实现在高质量发展中不断促进全体人民共同富裕目标的良性循环。

改革固然有共同的目标和多重的目标，但是，改革的社会收益或改革红利，主要体现在供给侧和需求侧的相关方面。首先，改革在一些关键领域实现突破，可以从供给侧显著地改善生产要素供给和提高生产率，进而稳定乃至提高中国经济的潜在增长率。其次，改革在另一些关键领域实现突破，则有助于提高居民收入水平以及解除其消费的后顾之忧，通过扩大居民消费扩大国内需求，进而增强社会总需求的平衡性，以保障实际增长速度符合潜在增长率。最后，还有一些领域的改革，同时具有供给侧和需求侧效应，在提高潜在增长率的同时，也创造更好的需求环境以保障潜在增长率的实现。

第一章

中国式现代化的科学内涵和本质要求

中国现代化道路及其世界意义

姚　洋

北京大学国家发展研究院院长

如何理解党与中国现代化的关系，是当代中国知识界的一个重要课题。我们需要在后发国家现代化这个框架里考察中国共产党的百年历史，探讨党所开辟的中国现代化的道路以及这条道路对于世界，特别是对于后发国家的意义。

在所有国家，现代化都包含转型和发展两个维度的内容。在转型方面，现代化意味着摒弃古代社会僵化和压迫性的社会、政治和经济制度，代之以现代社会开放和自由的社会、政治和经济制度；在发展方面，现代化意味着民众收入水平和国力的不断提高。两者并不总是同步的，而且可能相互牵制。对后发国家而言，两者的挑战更大，因为它们要在更短的时间里完成转型和发展，目的一方面是要尽早赶上先发国家的社会、经济和政治发展水平，另一方面是不得不时常面对先发国家带来的冲击甚至侵略。

中国共产党是中国知识分子在寻找转型和追赶的“整体”解决方案过程中诞生的，[①] 初衷是以阶级斗争的方式改变中国的政治、社会和经济结构，造就一个平等的新社会。中华人民共和国成立之后的前三十年，党领导全国人民奏响了社会主义革命和社会主义建设的“双重奏”，推动了中国转型和追赶的步伐。改革开放之后，党在实践方面与中国传统和解，汲取传统中的优秀成分，为我国的经济腾飞提供了重要的哲学和制度保障。由此，党领导中国走出了一条独特且具有世界意义的现代化道路。具体而言，这条道路的世界意义在于四个方面。其一，在一个后发大国实现和平转型和追赶，开世界范围内现代化之先河；其二，重视人的发展，提升普通民众的教育和健康水平；其三，实践务实主义，脚踏实地从事经济建设和制度建设；其四，执政党具有广泛的代表性，相对于社会保持中性，关注国家整体的长期发展。

中国共产党的诞生

如果从英国革命算起，世界范围内的现代化历程已经经

① 林毓生．二十世纪中国的反传统思潮与中式乌托邦主义 [M]// 刘军宁，等．经济民主与经济自由：公共论丛．北京：生活·读书·新知三联书店，1997．本文转载于：许纪霖．二十世纪中国思想史论：上卷 [M]．北京：中国出版集团东方出版中心，2000.

历了300多年的时间；如果把二战之后作为西方现代化的终点，西方现代化也花费了200多年的时间。但是，后发国家的现代化不能再经历那么长的时间，因为它们已经看到了现代化的成果。在经济发展方面，就是要实现赶超。先发国家发展经济基本上是按部就班，用市场的办法来搞经济建设，但后发国家想赶上发达国家的生活水平，恐怕就要采取一些超常规的手段。然而，赶超是一件非常艰难的事情。二战之后的70年里，能够从中等收入或低收入状态发展到发达国家生活水平的经济体只有11个，这其中包括了日本和南欧的一些国家，真正从一个贫穷的经济体变成一个发达经济体的，只有“亚洲四小龙”。所以，经济追赶是极其艰难的一个过程，是小概率事件。

和经济发展挑战平行的，是社会和政治变革的挑战。这个挑战更大。古代社会是一个等级社会，高等级阶层不会轻易放弃自己的特权。古代社会还是一个思想僵化的社会，那些在思想上占据统治地位的阶层也不会轻易放弃自己的地位。中国古代社会虽然具有较高的流动性，但制度和思想仍然是僵化的。而现代社会最重要的特征就是开放的制度和自由的思想，因而必定和古代社会产生冲突。从古代社会到现代社会的转型，必定是一个非常痛苦的过程。在欧洲历史上，大型的原发性国家，如英国和法国，都经历过革命才开始了现代化历程，而没有经历过革命的国家，就要经历别的痛苦。譬如德国是19世纪经济追赶最成功的国家，但没有发生过社会革命，它最终演化出军国主义，与此大有关系。[1] 20 世纪经济追赶最成功的国家——日本，也有同样的情况。

中国从 1860 年之后开始现代化历程。按照李鸿章当年的说法，19 世纪末中国正在经历 3000 年未有之大变局。中华文明有文字记载的历史大体是 3000 年，从来没有遇到西方文明这样巨大的冲击。上一次外来的大冲击是佛教的引入，我们花费了 1000 年时间才彻底消化；西方文明的冲击比佛教冲击更壮阔、更深入，是否要花费更长的时间才能彻底消化？这是当时中国士大夫所恐惧的地方。

从 1860 年到 1919 年，中国的现代化走过了三个阶段。第一个阶段是洋务运动。它取得了一定的成就，一个标志是，到甲午战争之前，中国已经拥有了亚洲最大规模的舰队——北洋水师。甲午战争的失败让有识之士认识到，光有技术是不行的，还要改变制度。由此现代化进入第二阶段。此时产生了革命和变法两股力量，前者以孙中山先生领导的兴中会为核心，后者是康有为领导的戊戌变法。变法以失败告终，革命最终以建立民国结束。然而，革命的胜利并未取得预期的效果，随之而来的是袁世凯复辟、军阀割据，还有列强的欺压。戊戌变法前后，社会达尔文主义在中国兴起，经由严复译编的《天演论》以及梁启超在日本通过《清议报》和《新民丛报》的传播，成为主导中国知识分子十

① 芭芭拉·W. 塔奇曼 . 八月炮火 [M]. 张岱云，等，译 . 上海：上海三联书店，2018.

几年的思潮之一。[①] 革命既然没有能够让中国堂堂正正地屹立于世界民族之林，知识分子就要想别的办法，这就是新文化运动的背景。既然发展技术、改变制度都不行，那一定是我们的文化出问题了，发起新文化运动的知识分子因此开始关注民心和文化的改造，其中一个主题是反传统，打出了“打倒孔家店”的口号。“五四运动”让新文化运动进一步激进化，以陈独秀、李大钊为代表的激进知识分子开始引进马克思主义。俄国十月革命的胜利让他们意识到，社会主义革命可以为建立强大的中国提供一个整体性的解决方案。经历第一次世界大战，西方知识分子对西方文化开始有悲观的看法，这些看法也影响到中国知识分子。马克思主义是以西方主流文化对立面的姿态出现的，符合中国激进知识分子对西方的批判态度，而国内正在进行的文化革命也需要一种激进的学说来统领，因此马克思主义的引入恰逢其时。自此，马克思主义的中国化就开始了。中国共产党接受马克思主义，既有理想的成分，也有工具的成分，后者在实践过程中显得更为重要。阶级斗争是党进行社会改造的工具，只要形势允许，党就试图以阶级斗争的方式进行社会改造。[②] 从现代化的角度来看，当时的阶级斗争是现代化转型的手段。阶级斗争的对象是代表古代

① 自明治维新之后，社会达尔文主义就是日本的主导政治思潮之一。梁启超深受这一思潮的影响。参见：狭间直树．梁启超·明治日本·西方 [M]. 北京：社会科学文献出版社，2012.

② 中国共产党从成立之初就受苏联主导的共产国际的领导。尽管共产国际的最终目标是在中国完成社会主义革命，但苏联常常会因为本国的利益选择性地支持或约束中国共产党的革命活动。参见：杨奎松．“中间地带”的革命 [M]. 太原：山西人民出版社，2020.

社会政治、社会和经济秩序的有产者和当权者，阶级斗争的成果是建立现代的新秩序。

国民党为什么没有肩负起中国现代化转型的责任？因为国民党从一开始就不具备这样的特质和能力。孙中山搞的革命，一开始是民族主义的，后来他提出“三民主义”来统合同盟会和后来的国民党的目标。第一次国共合作期间，他认为他的民生主义和共产主义是一致的，两者都是要把老百姓的生活搞上去，因此，三民主义可以包容共产主义。他用这样的解释来说服国民党里的右派和共产党合作。[①] 但是孙中山一直坚决反对在中国搞阶级斗争，因为他相信中国没有阶级差别。从这里可以看出，孙中山缺乏一种历史的高度，他没有意识到，中国共产党提出阶级斗争实际上是把阶级斗争作为推翻旧制度的武器。蒋介石一开始是支持“联共”的，对俄国革命抱有同情的态度，曾经率队去俄国考察。他的转变是一个复杂的过程。一是因为“中山舰事件”与中国共产党产生间隙；二是随着北伐的节节胜利，他的权力欲膨胀；三是共产党在农村的土改和在城市的夺权触动了他的保守底线。“四·一二”政变让蒋介石最终控制了国民党，清洗了共产党，但从长期来看，也使得国民党反革命化，失去了进步青年的向往。所以，到了延安时期，热血青年不是去投奔重庆，而是去投奔延安。去重庆是为了躲避战乱，去延安则是要投奔一个光明和全新的新中国。在进步青年的眼中，国民党已经腐朽了。在这

---

① 杨奎松．国民党的“联共”与“反共”[M].南宁：广西师范大学出版社，2016.

个意义上，国民党已经失去了领导中国革命、推动中国现代化的特征。

李泽厚认为，1919 年到 1949 年是启蒙与救亡的双重变奏，[①] 但救亡压倒了启蒙。但是，用启蒙来概括这段历史是不完整的，应该从现代化的角度来概括。启蒙只是现代化的一部分，旨在发动社会转型的革命是更为重要的部分。所以，救亡不仅压倒了启蒙，而且也压倒了革命。后者要等到中华人民共和国成立之后才能够完成。

社会主义革命及其意义

在建立政权之后，中国共产党就开始践行成立之初的初心，进行社会主义革命，内容包括土地改革（以及随后的人民公社化）、工商业的社会主义改造、妇女解放和构建社会主义新文化。除此之外，党还致力于普及教育和改善公共卫生条件。除了公社化和工商业改造，这些变革都大大推进了中国现代化的进程，而公社化和工商业改造则更多的是服务于社会主义建设。

土地改革

一些人用局部地区的数据说明，旧中国的土地关系没有那

① 李泽厚．启蒙与救亡的双重变奏［M］//走向未来：第一期．成都：四川人民出版社，1986．转载于：许纪霖．二十世纪中国思想史论：上卷［M］．北京：中国出版集团东方出版中心，2000．

么紧张。[①] 然而，根据国民政府资源委员会在 20 世纪 30 年代初期的调查，全国自耕农的比例只有 41.7%，南方地区更少，只有 27.2%；在非自耕农中，北方地区的雇农较多，南方地区的佃农较多。[②] 由此可见，旧中国的土地关系是非常紧张的，而打破这样旧有的土地关系有两方面的意义。

第一个方面是解放生产力。有两个原因导致旧有的土地关系束缚生产力。其一，农民不掌握土地，也就不掌握自己所有的劳动果实，因而生产积极性下降。雇农完全没有土地，靠地主给的少得可怜的工钱生活，自然生产积极性不高。佃农一般要把 50% 的收成交给地主，生产积极性也受影响。其二，佃农拥有很少的财富，抵御风险的能力很低，却不得不承担天灾的风险，特别是在固定租赁合同下，他们要承担所有粮食减产的风险，这会打击他们的生产积极性。实现耕者有其田，就可以完全消除第一个原因造成的效率损失，也可以大大降低第二个原因造成的效率损失。

第二个方面，旧有的土地关系造就一种人身依附关系。无论是雇农还是佃农，他们和地主之间都存在人身依附关系，《白鹿原》里的白嘉轩和他的长工鹿三之间就是这种关系。现代化的对立面之一就是各种政治、社会和经济的人身依附关系。在农业社会里，土地是最基本的生产要素，土地关系决定了社会的其他关系，因此，打破旧的土地关系是一个农业社会走向现代化的关键

---

① 例如秦晖和金雁以关中地区为例，提出关中无地主的判断。参见：秦晖，金雁．田园诗与狂想曲 [M]. 3 版．南京：江苏凤凰文艺出版社，2019.

② 姚洋．发展经济学 [M].2 版．北京：北京大学出版社，2018.

性一步。

研究表明，土地改革是决定一个国家（地区）长期经济增长的显著因素。[①] 拉美国家的土地分配极其不均，农业以大种植园为主，这些国家早期的政治被大庄园主所控制，严重阻碍了这些国家的发展。相反，韩国和我国的台湾地区都进行了较为彻底的土地改革，极大地促进了这两个地方的工业发展。[②] 中国大陆的土地改革更加深入和广阔，对于提高粮食产量、推动农村地区的现代化转型起到了至关重要的作用。

妇女解放

在几乎所有古代社会，妇女地位都十分低下。先发国家的妇女解放走过了漫长的道路，多数国家直到第一次世界大战之后才赋予女性选举权。后发国家需要在更短的时间里实现妇女解放。中国共产党在成立之初就重视妇女解放。在苏区时期，党动员妇女参与劳动，以弥补因为男性参战造成的劳动力短缺；在延安时期，妇女解放以妇女识字和参政为主。研究表明，这些措施具有长期影响，在当时，苏区县比周边其他县的性别比更加平衡，女性劳动力参与率更高，[③] 而陕甘宁边区比周边地区的女性教育水

① Deininger, Klaus; and Lyn Squire. "New Ways of Looking at Old Issues: Inequality and Growth." *Journal of Development Economics*, Vol. 57 (1998): 259–287.

② 根据李登辉的博士论文计算，20 世纪 50 年代台湾地区的工业资本积累里，40% 来自对农业剩余的汲取。参见：Lee, Teng-hui. *Intersectoral Capital Flows in the Economic Development of Taiwan*, 1895–1960, Ithaca: Cornell University Press, 1971.

③ 何二龙，姚洋．中央苏区对女性劳动参与率及出生性别比的长期影响．CCER Working Paper, C2022001

平相对于男性更高。[①] 中华人民共和国成立之后，党以革命的方式推进妇女解放事业。在宪法颁布之前，我国就颁布了《婚姻法》，废除了过去束缚妇女地位的陋习，如缠足、买办婚姻、一夫多妻等，以法律的形式确定了家庭内部的男女平权。同时，女性被动员起来参与地方政治活动，大大提高了女性的社会地位，并产生了长期影响，在 1950 年女性党员占比高的县，到 20 世纪 80 年代，女性相对于男性的教育水平较高，性别比也更加平衡。[②] 在公社制度下，女性劳动参与率大幅度提高，即使是在家庭联产承包责任制实施之后，这一传统也被保留下来。尽管过去 20 多年女性劳动参与率有所下降，但当今仍然保持在 60% 以上，远高于 50% 的世界平均水平。

构建社会主义新文化

中国古代社会是一个地缘和血缘社会，除了士大夫，绝大多数人的交往范围在地缘和血缘所及的范围之内。如费孝通所指出的，中国人的社会关系就如一颗石子丢进池塘泛起的涟漪，个人在中间，其他人依照地缘和血缘关系的远近像涟漪一样向周边泛开。中国人的社会关系是以个人为中心的，超出地缘和血缘纽带，中国古代社会很少有能够运转的社会组织，这与西方有很大

---

① 何二龙．陕甘宁边区对女性教育的长期影响．北京大学马克思主义学院．

② Yao, Yang, and Wuyue You. "Women's Political Participation and Gender Gaps of Education in China：1950-1990." *World Development*, 2018, 106：220-237. 游五岳，姚洋．女性的政治地位与出生人口性别比——基于 1950—2000 年县级数据的实证研究 [J]. 中国社会科学，2020（4）.

的不同。在西方，宗教在人们的生活中占据核心地位，宗教团体的作用非常明显，人们因为宗教信仰而连接起来。相比于血缘和地缘，宗教信仰所触及的人群范围更大，因而更可能形成陌生人状态下的共同体意识。中国则不同。对绝大多数人来说，“中国”只有文化的意义，而没有政治的意义。在基层，社会治理可以完全依靠地缘和血缘关系，国家的作用只是抵御外敌入侵以及维护国内的安宁。中国的“集体主义”因此是霍布斯意义上的集体主义，即国家是保护民众安宁的“利维坦”，民众认可国家的所作所为。普通百姓不是把国家看作内生于社会的有机部分，而是必须服从的外部权威。

现代社会和中国古代社会恰好相反：一个国家里可能存在多种文化，人们连接在一起是因为存在相同的政治认同以及在这个认同之下的统一的政府。中国现代化的一大任务是建立中国人民的政治认同，把国家建立在民众统一的关于政治和政府的理念之下。中国共产党完成这个任务的途径是构建社会主义新文化，在社会主义的框架下构建中国人的国家认同。社会主义革命所带来的制度变化本身就是这个过程的一部分。在中国历史上，从来没有出现过像社会主义革命这样彻底的社会改造。党通过严密的组织把触角伸入社会的每一个角落，把每一个中国人带入现代化的进程之中。黄仁宇在对比国民党和共产党时深刻地指出，国民党治理国家的方式是自上而下的，而共产党的方式是自下而上的。[①]

① 黄仁宇.黄河青山：黄仁宇回忆录[M].北京：九州出版社，2019.

党领导的社会主义革命把中国社会由下而上深翻了一遍，彻底改变了中国基层社会的结构和运行方式，极大地推进了中国普通民众对国家的政治认同。在此基础上，党通过宣传体系、教育体系和文艺创作等多种形式进一步加强民众的国家政治认同。下面仅以《五朵金花》这部电影为例，讨论党是如何通过文艺作品构建民众的政治认同的。

《五朵金花》是1959年拍摄的一部彩色电影，讲的是一个白族小伙子阿鹏寻找心爱的姑娘金花的故事。一年，阿鹏参加三月街盛会，在蝴蝶泉边认识了美丽的金花。第二年阿鹏带着金花送他的定情之物再次来到蝴蝶泉，走遍苍山洱海寻找金花。在路上，他遇到四位叫金花的姑娘，每一位都是公社的积极分子，最后才找到自己的金花，她是公社的副社长。有情人终成眷属，影片美满结束。电影的画面非常唯美，里面的一些歌曲至今广为传唱。对本文而言，影片所传达的政治信息是最重要的。

首先，影片的两位主角都是白族，影片宣传中华民族大家庭的含义显而易见。西南地区长期处于吐司的统治之下，对中原国家的认同非常弱。影片中的大理风光、坚强的白族小伙子和美丽的白族姑娘给观众留下了对少数民族地区美好的印象，自然而然地激发了人们民族团结的热情。其次，在阿鹏寻找金花的过程中，影片呈现了公社给民众生活带来的喜气洋洋的变化。抛开当时的背景不论，这样的呈现潜移默化地把观众带入对国家的政治认同中去。最后，阿鹏遇到的五朵金花都是公社的积极分子，突出地表现了少数民族地区妇女解放的深度和广度。少数民族地区对女性的束缚没有汉族地区严重，影片中的五朵金花每一个都开朗活泼，远比汉族女性大胆、开放。尽管这样的刻画带有对少数民族浪漫的想象成分，但对于宣传妇女解放却起到了积极的作用。妇女解放是社会主义文化价值的重要组成部分，影片以一种浪漫的形式宣传妇女解放的理念，其意义已经超出妇女解放本身，对国家的政治认同也具有促进作用。

在社会主义革命和建设过程中，人际关系发生了显著的变化。这种变化表现在陌生人之间的称谓上，即“同志”成为陌生人之间的标准称谓。“同志”意为志同道合，以前只在党内使用，陌生人之间使用“同志”的称谓，意味着陌生人之间拥有一个共同的理想或目标，在那时的中国，就是建设社会主义的中国。“同志”因此成为国家政治认同落实到个人层面的一个重要表征。今天，这个称谓在陌生人的交往中基本上消失了，但这也可能是中国的国家政治认同已经完成的标志。

社会主义建设

中华人民共和国成立之后，党在进行社会主义革命的同时也开展了轰轰烈烈的社会主义建设，确立了以重工业为先导的工业化道路。当时选择这条道路有多方面的原因。一是历史教训。从洋务运动开始，中国几代知识分子和领导人都秉持一个信念，即落后就要挨打，而要避免挨打，就必须建立自己的工业。毛泽东也不例外。二是当时的国际环境不利于我国参与世界范围内的劳动分工。一方面，西方对华实施封锁，我国经济基本上和西方隔绝；另一方面，苏联试图把中国定位为社会主义阵营里的农业国，对此毛泽东坚决反对，并说服苏联为我国的工业化提供援助。三是当时国际学术界和政策界流行的给发展中国家的建议也是实施进口替代政策发展自己的产业。发展经济学刚刚兴起，其核心议题之一是工业发展的规模经济。在规模经济条件下，企业必须达到最小生产规模才可能存活下来，这就产生了所谓的“保护幼稚产业”的政策。与此同时，劳尔·普雷维什的“中心—外围”假说强调了以制造业为主的中心国家和以原材料生产为主的外围国家之间的差别。按照一般原理，中心国家在制造业方面的技术进步应该可以改善外围国家的贸易条件，从而使外围国家受益，但普雷维什没有发现这种情况。[①]这个假说后来发展成为依附理论，即外围国家陷入原材料生产的陷阱，久而久之形成对中心国家的依附关系。刚刚成立的中华人民共和国处于反帝反殖的最前沿，很容易接受这样的理论。

苏联的对华援助在20世纪50年代对我国的工业化起到了重要作用，156项民用项目奠定了中国重工业的基础，其中一些企业至今仍然在发挥重要作用。但我国的资本积累更为重要。苏联的援助多是以贷款形式给我国的，我国自己必须积累工业化所需要的资本。在当时的情况下，唯一可能汲取资本的地方是农村地

① Prebisch, Raúl. *The Economic Development of Latin America and Its Principal Problems*. New York：United Nations Press, 1950.

区。和苏联的方法一样，我国采取的是压低农产品价格的方式。这是公社化和统购统销的一个重要背景。[①]在分散的农户经营的情况下，国家很难控制农业的生产和价格，而公社化能够统一农业生产，统购统销能够统一农产品收购和销售，控制价格。有了资本之后，还要集中使用到国家认可的战略部门去，工商业的社会主义改造就是要服务这个目的。

总体而言，中国的工业化采取了一种超常的赶超战略。如何评价这个战略？笔者和郑东雅提供了一个数量模拟研究。[②]这个研究的出发点是，重工业对其他行业具有技术外部性，重工业的技术进步可以降低其他行业的生产成本。由于存在这样的外部性，政府应该对重工业进行补贴。我们计算了最优补贴率和最优补贴时间，发现最优补贴率是33%，而由我们模型测算的实际发生的补贴率是36.7%，两者相差不大。但是，我们计算的最优补贴时间是12年，而实际发生的是25年，相差很大。所以，赶超战略本身没有问题，问题出在时间持续太长上面。另外，在执行赶超战略的过程中，党也犯过像“大跃进”这样的冒进错误，值得后人吸取教训。

在推动经济建设的同时，党还注重教育的普及和公共卫生的改善。研究表明，20世纪40年代末和50年代出生的人的教育

① 薄一波.若干重大决策与事件的回顾[M].北京：中共党史出版社，2008.

② 姚洋，郑东雅.重工业和经济发展：计划经济时代再考察[J].经济研究，2008（4）：26-40.

水平与他们父辈的教育水平之间的相关关系最弱，[1]这说明中华人民共和国成立的头三十年关注的重点是把教育普及到一般民众当中，增强了代际教育的流动性。在公共卫生方面，以公社为单位的基础医疗体系让普通百姓能够享受到基础医疗，降低了婴儿死亡率。爱国卫生运动和疫苗接种消灭了多种传染病，国人的预期寿命稳步提高。

表 1 给出了中国和印度在 1978 年前后的对比，很好地显示了中国在推动现代化方面的成绩。中印两国在很多方面都是可比的。印度 1947 年获得独立，而中华人民共和国 1949 年成立，两国的人口也几乎一样多。特别是印度和中国一样也实施进口替代政策，发展本国工业。然而，表 1 告诉我们，除了人均 GDP 和高等教育粗入学率，印度在成年人识字率、婴儿死亡率、预期寿命和工业发展方面大幅度落后于我国。印度的人均 GDP 高于我国，这和我国较低的起点和把大部分积累用到重工业上有关，而且，到 1992 年，我国的人均 GDP 就超过了印度。印度的高等教育粗入学率大大高于我国，这和我国当时高考刚恢复有关，但也显示出印度更加关注高等教育，而我国更加关注基础教育。在当时两国收入水平都很低、文盲率都很高的情况下，基础教育显然应该是国家优先考虑的事情，而事后也证明，我国发展基础教育对于我国在改革开放之后发展外向型经济起到了重要作用，而印度较低的教育水平是制约它工业发展的一个因素。

---

① Hu, Zhi-An, and Yang Yao. “The Great U Curve—Education Mobility in China in the Period 1930–1985.” China Center for Economic Research, Peking University, 2017.

表 1　中国和印度的对比（1978 年）

	中国	印度
人均 GDP（2000 年不变美元）	155	206
成年人识字率（%）	65.5	40.8
高等教育粗入学率（%）	0.7	4.9
预期寿命（岁）	66	54
婴儿死亡率（‰）	54.2	106.4
制造业增加值占 GDP 比例（%）	40.0	17.0
制造业就业比例（%）	17.3	13.0

注：中国的成年人识字率为 1982 年数据，印度的为 1981 年数据。①

改革开放时期：与中国传统和解

社会主义革命以疾风骤雨的方式改变了中国，把中国带入现代化的门槛。革命是为了更好地建设，革命为建设准备了条件。一方面中国社会的等级结构被打破，社会和政治平等达到很高的高度，民众的国家政治认同得到提高；另一方面，社会主义建设打下了工业基础，提高了民众的教育和健康水平。改革开放开始之后，党将工作重心转移到经济建设上，放弃社会主义革命时期的激进思想和实践成为当然选择。此时，党也开始重新审视自己与传统的关系。其中有两方面的因素值得关注。其一，社会主义革命主要是在政治、社会和经济层面发挥作用，而没有触及家庭

① Yao, Yang. "The Chinese Growth Miracle." *Handbook of Economic Growth*. Chapter 7, Vol. 2, pp 943–1032. Amsterdam: North-Holland, 2014.

及其相关的私人领域。[1]在农村地区，家庭拥有自留地，饲养家禽和牲畜；在城市地区，家庭虽然没有自己的产业，但与农村地区一样，仍然是一个完整的社会单位。中国的传统文化经由家庭延续下来。搞经济建设需要调动个人的积极性，尊重传统文化以及由此衍生的个体行为模式，是调动个人积极性的必要条件。其二，党在放弃激进的思想和实践之后，需要寻找新的思想资源和实践模式，以锚定党的行动。中国人选择中国传统中的优秀部分是自然的事情。党在三个方面回归中国优秀的传统，即务实主义、贤能主义和回归市场经济。党将这些传统与长期形成的马克思主义政党的理论和实践相结合，为改革开放之后的经济腾飞奠定了哲学和政治基础。[2]

务实主义

在落地的层面上，中国文化的最显著特点是务实主义。从民众的日常生活到政治实践，务实主义都是中国古代最为显著的特征。中国产生务实主义，最重要的原因是我们没有本土宗教，我们的祖先从一开始就关注现世的生活。《诗经》产生于西周初期，那时我们的先祖已经开始歌颂爱情，而同时代的希腊还处在所谓的神话时代，特洛伊之战就是为一位被诱拐的女人而打的。我们的先祖在当时已经建立了一种和平生活的模式，在同一片土地

① Friedman, Edward. *Chinese Village, Socialist State*. New Haven：Yale University Press, 1993.

② 党回归中国传统可以看作马克思主义中国化的一次实践，后者本身是一个大题目，限于本文的目的，笔者在这里不再展开。

上，他们歌颂爱情，歌颂现世的生活，这是中华文明的特性。

在哲学层面，务实主义意味着两个基本原则。第一，目的的合意性可以合理地推断手段的正当性。革命的前提之一是划分阵营，因此要强调手段，所以才有“宁要社会主义的草，不要资本主义的苗”的口号。务实主义从目的出发，只要能够实现目的，手段就可能是正当的。邓小平的“猫论”是这个原则的形象描述。这里的“合理地推断”很重要。一个人在推断手段的正当性的时候，要用自己的知识体系、道德标准和逻辑进行思考，否则就会出现不择手段的事情。第二，不存在永恒的真理，实践是检验真理的唯一标准。中国人不相信永恒的存在，中国传统哲学里一个非常重要的思想就是，宇宙中唯一不变的规律是一切都在变动之中。中国人相信实践出真知，也只有实践才可以检验一种知识是不是真知。“实践”在英文里一般被翻译成 practice，但不准确。“practice”的意思是已经有了一个模式，按照这个模式去练习，熟能生巧。实践不一样，它包含了“探索—构建理论—应用—探索”的循环，英语里没有对应的词。

务实主义打开了改革的大门并推动了改革进程。试想一下，如果我们还陷在“主义”之争、“真理”之争中，我们哪一项改革能够启动？无论是农村改革还是国有企业改革，抑或是价格改革，都与过去所秉持的理论真理相左。邓小平的“不争论”带领党走向一种结果导向的行动哲学，在这种哲学的指引下，一种制度是不是正当，不再看它的属性，而要看它能否促进生产力的发展，能否促进中华民族伟大复兴。由此，体制改革才可能发生。

贤能主义

中国有悠久的贤能主义传统。在西周的时候，我们就已经有了太学，目的是培养人才。汉武帝之后，选贤任能变得制度化；隋代发明科举制度，给平民子弟提供了上升通道。贤能主义的哲学基础是先秦儒家的人性观。与西方单一和固化的人性观不同，先秦儒家认为人性是多样的、流变的和可塑的，一个人所能达到的贤能高度，取决于他后天的努力和环境。①由于政治职位是有限的，而经济发展需要激励人们的付出，因此，社会的政治结构必须采纳选贤任能的原则，而社会的经济结构必须奖励贤能。在实践层面，墨家对贤能主义的贡献更大。到西汉儒家独大的时期，儒家吸收了墨家的思想，最终，通过董仲舒的学说，选贤任能变成中国官僚帝制的一个宪法原则。②以今天的眼光观之，这个宪法原则可以作为选举民主票决制的一个替代原则，并足以纠正票决制的问题，特别是票决制的民粹主义倾向以及别有用心者利用它对民众的煽动和蛊惑。

党在改革开放时期继承了选贤任能的传统。从 20 世纪 80 年代初提出干部四化开始，党就重视干部的培养和选拔工作。许多研究表明，党的干部选拔制度符合选贤任能的原则。能力较强的官员更可能获得升迁，而且，他们的终身成就也较高。党还重视干部的培养，一个方式是把官员放到不同的岗位上去锻炼，提高

---

① 姚洋，秦子忠．人性的差异性和儒家政治结构[J]．开放时代，2017（6）：146-165.

② 苏力．大国宪制：历史中国的制度构成[M]．北京：北京大学出版社，2018.

他们的能力。[①]

选贤任能作为一个宪法原则在今天也有重大的理论和现实意义。中国共产党由公民中的优秀分子组成，其背后的原则就是选贤任能，因此，中国共产党的领导地位具有宪法地位。党提出大政方针和立法思想，人民代表大会是党凝聚共识的场所，人民代表大会的主权作用体现在审议并票决党的人事提名和大政方针以及在党的立法思路基础上完成立法上面。

回归市场经济

邓小平说过，市场经济不是资本主义所特有的。事实上，市场经济也不是西方所特有的。中国最迟到北宋的时候已经完成了市场经济的建构。北宋时期的中国市场经济已经比较完备，私人土地所有制予以确立，工商业和商品经济高度发展，甚至发明了纸币和证券交易，有了金融的雏形。[②]西方资本主义的主要特征不是市场经济，而是机器化大生产以及由此引发的资本的几乎无节制的积累。我国在改革开放之后搞市场经济，在当时似乎是向西方学习，实际上是回归中国传统。在很大程度上，我国的市场经济带有鲜明的中国特色，与我国的发展阶段以及民众的文化心理高度相关。党带领全国人民走出了一条属于中国自己的市场经济之路。

---

① 姚洋，席天扬，李力行，等.选拔、培养和激励——来自CCER官员数据库的证据[J].经济学季刊，2020（3）：1017-1040.

② 吴钩.宋：现代的拂晓时辰[M].南宁：广西师范大学出版社，2019.

市场经济实施按要素分配，奖勤罚懒，优胜劣汰，这是保证市场经济效率的必要原则。这一点也与我国的贤能主义传统一致，同时也不违背按劳分配原则。一方面，按要素分配包括按劳分配；另一方面，按要素分配说到底是按劳分配，因为资本在源头上也是劳动的产物。

再论革命的意义

未来的历史学家在写邓小平历史功绩的时候，自然会提到改革开放，但是，有历史纵深感的历史学家一定会强调，他的主要贡献是把党“带回”中国。党的诞生是西风东渐的产物，是“五四”时期激进的中国知识分子选择西方激进思想而构建的政党。如前文所展示的，党自觉地成为中国现代化的工具，以疾风暴雨的方式把中国带入现代社会。这里就涉及一个中国文化对西方文化的吸收和融合这个宏大的课题。党在革命时期很大程度上是在实践一个西方的革命理论，但作为扎根中国的一个政党，党最终必须面对中西融合这个宏大课题。目前，这个课题是在马克思主义中国化的框架下展开的，但对未来的历史学家而言，更为重要的是邓小平带领党“回归”中国，启动了中国摆脱百年文化引进的进程。从“术”的层面看，改革开放是向西方学习，但从“道”的层面看，改革开放开启了回归中国传统的进程。不能忘记的是，计划经济也是从西方学来的东西，改革开放只不过是从学一种西方的东西到学另外一种西方的东西，但是在这后一种学习过程中，党的指导思想和行为准则完全是中国式的。从这个意义上讲，我们是重新回归了“中体西用”。对一个有着3000年文字记载的文明而言，坚持自己的“体”是完全可以理解而且是必然的选择。但是，现在的“中体”与100多年前的“中体”是不同的，它已经存其精华、去其糟粕，上升为与时代相适应的价值体系和行动逻辑。而在引进“西用”的过程中，中国也不可能回避它所带来的价值观和行为准则，因此，改革开放以来的“中体西用”一定是中国传统与现代西方价值体系的融合，而不是像洋务运动那样两张皮。

这就引出一个问题：既然最终要回归中国传统，20世纪的革命是一条弯路吗？答案是否定的。首先，革命加速了中国现代化的进程，在比较短的时间里把中国从一个顽固的古代社会带入现代社会的门槛。其次，今天对中国传统的回归是在更高层次上的回归。革命荡涤了中国传统中腐朽的部分，让今天的回归能够轻装上阵，挑选传统中优秀的部分加以继承和发扬光大。最后，通过国际比较可以发现，那些没有发生过革命的后发国家，其现代化转型非常艰辛，迟滞了它们的经济赶超。

菲律宾是这方面的一个典型例子。1980年，菲律宾的人均GDP是中国的5倍以上，到2020年，中国人均GDP几乎是菲律宾的4倍。40年间，两个国家反转了20倍。菲律宾是如何失败的呢？自1986年马科斯独裁体制倒台后，菲律宾的民主制度就没有中断过，而且似乎也具有纠错能力，如对埃斯特拉达总统的弹劾。但是，菲律宾的民主是在一个从来没有改变的社会结构基础上进行的，如几位菲律宾学者所言：“由此产生了巨大的菲律宾之谜：在亘古未变的、亚洲最坏的一个阶级结构之上，却展现了极其生动的选举政治。”① 菲律宾阶级结构的基础是西班牙殖民者留下来的种植园经济，大种植园主是菲律宾经济和政治的主导力量，时至今日，菲律宾的政治仍然带有强烈的家族政治的痕迹，即党派不重要，对政治强人的忠诚才是最重要的。自 1988 年后，除了被弹劾的埃斯特拉达（当选之前为著名演员）和另外一位总统（前国防部长），其他几位总统都有很深的家族背景。刚当选的总统更是老马科斯的儿子，副总统是刚卸任的杜特尔特的女儿。这样的政治正是福山认为的导致民主政治衰败的依附主义政治，② 后者又是阻碍经济增长的主要原因之一，因为它导致经济中的裙带关系，让少数人垄断经济机会和资源。

革命是痛苦的，但可以用短期的痛苦换取长期的长治久安。绝大多数后发国家都有被殖民的历史，殖民者离开的时候给它们留下选举政治，从此它们就不得不在民主的框架下进行社会改造。民主的结果总是各种势力的妥协，而社会改造意味着剥夺某些强势集团的权力和利益，两者是冲突的，因而，后殖民地国家的社会改造异常艰难和漫长。例如，菲律宾的土地改革从美国占领时期就开始启动，但直到 21 世纪头十年才完成，而且还是把土地卖给无地农民，而不是无偿给他们。印度的土地改革更

---

① Bello, Walden, Marissa de Guzman, Mary Lou Malig, and Herbert Docena. *The Anti-Development State: The Political Economy of Permanent Crisis in the Philippines*. p. xvi. Manila：Zed Books, 2005.

② 弗朗西斯·福山 . 政治秩序与政治衰败 [M]. 毛俊杰，译 . 南宁：广西师范大学出版社，2015.

是艰难。独立之初印度就制定了《土地改革法》，但 70 年间几乎没有执行，即使是在印度共产党执政几十年的西孟加拉邦，也有 30% 多的农民没有土地。[①] 现代化转型的一大悖论是：一个好的社会转型必须经由暴力才可能在短期内完成。中国是成功的例子，而许多后殖民地国家都是失败的例子。

中国道路的世界意义

回到本文开篇提出来的转型与追赶难题，我们会发现，中国道路为解决这个难题提供了一个答案。从转型和追赶的互动角度来看，过去 200 年存在三类国家和地区：第一类是转型慢于追赶，第二类是转型与追赶同时发生，第三类是转型和追赶都没有发生。

二战之前的德国和日本是第一类国家的典型例子。德国是 19 世纪追赶最成功的国家，日本是 20 世纪追赶最成功的国家，但两个国家最终都走向军国主义，原因是没有成功实现转型。事实上，它们在经济上的成功是迟滞它们没有实现政治和社会转型的重要原因。德国在经济和军事上的成功，点燃了德国人的民族自豪感。对德国人来说，俄国文化是卑劣的，法国文化是腐朽的，而英国文化充满狡黠，只有德国文化代表崇高和伟大，因此德国应该成为欧洲的主宰。德国人对欧洲人对德国的“不敬”感

---

① 姚洋．发展经济学[M].2 版．北京：北京大学出版社，2018：第十九章以及该章的参考文献．

到愤怒，德皇威廉二世尤其如此。他一方面觊觎巴黎的繁荣，另一方面痛恨他的母亲的国度英国对他的蔑视，希望用战争的胜利夺取巴黎，赢得他“应得”的尊重。[①]在本质上，日本完全重复了德国走过的路。明治维新之后，日本国力急剧提高，在甲午战争中轻而易举地击败从前的老师中国，在日俄战争中又击败“欧洲的轧路机”俄国，自认为可以代表黄种人与白种人进行对抗，更进一步自封为中华文化的正朔，而把中国贬为“支那”。最终，德国和日本都在战争中走向万劫不复的毁灭。究其原因，是因为它们在经济上已经进入现代社会前列，但在思想、政治和社会层面仍然处在古代与现代之间，以前现代的思维和行为逻辑驾驭最先进的技术，其结果一定是反现代的。

“亚洲四小龙”，特别是韩国和中国台湾地区是第二类国家（地区）的代表。日本在殖民时期有意压制韩国和中国台湾的工商业精英，而两地在二战之后又都实施了土改，因此社会变得非常平均，消除了阻碍变革的强势集团，为政府启动经济增长提供了政治和社会条件。新加坡是一个城市国家，加之李光耀理性和聪明的治理能力，社会结构快速实现现代化转型，极大地促进了经济增长。它们的共性是社会转型在先，为政府中性地行使权力创造了基础。

多数发展中国家属于第三类国家。在这些国家，缓慢的政治和社会转型是它们无法快速追赶的主要原因。多数发展中国家都

① 芭芭拉·W.塔奇曼.八月炮火[M].张岱云，等，译.上海：上海三联书店，2018.

曾是欧美列强的殖民地，而在成为殖民地之前，它们还处在古代甚至原始社会。殖民者非但没有改变它们的古代或原始社会结构，反而充分利用之，为己所用，从而固化了这些国家的社会和政治结构。殖民者的离开，又给这些国家留下了一套现代选举民主制度，极大地压缩了它们进行社会变革的空间。它们只能在发展过程中希冀通过市场的力量推进社会和政治变革，但这样一来，这些国家就进入一个死循环：政治和社会转型不到位，制约经济发展，而经济不发展又反过来制约政治和社会转型。

但是，德国和日本似乎是两个反例。原因可能在于德国和日本都存在一个强有力的国家（state），能够集聚资源完成短期内的经济赶超，而多数发展中国家没有生发出这样的国家。发展中国家的转型和经济赶超都必须内生于社会发展的过程之中，两者都将经历漫长的历史过程。

中国更像“亚洲四小龙”，转型与赶超同时发生。但中国是一个大国，中国的现代化道路更具有世界意义。具体而言，中国道路具有下面四个方面的意义。

第一，以较短的时间跨越从古代到现代的峡谷。英国革命持续了半个世纪，法国大革命以及后续的震荡持续了 100 多年。如果不算日本入侵的时期，20 世纪的中国革命（包括社会主义革命）也持续了半个世纪，相较而言并不算长。正如英国革命和法国大革命把英国和法国带入现代社会一样，中国革命也把中国带入现代社会。从经济追赶的角度来看，革命让中国建立起无阶级差别的平等社会，为中国实现经济腾飞提供了必要保证。尽管我们不期待其他发展中国家以革命的形式完成政治和社会的转型，但是，它们必须把促进平等作为政治改革的核心任务，否则它们很难实现长期和稳定的经济增长。

第二，重视人的发展。如表 1 的总结所示，在社会主义革命和建设时期，党注重提高普通人的教育水平，提高全体人民的健康水平。印度著名经济学家阿马蒂亚·森在对比中国和印度不同的经济表现的时候，特别强调中国在人的发展方面比印度准备得更好。[①] 人是第一生产力，而教育和健康是人作为生产力的主要衡量指标，提升教育和健康水平就是提升人的生产力。相较于其他发展中国家，中国更加重视普通人的教育和健康水平，既体现了中国共产党的平等主义理念，也符合经济发展的一般逻辑，即在经济发展的早期，提高多数人的能力比提高少数人的能力更可能促进经济增长。

第三，把务实主义作为行动哲学。民族自豪感是凝聚一个国家的重要思想源泉，但是，许多发展中国家把它推向极致，拒绝有损民族“颜面”的行动。在经济发展方面，这表现在拒绝发展劳动力密集型产业，一味追求高大上产业，因为发展中国家的精英认为，劳动力密集型产业不体面，受人剥削，发展高大上的产业才能够让自己的国家与发达国家平起平坐。在制度建设方面，它们不愿意与国情妥协，一味坚持所谓的“最佳”制度，尽管这些制度并不能发挥作用。中国则不同。在经济腾飞的早期阶段，

① 阿马蒂亚·森. 以自由看待发展 [M]. 任赜，于真，译. 北京：中国人民大学出版社，2002.

我国欣然接受发达经济体转移过来的劳动力密集型产业，积累资本和技术，厚积薄发，最终建成了世界上最庞大和坚韧的制造业体系，并在多个技术领域进入世界前列。在制度建设方面，我们不追求完美的制度，而是采取渐进方法，先建立“有用”的制度，然后在实践中不断加以完善。由此，我国的制度转型避免了苏东国家制度转型的阵痛，为经济的平稳发展提供了条件。中国的务实主义态度和成功经验因而具有强烈的世界意义。

第四，执政党发挥社会中坚力量的作用。中国共产党具有广泛的代表性，现在9000多万的党员来自各行各业、各个阶层，党成为凝聚社会共识的地方。在民主集中制原则的指导下，党把不同阶层、不同代表性人群的意见集中起来，形成国家的大政方针。由此，党和政府可以超然于社会集团利益之上，在可能的社会利益冲突面前保持中性，不偏不倚，致力于中国整体的长期发展。[①] 在其他发展中国家，政府往往是偏狭的政府，不是被利益集团左右，就是被民粹主义裹挟，资源因而无法配置到最有效的地方去。虽然多数国家没有像中国共产党这样强大的执政党，但这不意味着它们不能借鉴中国中性政府的经验，通过合理的制度安排，即使是选举民主下也可能构建中性政府。国家的中性，是亚当·斯密在《国富论》里就开始强调的，中国的国家就是斯密意义上的国家，这就是为什么乔万尼·阿里吉给他的世界体系鸿

① 姚洋．中性政府：对转型期中国经济成功的一个解释[J]．经济评论，2009(3)：5-13．贺大兴，姚洋．社会平等、中性政府与中国经济增长[J]．经济研究，2011(1)：4-17．

篇巨制起《亚当·斯密在北京》这个书名的原因。[①]

中国仍然行进在现代化的道路上，未来 30 年将是中国现代化的冲刺阶段。如果到 2049 年中华人民共和国成立 100 周年的时候，我们能够完成政治和社会转型并赶上发达国家的收入水平，我们不仅将完成中华民族伟大复兴，而且也将创造一条属于中国但又具有世界意义的现代化道路。到目前为止，中国是唯一一个在现代化的高潮时期没有对外扩张的大国，未来的历史学家注定要对此大书特书。在未来，中国也会坚持和平发展的道路，继续为世界做出更大的贡献。

① 乔万尼·阿里吉．亚当·斯密在北京 [M]．路爱国，黄平，许安结，译．北京：社会科学文献出版社，2009.

中国式现代化的独特路径

刘守英

中国人民大学经济学院院长

现代化是人类自有文字以来告别传统社会的一场最伟大变革，它不仅实现了科学技术革命、社会生产力跃迁、现代经济的累积性增长，而且实现了思想革命、制度创新和社会转型。经典路径使英国及其跟随者成为现代化国家，但是后发国家作为跟随者在谋求现代化的道路上靠移植先发国家的制度和模式却充满了曲折、挫败、血腥和动荡，跌入一个个陷阱而不能自拔。正如习近平总书记所指出的："历史条件的多样性，决定了各国选择发展道路的多样性。”[①] 中华民族的现代化在西方列强坚船利炮的轰击下开启，先后经历了西方技术和制度的移植、苏式模式的跟随，最终在中国共产党领导下，将马克思主义与中国国情相结合，以实践和问题为导向，艰辛探索出一条中国式现代化道路。

现代化的路没有唯一

现代化是人类历史上最剧烈、最深远、最彻底的一场社会变革

现代化是一个世界性现象，它始于十四五世纪的西欧。一些地区从封建分裂状态走出，形成统一的现代民族国家，为西欧开启现代化提供了前提条件，成为人类现代化的起点。18 世纪英国出现的工业革命，将人类带向工业文明，也带来现代化对全球的冲击——先是从西欧到中东欧、北美，然后前往西亚、北非，再进入南亚、东亚和南美。到 20 世纪，现代化已成为不可抗拒的潮流（钱乘旦，2016）。它不仅是一场人类社会经济社会形态的转变，即从一个以农业为基础的人均收入很低的社会，走向着重利用科学技术的都市化和工业化社会的巨大转变（吉尔伯特·罗兹曼，1981），并且是一种新的文明形式（工业文明）逐渐确立的过程，是人类文明从农业文明向工业文明的转变。因此，现代化是一场人类全方位的革命性转型，不仅包括经济方面的转

① 习近平在阿拉伯国家联盟总部的演讲(全文)[OL].[2016-01-22]. http://www.xinhuanet.com/world/2016-01/22/c_1117855467.htm.

型，也包括政治、社会、文化、价值、思想等全方位的转型。

现代化不等同于西化

现代化只有先行者和后来者，所有不是先行者的经济体都是后来者。先行者往往输出它们的模式，后来者往往以先行者的模式、道路为榜样。由于西方是现代化的先行者，现代化往往被不幸地等同于西化，由此造成许多后来者现代化道路遭受挫折。现代化的研究开始于20世纪50年代的美国，它们设定了一套“现代化”的标准，将符合这些标准的标明为“现代”，不符合这些标准的划归“传统”。以这些标准判断，只有西方社会是“现代”的，其他国家都是“传统”的。那些刚摆脱殖民统治的国家在进行国家建构和转型时，只有按西方标准才算是“现代化”，现代化更是被打上很强的意识形态色彩。

现代化有不同的模式和道路

由于文化和历史传统不同，时空与环境条件不同，介入的人与事不同，思想方法和解决方案不同，现代化在各国、各地区呈现出巨大的差异，形成了不同的模式和道路。一个国家或地区现代化的速率和模式基本由本土因素和外来因素及两者之间的相互影响所决定。本土因素反映着一个国家或地区独具的历史背景，外来因素则对现代化的后来者产生重大影响。现代化的先行者主要依靠循序渐进转变各种本土因素，后来者往往依靠外来因素加速改变本土因素。现代化过程就是本土因素和外来因素相互作用和融合的过程，后者构成的共同性与前者构成的特殊性相互交织构成世界现代化复杂而丰富的画卷（吉尔伯特·罗兹曼，1981）。一个国家或地区的现代化能否顺利并取得成功，取决于它能否找到适合自己的现代化道路。道路和模式由多种因素作用而成。本土文化与历史会影响现代化道路，但是，相同的文化和历史也可能形成不同的“模式”，不同的文化和历史可能走上相似的道路。没有哪一种“模式”绝对正确或绝对“好”，也没有哪一条道路放之四海而皆准。

中国式现代化的内涵扩展

中国共产党取得政权后，真正开启了这个古老农业大国向乡土中国告别的现代化转型。

从农业国转变为工业国

1945 年党的七大和 1949 年党的七届二中全会提出，革命胜利之后，新中国的建设目标是将中国稳步地由农业国转变为工业国，把中国建设成一个伟大的社会主义国家。毛泽东还提出了两步走战略：第一步，通过工业化发展生产力，恢复国民经济，由半殖民地半封建经济过渡到新民主主义经济，奠定生产力基础和物质基础；第二步，社会主义因素积累到一定程度、各项条件具备之后，通过互助合作、集体化等途径实现新民主主义经济向社会主义经济的跃迁。

工业、农业、科学文化、国防的四个现代化

毛泽东等领导同志在提出农业国向工业国转变后，就开始谋划共和国建构后的现代化。1954 年 9 月，在第一届全国人民代表大会第一次会议上，毛泽东提出准备用几个五年计划，将中国现在这样一个经济上、文化上落后的国家“建设成为一个工业化的具有高度现代文化程度的伟大国家”①。1954 年，周恩来在《政府工作报告》中第一次明确提出我们要建设的现代化是“强大的现代化的工业、现代化的农业、现代化的交通运输业和现代化的国防”②。1956 年 6 月的一届全国人大三次会议上，李先念将现代化表述为“完全现代化的、富强的社会主义的工业国”③。1957 年 6—7 月间一届全国人大四次会议上，周恩来在《政府工作报告》中提醒了“把我国建设成为一个具有现代化工业和现代化农业的社会主义国家”的艰巨性，指出“取得这场斗争的胜利，不是几年而是需要几十年的时间”。④1957 年 2 月，毛泽东在最高国务会议第十一次（扩大）会议上将科学文化纳入现代化的内涵，即“将我国建设成为一个具有现代工业、现代农业和现代科

① 毛泽东．为建设一个伟大的社会主义国家而奋斗（一九五四年九月十五日）[M]// 中共中央文献研究室．毛泽东文集：第六卷．北京：人民出版社，1999.

② 周恩来．政府工作报告 [OL].[2008-03-06]. http://www.gov.cn/test/2008-03/06/content_910658.htm.

③ 李先念．关于 1955 年国家决算和 1956 年国家预算的报告 [OL].[2008-03-06]. http://www.gov.cn/test/2008-03/06/content_911631.htm.

④ 周恩来．政府工作报告 [OL].[2008-03-07]. http://www.gov.cn/test/2008-03/07/content_912288.htm.

学文化的社会主义国家”[①]。到1959年12月至1960年2月毛泽东读苏联《政治经济学教科书》时，明确了第一代领导集体四个现代化的全部方面，即“建设社会主义，原来要求是工业现代化，农业现代化，科学文化现代化，现在要加上国防现代化”[②]。1962年3—4月的二届全国人大三次会议提出，要“建立一个独立的、完整的、现代化的国民经济体系”[③]。1963年11—12月的二届全国人大四次会议号召全国各族人民“为把我国建设成为一个具有现代农业、现代工业、现代国防和现代科学技术的强大的社会主义国家而奋斗”[④]。到1964年12月至1965年1月的三届全国人大一次会议，正式提出分两步实现四个现代化，即“从第三个五年计划开始，我国的国民经济发展，可以按两步来考虑：第一步，建立一个独立的比较完整的工业体系和国民经济体系；第二步，全面实现农业、工业、国防和科学技术的现代化，使我国经济走在世界的前列”[⑤]。1975年1月的四届全国人大一次会议上，周恩来在《政府工作报告》中重申了分两步走方案：“第一步，用十五年时间，即在一九八〇年以前，建成一个独立的比较完整

① 毛泽东．关于正确处理人民内部矛盾的问题（一九五七年二月二十七日）[M]// 中共中央文献研究室．毛泽东文集：第七卷．北京：人民出版社，1999.

② 读苏联《政治经济学教科书》的谈话（节选）（一九五九年十二月—一九六〇年二月）[M]// 中共中央文献研究室．毛泽东文集：第八卷．北京：人民出版社，1999.

③ 全国人民代表大会二届三次会议胜利闭幕 [OL].[2008-03-07]. http://www.gov.cn/test/2008-03/07/content_912986.htm.

④ 第二届全国人民代表大会第四次会议新闻公报 [OL].[2008-03-10]. http://www.gov.cn/test/2008-03/10/content_915134.htm.

⑤ 周恩来．发展国民经济的主要任务（一九六四年十二月二十一日）[M]// 中共中央文献编辑委员会．周恩来选集：下卷．北京：人民出版社，1984.

的工业体系和国民经济体系；第二步，在本世纪内，全面实现农业、工业、国防和科学技术的现代化，使我国国民经济走在世界的前列。”①

中国式现代化

十一届三中全会后，邓小平反复强调现代化关乎国家和民族的前途命运，首次提出“中国式现代化”，指出：“我们的现代化建设，必须从中国的实际出发”②，“适合中国情况，走出一条中国式的现代化道路”③。中国式现代化，其一必须是社会主义的现代化。他指出：“很多人只讲现代化，忘了我们讲的现代化是社会主义现代化”④，“中国搞现代化，只能靠社会主义，不能靠资本主义”⑤。其二是全面的现代化。邓小平强调现代化是经济、政治、文化在内的全面现代化。党的十三大报告首次提出：“把我国建设成为富强、民主、文明的社会主义现代化国家。”其三是“小康”。邓小平给出的解释是：“中国式的现代化，就是把标准

---

① 周恩来．政府工作报告[OL].[2008-03-10]. http://www.gov.cn/test/2008-03/10/content_915335.htm.

② 邓小平在中国共产党第十二次全国代表大会上的开幕词[OL].[2012-09-27]. https://fuwu.12371.cn/2012/09/27/ARTI1348710255841791.shtml.

③ 邓小平．坚持四项基本原则（一九七九年三月三十日）[M]// 邓小平．邓小平文选：第二卷.2版．北京：人民出版社，1994.

④ 邓小平．中国只能走社会主义道路（一九八七年三月三日）[M]// 邓小平．邓小平文选：第三卷．北京：人民出版社，1993.

⑤ 邓小平．吸取历史经验，防止错误倾向（一九八七年四月三十日）[M]// 邓小平．邓小平文选：第三卷．北京：人民出版社，1993.

的各种合作经济，也具有社会主义的因素”，同时“将采取某种必要的方法，没收地主的土地，分配给无地和少地的农民”，而“农村的富农经济，也是容许其存在的”。[①]1947 年 12 月，毛泽东描述了新民主主义的经济结构，即“总起来说，新中国的经济构成是：（1）国营经济，这是领导的成分；（2）由个体逐步地向着集体方向发展的农业经济；（3）独立小工商业者的经济和小的、中等的私人资本主义经济。这些，就是新民主主义的全部国民经济”[②]。1948 年 9 月，毛泽东给出了新民主主义各种经济成分的关系，即“这个国家是无产阶级领导的，所以这些经济都是社会主义性质的。农村个体经济加上城市私人经济在数量上是大的，但是不起决定作用。我们国营经济、公营经济，在数量上较小，但它是起决定作用的。我们的社会经济的名字还是叫‘新民主主义经济’好。[③]”1949 年 1 月，毛泽东强调了新民主主义经济的体制特征，即“一方面，不要以为新民主主义经济不是计划经济，不是向社会主义发展，而认为是自由贸易、自由竞争，向资本主义发展，那是极端错误的……另一方面，必须注意，必须谨慎，不能急于社会主义化”[④]。中国共产党在革命胜利前后进

---

① 毛泽东．新民主主义论（一九四〇年一月）[M]// 毛泽东．毛泽东选集：第二卷 .2 版．北京：人民出版社，1991.

② 毛泽东．目前形势和我们的任务（一九四七年十二月二十五日）[M]// 毛泽东．毛泽东选集：第四卷 .2 版．北京：人民出版社，1991.

③ 毛泽东．在中共中央政治局会议上的报告和结论 [M]// 中共中央文献研究室．毛泽东文集：第五卷．北京：人民出版社，1996.

④ 毛泽东与七届二中全会 [OL].[2019-12-05]. http://dangshi.people.com.cn/n1/2019/1205/c85037-31491454.html?ivk_sa=1025883i.

行了新民主主义制度建构。党的七届二中全会制定的新民主主义政策包括：没收官僚资本归人民共和国所有，建立并大力发展社会主义性质的国营经济；利用、限制私人资本主义经济；通过土地改革变地主土地所有制为农民土地所有制，接着“谨慎地、逐步地、积极地”引导农民逐步向合作化和集体化方向发展；实行对外贸易的统制。通过新民主主义制度的选择与建构，破除半殖民地半封建经济结构，积累经济结构中的社会主义因素，以此为社会主义经济结构的建立奠定物质基础和条件，实现从农业国到工业国的转变。

以社会主义制度和计划经济体制推进国家工业化

新中国成立后，国民经济的迅速恢复和国际环境的变化，使以毛泽东同志为核心的党的第一代领导集体决定走自己的路，以“四个现代化”实现对发达国家的赶超，选择了重工业导向的国家工业化和加快建立国民经济体系的经济发展战略。为了实现赶超，实施重工业导向的国家工业化，以及受社会主义理想和目标的指引，1953 年开始向社会主义过渡，建立集中的计划经济体制。其一是通过“三大改造”基本确立社会主义制度。1952 年 9 月，毛泽东形成关于过渡时期总路线的基本思想，并于 1953 年 12 月提出：“从中华人民共和国成立，到社会主义改造基本完成，这是一个过渡时期。党在这个过渡时期的总路线和总任务，是要在一个相当长的时期内，逐步实现国家的社会主义工业化，并逐步实现国家对农业、对手工业和对资本主义工商业的社会主义改造。”[①]1954 年 2 月，党的七届四中全会后，社会主义改造正式实施：对个体农业的社会主义改造，采取从互助组到初级合作社，再到高级合作社的农业合作化；对个体手工业的社会主义改造，采取由手工业生产小组到手工业供销合作社，再到完全社会主义的手工业生产合作社等的过渡；通过公私合营改造资本主义工商业。1949—1956 年，基本实现了对农业、手工业和资本主义工商业的社会主义改造，拔了几千年支撑乡土中国的制度根基，在一个经济文化比较落后的东方大国成功实现了从新民主主义到社会主义的转变，建立了社会主义制度。其二是建立社会主义计划经济体制。社会主义制度确立之后，为了尽快获取国家工业化战略所需的资本积累，选择了高度集中的计划经济体制来进行四个现代化建设。主要内容为：取缔资本主义经济和私人经济，实行单一的社会主义公有制；实行单一的按劳分配制度；实行高度集中的计划经济体制，取缔商品和市场，制订国家计划；实行农业集体化，确立“三级所有，队为基础”集体所有制。社会主义计划经济体制的建立为推动国家工业化提供了体制基础。

以社会主义市场体制改革推进中国式现代化

高度集中的计划经济体制严重阻滞了社会生产力的发展，造成普遍的贫困，与先发国家的差距越拉越大，陷入“被开除球籍”

① 为动员一切力量把我国建设成为一个伟大的社会主义国家而斗争——关于党在过渡时期总路线的学习和宣传提纲[M]// 中共中央文献研究室．建国以来重要文献选编（1949—1965）：第 4 卷．北京：中央文献出版社，2011.

的危险。党的十一届三中全会拉开改革大幕，开启社会主义市场体制改革，实现中国式现代化的伟大历程，中国特色社会主义制度成为推进中国式现代化的根本制度。1978 年 12 月，十一届三中全会重新确立了“解放思想、实事求是”的思想路线。1982 年 9 月，邓小平在党的十二大开幕词中提出“建设有中国特色的社会主义”[①]。1984 年 10 月，党的十二届三中全会提出社会主义计划经济是“公有制基础上的有计划的商品经济”，明确我国将长期处于社会主义初级阶段，逐步形成了社会主义初级阶段的制度框架。其一是坚持和完善社会主义公有制为主体、多种所有制经济共同发展的基本经济制度。党的十五大提出“公有制为主体、多种所有制经济共同发展，是我国社会主义初级阶段的一项基本经济制度”，党的十六大提出“毫不动摇地巩固和发展公有制经济”和“毫不动摇地鼓励、支持和引导非公有制经济发展”；党的十七大进一步提出“坚持平等保护物权，形成各种所有制经济平等竞争、相互促进新格局”。其二是坚持和完善社会主义市场经济体制。我国的经济体制改革经历了计划经济为主、市场调节为辅，社会主义有计划的商品经济，计划与市场内在统一等体制演进。党的十四大确立了社会主义市场经济体制的目标模式；党的十四届三中全会进一步提出了社会主义市场经济体制的基本框架；党的十五大到十六届五中全会把发展市场经济、实现经济市场化同社会主义初级阶段结合，推进社会主义市场经济体制改

① 邓小平．中国共产党第十二次全国代表大会开幕词（一九八二年九月一日）[M]// 邓小平．邓小平文选：第三卷．北京：人民出版社，1993．

革取得突破性进展；党的十七大提出更好发挥市场在资源配置中的基础性作用。其三是坚持和完善按劳分配为主体的多种分配方式，允许一部分地区、一部分人先富起来，带动和帮助后富，逐步走向共同富裕，逐渐形成按劳分配和按生产要素分配相结合，健全劳动、资本、技术、管理等生产要素按贡献参与分配的制度和体制，兼顾公平和效率，保护合法收入，调节过高收入，取缔非法收入，整顿分配秩序，逐步扭转收入分配差距扩大趋势。社会主义初级阶段的确立和市场经济体制改革的深化，调动了各方面、各主体的积极性，提高了资源配置效率，为推进中国式现代化提供了制度保障。

以习近平新时代中国特色社会主义制度体系构建建设社会主义现代化强国的制度根基

党的十八大以来，以习近平同志为核心的党中央坚持社会主义市场经济改革方向，不断推进社会主义市场经济体制的发展和完善，对社会主义所有制结构和市场经济体制关系、市场和政府关系两个基本问题做了多方面改革，明确了以公有制为主体、多种所有制经济共同发展的基本经济制度是中国特色社会主义制度的重要支柱，是完善社会主义市场经济体制的必然要求；进一步坚持“两个毫不动摇”方针，推动各种所有制取长补短、相互促进、共同发展；明确了市场在资源配置中起决定性作用和更好发挥政府作用，这两个方面不是相互排斥或相互否定的，而是相互契合和有机统一的。党的十九大确立了习近平新时代中国特色社会主义思想的指导地位，加强了党对经济工作的集中统一领导，坚持以人民为中心的发展思想，坚持适应把握引领经济发展新常态，推进供给侧结构性改革作为经济工作的主线，坚持问题导向部署经济发展新战略。以习近平新时代中国特色社会主义和全面建成小康社会为目标，推进“五大文明”建设，创造人类文明新形态，推动社会主义现代化强国建设。

中国式现代化的独特性

一国现代化的最难之处就在于以自己的独特性抵达甚至拓展普遍性。中国式现代化进程就是不断认识和利用自己的特殊性抵达现代化彼岸的历程。

中国共产党的特质和作用

国家能力是一国实现现代化的必要条件。中国共产党以其非凡的组织和领导特性充当了国家现代化进程中举足轻重的角色。其一是独特的价值理念。争取民族独立、人民解放和实现国家富强、人民幸福，是近代以来中华民族面临的两大历史任务。中国共产党自成立之日起就肩负起“为中国人民谋幸福，为中华民族谋复兴”的历史使命。正是这一使命感，使中国共产党在充满荆棘的现代化征程中，克服难以想象的风险、挑战、难题，改变了近代中国一盘散沙、四分五裂、各霸一方的局面。其二是独特的组织力。中国共产党通过严密的组织程序和甄别机制将社会中的优秀分子吸纳进党内，靠独特的选人和培养机制为这些成员的成长和能力施展提供空间。与西方竞选政党体制不同，中国特色的党国体制保证了中国共产党在领导国家现代化和发展谋局中的核心地位。如何保证党在决策中的科学性和“确保党不变质、不变色、不变味”[①]，成为中国共产党长期保持组织优势的关键。中国共产党的创造是：前者依靠民主集中制解决组织的议事决事难题，后者依靠自我监督和自我净化保持组织的生命力。习近平总书记指出：“勇于自我革命是中国共产党区别于其他政党的显著标志”[②]，“始终坚持党要管党、全面从严治党”[③]，“确保我们党在世界形势深刻变化的历史进程中始终走在时代前列，在应对国内外各种风险挑战的历史进程中始终成为全国人民的主心骨”[④]。其三是卓越的领导力。中国共产党通过把马克思主义和中国实际相结合，通过纲领、道路、路线方针政策，以问题为导向，坚持发展是硬道理、发展为了人民，保证组织的方向定位、凝聚力和先进性，从而保持和增进推动现代化的领导力。

基于超大人口规模的中国国情

影响一国现代化成败的最大制约因素是国情。各国现代化探

① 中共中央关于党的百年奋斗重大成就和历史经验的决议[OL].[2021-11-16]. http://www.gov.cn/zhengce/2021-11/16/content_5651269.htm.

② 同①。

③ 习近平. 在庆祝中国共产党成立100周年大会上的讲话[OL].[2021-07-01]. http://www.gov.cn/xinwen/2021-07/01/content_5621847.htm.

④ 同③。

索的失败或是因为在现代化的起点上忽视本国国情，或是因为在现代化进程中脱离本国国情。中国的现代化是在一个涵养了几千年农业文明的超大人口规模基本国情下的转型。如何在正视人地关系基本国情下摆脱过重的乡土黏度是中国式现代化最为繁难的问题。一方面，党十分重视“三农”问题，把农民问题放在稳定与发展的关键位置，尤其是将土地问题放在中国现代化的中心地位。革命时期通过土地革命改变传统农民与地主关系，让农民获得土地，既取得了政权也赢得了农民；取得政权后通过土地改革调动广大农民积极性，为农业生产恢复和农业合作化打下制度基础；改革时期通过家庭联产承包制改革和承包权的长期稳定，为农村发展和农民转型提供制度保障；新时代实行农地“三权”分置改革和城乡统一土地市场建设，为农业农村现代化打下基础。除了靠土地问题稳民心，还高度重视农民和农村问题，不断增加农业农村在国家投入中的比重，着力破除城乡二元体制，解决农民就业、社保、医疗、养老问题，推进城乡公共服务均等化，将乡村振兴上升为国家战略。另一方面，党又利用中国独特的土地制度谋发展，努力摆脱土地对农民的束缚，促进中国式工业化城市化进程。改革初期允许农民利用集体土地从事乡镇企业，打开乡村工业化，为农民提供了从事非农就业和增加收入的通道；20世纪90年代末以后，利用低价土地创办园区，形成世界工厂，为农民跨地区流动和分享工业化的成果提供环境，利用土地资本化推进快速城市化；进入新时代以来，着力推进以人为本的新型城镇化，不断赋予农民城市权利，促进农民的市民化，推动中国从“乡土中国”向“城乡中国”的历史性转型。

走自己的路

世界各国经验表明，简单制度和模式移植无法顺利实现一个国家的现代化。中国的现代化是一个寻路、探路和筑路的历程，最后走出一条中国特色社会主义的现代化道路。在革命时期，党领导中国革命多次遭遇“左倾”或者“右倾”的主观主义。1927年8月后，中国革命面临两条道路的选择：一条是照搬照抄俄国十月革命模式，走城市中心暴动的道路；一条是根据中国的具体国情，走“农村包围城市、武装夺取政权”的中国革命道路。以毛泽东同志为核心的第一代领导集体将马克思主义基本原理与中国具体国情相结合，走出了一条“农村包围城市、武装夺取政权”的中国革命道路，为中国式现代化打下政权基础。新中国成立后，如何实现社会主义革命，怎样领导国家建设，是摆在全党面前的一个全新而艰巨的任务。作为人类历史上第一个社会主义国家，苏联开展社会主义建设的历史经验无疑是我们学习借鉴的样本。但是，苏联模式的弊病和问题也随着“照抄苏联的办法”被引进到我国并对我国经济建设造成损失。毛泽东于1956年2月25日明确提出，“过去我们就是鉴于他们的经验教训，少走了一些弯路，现在当然更要引以为戒”①。苏共二十大上赫鲁晓夫揭露苏联社会主义建设模式的缺点和错误，加速了中国共产党人对

① 毛泽东．论十大关系（一九五六年四月二十五日）[M]//毛泽东．毛泽东选集：第五卷．北京：人民出版社，1977.

中国自己的社会主义建设道路的探索，从“以苏为师”转变为“以苏为鉴”，结合中国的发展阶段和独特性，建立起完整的工业体系，为中国式现代化打下物质基础。

“文革”结束后，以邓小平为主要代表的中国共产党人，深刻洞察和把握和平与发展时代特征，准确判断中国国情，深刻总结我国社会主义建设正反两方面经验，借鉴世界社会主义历史经验，做出把党和国家工作重心转移到经济建设上来、实行改革开放的历史性决策，深刻揭示了社会主义本质，确立社会主义初级阶段基本路线，明确提出走自己的路，建设中国特色社会主义。面对“红旗到底打得多久”、中国共产党向何处去、中国特色社会主义道路能否走下去的疑问，江泽民同志强调：“中国的社会主义既不是苏联模式，也不是东欧模式，而是有中国特色的社会主义。走这条道路，是中国人民经过一百多年的奋斗与探索作出的历史性的选择。”[①] 随着中国改革进入深水区，面临经济结构不合理、增长方式不科学、环境资源有限性制约发展、分配不合理等矛盾和问题，胡锦涛同志提出“以人为本”的科学发展观和“五位一体”总体布局，回答了“实现什么样的发展、怎样发展”的时代命题。新时代以习近平同志为核心的党中央高瞻远瞩，在重新认识社会主要矛盾的基础上，对新时代中国特色社会主义发展做出战略安排，提出以供给侧结构性改革为主线建设现代化经济体系，立足新发展阶段、贯彻新发展理念和把握新发展格

① 中共中央文献研究室．江泽民思想年编：1989~2008[M]．北京：中央文献出版社，2010．

局，取得脱贫攻坚战的全面胜利和全面建成小康社会的伟大历史性成就。

依靠人民，为了人民

习近平总书记指出："江山就是人民、人民就是江山，打江山、守江山，守的是人民的心[①]"；"人民既是历史的创造者、也是历史的见证者，既是历史的'剧中人'、也是历史的'剧作者'"[②]。中国共产党干革命、搞建设、抓改革，都是依靠人民、为了人民，中国式现代化也是依靠人民、为了人民。革命时期通过解决农民土地问题赢得人民取得了政权。建设时期依靠农民提供的积累和城市居民的低工资，保障了国家工业化战略的实施。改革时期充分发挥人民群众的智慧和力量，激发广大人民群众的创造性，创造了举世瞩目的"中国奇迹"。新时代坚持以人民为中心的发展立场，实现了消除绝对贫困和全面建成小康社会的伟大历史性成就。中国式现代化的宗旨是为了人民，人民是中国式现代化的最重要主体。中国式现代化让发展成果更多更公平惠及全体人民，不断满足人民群众日益增长的美好生活需要。

中国共产党为了实现人民的利益，通过改革、区域扶贫、精准扶贫，创造了消除世界上最大规模绝对贫困的伟大历史性成就，实现了全面建成小康社会的目标。通过中国式结构转变，实

① 习近平．在庆祝中国共产党成立100周年大会上的讲话[OL].[2021-07-01]. http://www.gov.cn/xinwen/2021-07/01/content_5621847.htm.

② 习近平．在文艺工作座谈会上的讲话[OL].[2015-10-14]. http://www.xinhuanet.com/politics/2015-10/14/c_1116825558.htm.

现了 64.72% 的人口城镇化率，加快农业转移人口市民化进程。同时，注重人的全面发展。新中国成立之初，我国 80% 的人口是文盲，适龄儿童小学入学率不足 20%；到 2021 年，全国共有普通高校 2756 所，各种形式的高等教育在学总规模达 4430 万人，高等教育毛入学率达 57.8%。新中国成立之初，我国人均预期寿命仅有 35 岁；2019 年，我国人均预期寿命达到 78.2 岁，城镇居民人均预期寿命超过 80 岁，居民主要健康指标优于世界中高收入国家平均水平。社会保障制度逐步建立，覆盖面持续扩大，多层次社会保障体系不断健全。基本医疗保险覆盖超过 13 亿人，基本养老保险覆盖近 10 亿人。

在实现全面建成小康社会的第一个百年奋斗目标后，开启了建设现代化国家新征程的第二个百年奋斗目标。党的十九大对实现第二个百年奋斗目标做出分两个阶段推进的战略安排。要实现这一目标，必须坚持走自己的路，以中国式现代化路径建成一个令世界尊敬的、对人类文明做出重大贡献的现代化国家。为此必须破解新征程中面临的几道现代化难题。

第一，如何真正实现全面的现代化。大多数国家在现代化的进程中往往以工业化、城市化为目标和归宿，由此导致农业现代化的滞后和农民问题的无解。中国在现代化进程中也出现了工业化、城市化加快以及农业现代化和农民市民化滞后的问题。在新征程中，我们提出工业化、城镇化、信息化和农业现代化“四化同步”，就是要避免这种现代化的结构失衡困境。对于中国这种人口超大规模、农民占比高的国家，农业和农民的同步现代化尤为关键。

我们不能走先污染后治理或将污染转嫁的老路，而必须走绿色发展之路，实现人与自然和谐共生的现代化。超越传统资本主义工业文明的现代化，必须真正做到转变传统发展方式，尊重自然，顺应自然，保护自然，实施可持续发展战略，促进经济社会发展全面绿色转型。

一些已经实现和正在追寻现代化的国家往往以物质生活达到一定的水准作为现代化的唯一，忽视了精神层面的现代化，出现现代化中的异化和扭曲。我们要实现物质文明和精神文明相协调的现代化，不仅要求物质生活水平提高，家家仓廪实衣食足，而且要求精神文化生活丰富，人人知礼节明荣辱。这种平衡是现代人之所向，也是非常之难，需要在发展目标上改变单一 GDP 导向，更加注重价值观、文化软实力和人的精神追求。

第二，实现人的全面发展和共同富裕。两极分化是所有现代化国家面对的终极挑战，也是我们在新征程中面对的最大难题。共同富裕是科学社会主义的基本原则和最终目标，是新时代中国特色社会主义的主要任务。在建设社会主义现代化国家新征程中，我们追求共同富裕，当然不能搞以牺牲最大多数劳动者积极性为代价的平均主义，不能搞损害人民财产和财富积累预期的再分配，不能“一刀切”地把不同人群、不同阶层的收入和财产拉平，不能搞不切实际地追求地区之间的齐步走。我们所要实现的共同富裕，其一是“富裕”，即实现人民生活质量的全面提高；其二是“共同”，即不平等程度缩小，城乡、区域差距显著缩小，居民收入和财产差距显著缩小，基本公共服务均等化，扩大中等收入群体，全体人民共享经济发展成果。

第三，现代国家建构与国家治理体系和治理能力现代化。任何一个国家要建成现代化，最艰巨的任务是如何根据本国的特点完成现代国家建构。任何一个国家要成为现代化国家，都必须解决好国家公共权力的制度化问题。中华文明有绵延2000多年的集中治理传统，中国共产党以其独特的组织和领导特性实现了革命、建设、改革时期的有效治理。在建设现代化国家征程中，如何实现中国共产党领导下的现代国家治理体系建构，是实现第二个百年奋斗目标的关键。并非每一个国家都能成为现代化国家，而每个幸运者的共同特征是在其国家内部建立起权利开放的秩序。要实现第二个百年奋斗目标，我们必须在中国共产党的领导下，不断完善中国特色社会主义制度，通过制度化开放权利实现中国的现代化国家建构。

把握经济体系现代化的内涵和要求

黄汉权

国家发展和改革委员会价格成本调查中心主任、研究员

建设现代化经济体系，是党中央从党和国家事业全局出发，着眼于实现“两个一百年”奋斗目标，顺应中国特色社会主义进入新时代的新要求做出的重大决策部署。习近平总书记指出，国家强，经济体系必须强。建设现代化经济体系，不仅是社会主义现代化强国建设的主要内容，更是重要的决定性因素。只有形成现代化经济体系，才能更好顺应现代化发展潮流，赢得国际竞争主动，也才能为其他领域现代化提供经济基础和有力支撑。当前，我国正迈步在全面建设社会主义现代化强国、以中国式现代化全面推进中华民族伟大复兴的新征程上，深刻领会经济体系现

代化在我国现代化全局中的地位和作用，准确把握其内涵及要求，找准发力点和实施路径，对顺利推进我国现代化建设具有重要意义。

经济体系现代化是中国式现代化的重要基础

现代化是工业革命以来人类社会一场波澜壮阔的历史变革，既包括生产力的现代化，也包括生产关系的现代化，涉及经济社会方方面面。正如马克思所指出，物质资料的生产是人类社会存在和发展的基础。经济现代化在现代化全局中居于基础地位。纵观世界现代化发展史，一切现代化的中心任务都是发展生产力。没有经济上的强大实力和带动能力，就不可能有现代化强国的物质基础，其他领域的现代化也会缺乏经济支撑。可以说，经济现代化既是国家现代化的主战场和核心内容，也是整个现代化的重要动力源。

就我国而言，经济体系现代化是中国式现代化的重要基础。现代化是每一个发展中国家的共同追求，因发展阶段、政治制度、经济体制和文化背景等不同，各国的现代化道路不可能完全一样。中国的现代化既要遵循现代化的一般规律，也会有自己的特色。习近平总书记指出，“西方发达国家是一个‘串联式’的发展过程，工业化、城镇化、农业现代化、信息化顺序发展，发展到目前水平用了二百多年时间。我们要后来居上，把‘失去的二百年’找回来，决定了我国发展必然是一个‘并联式’的过程，工业化、信息化、城镇化、农业现代化是叠加发展的”[1]。经济体系现代化就体现了这种“并联式”现代化的特征，具有中国式现代化的特色。

进一步看，建设现代化经济体系是跨越关口的迫切要求，是实现高质量发展的必由之路。党的十九大报告指出，我国经济已由高速增长阶段转向高质量发展阶段，正处在转变发展方式、优化经济结构、转换增长动力的攻关期。不容忽视的是，目前我国还存在发展质量效益不高、资源环境矛盾突出、区域城乡差距仍然较大、经济循环存在卡点堵点等一系列风险挑战。破解这些矛盾和问题，推动经济跨越关口，要求立足新发展阶段，完整、准确、全面贯彻新发展理念，构建新发展格局，推动高质量发展，促进共同富裕，统筹发展与安全。这些正是建设现代化经济体系的重点所在。

现代化经济体系的内涵更为系统完整

现代化经济体系是中国式现代化语境下提出的概念，在内涵上更强调整体性、系统性和协同性。2018 年 1 月 30 日，习近平总书记主持中共中央政治局第三次集体学习时指出，现代化经济体系，是由社会经济活动各个环节、各个层面、各个领域的相互

① 中共中央文献研究室．习近平关于社会主义经济建设论述摘编 [M]. 北京：中央文献出版社，2017.

关系和内在联系构成的一个有机整体。[①] 要求产业体系、市场体系、收入分配体系、城乡区域发展体系、绿色发展体系、全面开放体系和经济体制一体建设、一体推进。这为建设现代化经济体系指明了方向。当然，形势在变化，实践在深化，现代化经济体系的内涵也随之更为系统和完整。结合新形势新要求，我们认为，现代化经济体系应该具备下述特征。

创新是引领发展的第一动力。创新驱动发展是现代化经济体系最显著的特征之一。现代化经济体系强调创新是引领发展的第一动力，依靠创新推动质量变革、效率变革、动力变革，全面提升全要素生产率；高度重视基础研究，通过深入实施科教兴国战略、人才强国战略、创新驱动发展战略，建设科技强国，实现高水平的科技自立自强；注重科技与经济深度融合，积极运用新技术、新业态、新模式改造提升传统产业，不断壮大新兴产业，加快发展数字经济，积极培育经济发展新动能。

产业体系现代化是核心内容。产业体系是经济体系的内核。经济体系现代化，首先是产业体系现代化，要求把经济发展的着力点放在实体经济上，以提高供给体系质量和效益为主攻方向，推动实体经济、科技创新、现代金融、人力资源协同发展，不断做强做优做大实体经济。工业、农业和服务业是实体经济的核心，必须同步推进工业现代化、农业现代化和服务业现代化，促进三次产业深度融合和产业结构高级化。产业链是实体经济的底

① 习近平．加快建设现代化经济体系（2018 年 1 月 30 日）[M]// 习近平．习近平谈治国理政：第三卷．北京：外文出版社，2020.

座和根基所在，要推进产业基础高级化和产业链现代化，推动产业特别是制造业向高端化、智能化、绿色化转型升级。

经济循环高效畅通是基础前提。经济要素空间移动畅通无阻是现代化经济体系正常运行和发展的根本前提。建设现代化经济体系，在内外联动方面，要求坚持扩大内需，推进高水平对外开放，形成国内国际双循环相互促进的发展格局；在区域协调方面，要求通过实施区域发展战略和重大区域战略，形成彰显优势、协调联动的区域发展格局；在城乡融合方面，要求通过实施新型城镇化战略和乡村振兴战略，形成以城市群为主体、大中小城市和小城镇协调发展的城镇格局以及城乡一体化发展格局。

绿色低碳循环发展是普遍形态。绿色低碳循环发展是现代化经济体系的内在特征。绿色发展，要求牢固树立绿水青山就是金山银山的理念，强调生态优先、环境保护，发展绿色经济，实现经济发展和资源环境相协调。低碳发展，要求紧扣碳达峰、碳中和目标，发展低碳经济，构建清洁低碳、安全高效的能源体系和节能环保、清洁生产的产业体系。循环发展，要求注重资源高效利用和循环利用，发展循环经济，形成“减量化、再利用、资源化”的生产生活方式。

促进逐步实现共同富裕是本质要求。共同富裕是社会主义的本质要求，是中国式现代化的重要特征。建设现代化经济体系，要求坚持以人民为中心的发展思想，按照逐步实现共同富裕的要求，既着眼于形成有利于提高效率、创造财富的激励机制，充分发挥各方面的积极性、主动性和创造性，不断做大“蛋糕”，又着眼于形成有利于缩小收入差距的分配体系，把“蛋糕”分好，让人民群众有更多获得感、幸福感和安全感。

经济安全保障有力是重要特征。经济安全是国家安全的基础。现代化经济体系应具备应对国内外各种风险冲击的抗压能力。建设现代化经济体系，要求统筹发展和安全，增强经济发展韧性和安全水平，积极防范各种风险，保障粮食、能源、重要资源等初级产品供应安全，做到产业链供应链自主可控，牢牢守住国家粮食安全、能源安全、产业链供应链安全的底线。

经济体制完善成熟是制度保障。现代化经济体系需要良好的制度保障。建设现代化经济体系，要求正确处理政府和市场关系，围绕让市场在资源配置中起决定性作用、更好发挥政府作用的要求，构建系统完备、更加成熟定型的高水平社会主义市场经济体制，建设统一开放、竞争有序、制度完备、治理完善的高标准市场体系，不断完善产权保护、市场准入、公平竞争、社会信用等市场经济基础制度，推动有效市场和有为政府更好结合，真正实现要素自由流动、价格反应灵活、竞争公平有序、企业优胜劣汰。

以“一体两翼”为重点建设现代化经济体系

建设现代化经济体系是一项系统工程，要抓纲举目，找准发力点，明确主攻方向，在关键处布局落子，以“一体两翼”

为重点，通过点线突破牵引带动全局，推动经济体系现代化稳步前进。

“一体”是指“产业体系”。要以产业体系现代化为发力点，加快推进工业现代化、农业现代化和服务业现代化，大力发展先进制造业、现代农业和现代服务业，培育壮大战略性新兴产业，加快发展数字经济，筑牢现代化经济体系的底盘和根基。工业现代化要以制造业为重点，按照新型工业化要求，积极推进工业化和信息化融合、制造业和服务业融合，数字技术和制造技术融合，推动制造业高端化、智能化、绿色化，不断提升新型工业化水平和质量，加快建设制造强国、质量强国、航天强国、交通强国、网络强国和数字中国。相比较而言，农业现代化是我国现代化的短板弱项，要以全面实施乡村振兴战略为抓手，加快建设农业强国，推进农业科技化、机械化、信息化和规模化，促进传统农业向现代农业转变。服务业现代化要着眼于改造提升传统服务业，大力发展现代服务业，推动生产性服务业向专业化高端化转型，生活性服务业向高品质多样化升级，提高服务业劳动生产率，克服“鲍莫尔病”，实现从服务大国向服务强国迈进。

“两翼”包括科技创新和体制创新。科学技术现代化是生产力现代化的核心内容和典型代表，是经济体系现代化的牵引动力。要坚持创新在我国现代化建设全局中的核心地位，抢抓新一轮科技革命和产业变革机遇，面向世界科技前沿、面向经济主战场、面向国家重大需求、面向人民生命健康，加强基础研究、应用基础研究和应用研究，增强自主创新能力，提高科技成果转化和产业化水平，加快建设科技强国。一个完善而富有活力的经济体制，可以为经济体系现代化保驾护航。要对标国家治理体系和治理能力现代化要求，推进体制机制创新，坚持和完善社会主义基本经济制度，以完善产权制度和要素市场化配置为重点，与深化供给侧结构性改革有机结合起来，加快构建高水平社会主义市场经济体制，建设高标准市场体系，形成大力促进生产力发展的有效制度供给，为建设现代化经济体系保驾护航。

中国式现代化如何成功规避“发展陷阱”

曾　铮

国家发展和改委委员会市场与价格研究所主任、研究员

习近平总书记指出，我国现代化是人口规模巨大的现代化，是全体人民共同富裕的现代化，是物质文明和精神文明相协调的现代化，是人与自然和谐共生的现代化，是走和平发展道路的现代化。[①]这个基本论断，是在立足我国基本国情、总结人类历史教训、借鉴各国发展经验、审读全球演进趋势的基础上，做出的科学指引和战略部署，是我党现代化发展观的集中体现，为推进

① 高举中国特色社会主义伟大旗帜 为全面建设社会主义现代化国家而团结奋斗——在中国共产党第二十次全国代表大会上的报告（2022 年 10 月 16 日）[N/OL].人民日报，[2022-10-26].http://paper.people.com.cn/rmrb/html/2022-10/26/nw.D110000renmrb_20221026_3-01.htm.

社会主义现代化建设指明了前进方向和实践路径。纵观人类近现代史，虽然经济发展的道路不尽相同，但主要国家在迈向现代化的道路上不同程度地出现了各种各样的矛盾和问题，陷入了各式各样的发展陷阱。有的国家难以跨越发展陷阱，从而出现了经济发展的停滞；有的国家貌似跨越了发展陷阱，却将跨越陷阱的代价与成本转嫁给了国内部分群体或其他国家人民。中国式现代化是人类发展史上的伟大创造，走出了一条既实现自身跨越发展陷阱又兼顾全球发展包容的道路，必将为人类经济社会发展探索出新模式，为人类文明发展开辟出新道路。

跨越李嘉图陷阱：避免低水平国际分工带来的发展锁定

从历史上看，某些后发国家依赖资源优势实现了经济起飞，却落入了“资源诅咒”，最终未建立起完整的工业体系，陷入了“贫困化增长”陷阱；而某些国家虽然利用劳动力等资源廉价的后发优势迅速融入全球分工和推进国内工业化，却锁定在全球价值链低端，加上其他制度性因素，人均经济总量长期徘徊在中等收入阶段水平，从而落入中等收入陷阱。这两类国家都过于依赖比较优势发展经济，而未在合适的时间实现经济发展方式的转变，因此不可避免地落入了所谓的“李嘉图陷阱”。经过40多年的改革开放，我国全面参与全球贸易分工体系，利用庞大的人口规模优势和廉价的劳动力成本优势，有效释放人口红利，实现了人类历史上历时最长的经济高速增长，即将推动世界人口第一大国迈入高收入国家行列。

2008 年国际金融危机以来，关于我国产业比较优势逐步丧失的争论不绝于耳，不少西方政客、学者和媒体唱空我国经济转型。但是，我国加快转变经济发展方式，深化供给侧结构性改革，推动高质量发展，全方位推进创新驱动战略，产业全球竞争力明显提升，逐步从基于比较优势的跟随式全球分工模式转向基于综合竞争优势的主动式全球分工模式。不论贸易行业结构还是技术结构都明显优化，在全球价值链上的攀升速度明显加快。我国高技术产品出口占商品出口贸易总额比重从 2008 年的 29.1% 提高到 2021 年的 45%。与此同时，根据 OECD/WTO（世界贸易组织）发布的附加值贸易数据，我国出口产品附加值率从 2008 年的 70% 提高到近年 80% 以上；此外，我国人均国内生产总值也从 2008 年的 3468 美元提升至 2021 年的 12551 美元。

近几年，我国坚持“自主可控、安全高效”的基本原则，把发展经济着力点放在实体经济，加快健全社会主义市场经济条件下新型举国体制，积极打好关键核心技术攻坚战，推进产业基础高级化、产业链现代化，在不断提高发展质量的基础上保持制造业比重基本稳定，增强制造业竞争优势，推动制造业高质量发展。与此同时，我国深入推进以人为核心的新型城镇化战略，以城市群、都市圈为依托促进大、中、小城市和小城镇协调联动、特色化发展，使更多人民群众享有更高品质的城市生活。通过协同推进新型工业化和以人为核心的城镇化，跨越李嘉图陷阱，逐步实现人口规模巨大的现代化。

跨越拉美陷阱：避免经济快速增长带来的收入差距加大

经济增长难以自动解决收入差距问题，而政策性福利赶超又可能拖累经济发展，因此解决好经济增长和收入分配问题是各国共同面临的发展挑战。在历史上，一些拉美国家在高速发展阶段没有解决好收入分配问题，又在经济增速下滑阶段超常规实施福利赶超，没有平衡好经济发展和收入分配之间的关系，陷入了“拉美陷阱”。过去 40 多年，我国在以按劳分配为主体、多种分配方式并存的收入分配制度引导下，努力提高居民收入在国民收入分配中的比重，居民收入分配格局逐步完善，在经济高速增长过程中较好地避免了收入分配差距加速扩大的趋势。

必须承认的是，改革开放之后很长一段时间，虽然我国政府采取了多类政策有效遏制了居民收入差距过度拉大的趋势，但是我国收入分配仍然存在持续拉大的态势。2008 年我国居民收入基尼系数达到峰值 0.491，较 1978 年增加了 0.174；城乡居民人均可支配收入比从 1979 年的 2.55∶1 上升至 2008 年的 3.31∶1。近年来，在保持经济持续增长和避免超福利政策的同时，我国政府成功实施了精准扶贫，加快推动了财税等关键领域改革，常态化推进反垄断，有效防止了资本无序扩张，在一定程度遏制了居民收入差距继续拉大。截至 2021 年，我国居民收入基尼系数下降至 0.46 左右，城乡居民人均可支配收入比降至 2.5∶1。

面向 2035 年基本实现社会主义现代化，我国坚持居民收入增长和经济增长基本同步、劳动报酬提高和劳动生产率提高基本同步，持续提高低收入群体收入，扩大中等收入群体，更加积极有为地促进共同富裕。在初次分配中，继续坚持按劳分配为主体、多种分配方式并存，提高劳动报酬在初次分配中的比重。在再分配中，加大税收、社会保障、转移支付等调节力度和精准性，同时发挥慈善等社会公益事业第三次分配作用，改善收入和财富分配格局。通过构建初次分配、再分配、三次分配协调配套的基础性制度安排，跨越拉美陷阱，实现全体人民共同富裕的现代化。

跨越“垮掉的一代”陷阱：避免财富增长带来的精神虚无

经济发展是道德进步的基础，但是经济发展不必然带来精神上的追求，如果引导不好可能就会出现精神的虚无和道德的败坏。从历史上看，西方一些发达国家在物质生活得到充分满足后，由于缺乏正确的社会引导，出现了明显的精神虚无，比如美国在 20 世纪 60 年代就陷入了“垮掉的一代”陷阱。改革开放以来，在坚持以经济建设为中心的基础上，我国提出社会主义精神文明建设是关系社会主义兴衰成败的大事，坚持物质文明和精神文明“两手抓、两手都要硬”的战略方针，强化文化建设和思想建设，创造了精神文明发展的丰硕成果，包括文艺作品在内的精神文化产品生产供给能力大幅提升，精神文化财富大大增加。

近年来，一些西方政客、学者和媒体依然在竭力宣扬西方文明等同于现代文明，大谈普世文明观，逐步从“主体中心论”演进为“自我中心论”，极端性地演变为“唯我中心论”，并试图改造其他文明，加剧了世界范围的文明冲突。与此同时，一些西方政客和学者妄加批评我国现代文化偏离了所谓以自我为中心的文化体系。针对这些无端非议，我国坚定了“四个自信”，牢固树立物质文明和精神文明协调发展的战略方针，提出了坚持用社会主义核心价值观引领群众性精神文明创建活动，深入实施公民道德建设工程，加强全社会的思想道德建设和理想信念教育，强化中国特色社会主义和中国梦宣传教育，推动群众性精神文明创建活动向纵深发展，在经济稳步发展的基础上实现了精神文明的大幅提升。

未来一段时间，既是我国精神文明建设的重要时期，也是培育新时代社会主义接班人的关键阶段。我国将坚持马克思主义在意识形态领域的指导地位，坚持以社会主义核心价值观引领文化建设，围绕举旗帜、聚民心、育新人、兴文化、展形象的使命任务，推进理想信念教育，发展中国特色哲学社会科学，传承弘扬中华优秀传统文化，持续提升公民文明素养，促进满足人民文化需求和增强人民精神力量相统一，推动形成适应新时代要求的思想观念、精神面貌、文明风尚、行为规范。通过推进社会主义文化强国建设，跨越“垮掉的一代”陷阱，实现物质文明和精神文明相协调的现代化。

跨越环境库兹涅茨陷阱：避免工业化带来的环境诅咒

现代经济学经典理论认为，环境恶化是经济发展的一个必要阶段，而不是主观认识水平问题，也不是制度、战略和政策失误造成的。从历史经验看，如果没有国家的政策约束和引导，经济发展到高级阶段并不会立刻带来资源环境的改善。有些西方国家在经济高度发展后环境恶化程度并未明显改善，而有的国家迷信“先发展，后保护”的教条，在步入高收入阶段后才逐步强调环境保护，但是在环境治理中付出了巨大成本。改革开放以来，我国坚持预防为主、综合治理，强化从源头防治污染和保护生态，从改革开放初期的“三废”治理，到在经济社会发展规划中强调环境容量约束与总量控制，再到注重环境保护与经济和社会协调发展，我国人均排放或历史累积的人均排放远远低于大多数发达国家，走出了一条“边发展、边保护、边治理”的资源节约与环境友好型发展之路。

但是,由于长时期的经济高速增长和部分地区环保意识不强，我国在生态环境保护与治理上仍然存有欠账。近十年来，我国以前所未有的力度抓生态文明和美丽中国建设，实施了一批包括环境治理保护和山水林田湖生态在内的国家生态环境保护重大工程，生态文明和环境保护发生转折性变化，绿色低碳转型取得巨大成就。2021 年，全国地级以上城市细颗粒物（PM2.5）平均浓度历史性达到了世卫组织第一阶段过渡值，成为世界上空气质量改善最快的国家；2013 年至 2021 年，我国 I–III 类优良水体断面比例提升了 23.3 个百分点，地级及以上城市的黑臭水体基本得到了消除；我国森林面积增长了 7.1%，达到 2.27 亿公顷，成为全球“增绿”的主力军。

近年来，我国提出“推动绿色发展，促进人与自然和谐共生”的基本方略，强化实施可持续发展战略，持续打好蓝天保卫战、碧水保卫战和净土保卫战，完善生态文明领域统筹协调机制，构建生态文明体系，提升生态系统质量和稳定性，改善环境质量和扩充环境容量，推动经济社会发展全面绿色转型，高质量建设美丽中国，为应对当今世界面临的全球性挑战、解决人类面临的共性问题做出新的更大贡献。通过构建“人与自然生命共同体”，跨越环境库兹涅茨陷阱，实现人与自然和谐共生的现代化。

跨越殖民化陷阱：避免超级大国发展带来的对外掠夺

殖民既是资本主义产生的条件和基础，也是资本主义产生的动力和需求。在历史上，资本主义商品经济的发展，要求向世界各地倾销商品、掠夺原料，还要求向海外输出剩余资本，因此传统工业化国家的崛起过程就是一部血淋淋的殖民史，殖民主义是资本主义得以确立、发展和壮大的一个重要战略支点。改革开放以来，我国坚持独立自主的和平外交政策，不搞“联盟大家庭”，不推行“集团政治”，不划分“势力范围”，实施互利共赢的开放战略，把既符合我国利益，又能促进共同发展作为处理与各国经贸关系的基本准则，加强对外经济科技交流与协作，全面开展国际贸易分工，尽力开展对外援助，促进世界经济共同发展繁荣，在实现自身发展的同时为世界经济繁荣和后发国家崛起做出了巨大贡献。

然而，一些西方政客、学者和媒体不怀好意地大肆炮制“中国威胁论”“中国新殖民主义”等不实概念，妄图破坏我国的国际形象和延滞我国的改革开放。针对这些谎言论调，近几年我国大力构建全方位、多层次、立体化的外交布局，积极推动全球治理体系改革和建设，在推动高水平对外开放的基础上支持经济全球化，持续主动扩大进口，推进高质量共建“一带一路”，十年来已经与 149 个国家、32 个国际组织签署 200 多份共建“一带一路”合作文件，对外签署的自贸协定数量在过去十年由 10 个增长到 19 个，开创了中国特色大国外交新局面，对外开放取得历史性成就，为各国企业提供了更多市场机遇、投资机遇和增长机遇，促使我国经济社会发展惠及各国人民。

未来一段时间是我国对外交往和对外开放的关键时期，我国将加快构建以国内大循环为主体、国内国际双循环相互促进的新发展格局，积极参与全球治理体系改革和建设，坚持实施更大范围、更宽领域、更深层次的对外开放，建设更高水平开放型经济新体制，依托我国超大规模市场优势促进国际合作，依托国内大循环吸引全球商品和资源要素打造我国新的国际合作和竞争优势，推动共建“一带一路”高质量发展，推进多边和双边合作深入发展，为世界各国提供更加广阔的市场机会，实现互利共赢。通过构建“人类命运共同体”，跨越殖民化陷阱，实现走和平发展道路的现代化。

构建中国式现代化的评价指标体系

任保平

教育部长江学者特聘教授，南京大学数字经济与管理学院特聘教授

张　倩

西北大学中国西部经济发展研究院成员

中国式现代化不仅具有世界现代化的一般特征，更突出体现了中国特色社会主义发展道路的基本特征，是将现代化发展的普遍原理与我国具体国情、发展阶段、时代特征的特殊性相结合的现代化模式创新。这一创造性现代化道路需要构建科学合理的评价指标体系，对其现代化发展水平进行测度与衡量，进而便于把握中国式现代化的基本趋势与主要矛盾，为现代化的进一步发展提供具有针对性的战略规划，具有重要的理论意义与实践价值。

因此，需要从中国式现代化这一伟大创造的基本事实与典型特征出发，构建科学合理的中国式现代化评价指标体系。

中国式现代化评价指标体系的统计维度

基于中国式现代化的基本逻辑与典型事实，对其评价的基本统计维度进行分析，进而构建与其相适应的、具有中国特色的、符合中国国情的评价指标体系。

从现有的现代化评价指标体系出发，国外衡量现代化发展具有代表性的如布莱克现代化指标体系、英克尔斯现代化指标体系和联合国人类发展指数等；国内也有机构从不同维度构建了现代化发展的指标体系，如中国社科院从经济发展、社会进步、人口素质和生活水平四个维度提出现代化指标体系，中国科学院可持续发展战略组从现代化推动力、现代化质量和社会公平三个方面提出现代化指标体系，以及各地政府及发展规划处针对区域特征提出的现代化评价体系，等等。除了联合国人类发展指数，国内外研究衡量现代化水平大多数都采用多指标构建，以实现从多维度、多方面综合判断国家的现代化发展。洪银兴教授及其课题组（2014）在以往现代化发展指标体系的基础上进行拓展，从经济现代化、城乡现代化、社会现代化、生态文明现代化、政治文明现代化五个基本维度，构建了较为科学合理的现代化建设指标体系。该指标体系涵盖了现代化发展建设及进程中需要关注的重点领域和重要方面，具有理论内涵和重要的实践价值，对于现代化重要方面的涉及具备系统性和全面性特征，对后续的中国式现代化相关研究具有重要的参考价值。

基于“十四五”和2035年现代化的远景目标，中国式现代化需将现代化形态嵌入经济建设、社会发展、人民生活等各个方面，实现现代化的新发展。中国式现代化的内涵扩展突出表现为经济现代化、社会进程现代化、城乡区域现代化、生态文明现代化和治理能力现代化。这五个维度的现代化发展要求涵盖了人民生活需求的基本方面，体现了以人民为中心的现代化思想，故中国式现代化评价指标体系的构建也应从这五个基本维度出发。

经济现代化维度

经济现代化是中国式现代化的基础和核心，是现代化发展的物质基础。依据现代化发展的一般规律，无论是中国式现代化还是其他国家的现代化发展道路，都以经济的高速增长引领现代化发展。现代化相关理论研究也指出，经济现代化对现代化起着根本性的作用，是现代化的起点。而面对新时代经济高质量转型的基本要求，我国基本实现现代化不仅需要经济总量的增加，更需要实现经济高质量发展与科技实力的大幅跃升，跻身创新型国家前列。在经济现代化进程中，需要以重塑新动能为核心，以数字化发展作为发展生产力的基本路径，以推动形成全面开放新格局作为重要内容，建设具有中国特色、符合中国国情的中国式经济现代化道路。

首先，从经济现代化的核心要求出发。经济现代化的核心是重塑经济增长新动能，即通过新动能构建，转换经济增长方式，优化经济结构，提高经济效率，以推动经济现代化的构建。

其次，加快推动数字化和创新化产业布局成为经济发展现代化的迫切需要。数字化、创新化与生产力的结合，能够驱动新一轮科技革命和科技产业的重大变革，数字化和创新化的实现及其与制造业、服务业的深度融合。通过改变传统经济发展方式完善现代化产业体系，是加快推进经济现代化进程的重要力量。

最后，推动形成全面开放新格局也是经济现代化的重要内容。经济现代化的实现离不开高层次开放经济的重要支撑。一方面，统一、开放、有序的市场体系，是经济现代化的基本要求；另 方面，统筹有效内需和外部分工的有机联动和良性循环，增强市场机制中资源配置高效性，是实现经济现代化的必由之路。

社会进程现代化维度

中国式现代化作为人本逻辑的现代化模式创造，其评价维度需要将现代化形态嵌入社会发展，以社会进程现代化体现以人为本的核心理念，即实现人的现代化。实现国家或者地区的基本现代化，无论是综合国力提升、经济实力增强、资源环境优化，其宗旨都是满足人民美好生活需要，故现代化的评价维度应以人民生活质量的提升为基本逻辑，以社会进程现代化作为中国式现代化的基本评价维度。

社会进程现代化追随经济现代化的发展，是持续且动态演进的历史过程，其内在构成不能脱离群众。因此，社会进程现代化涵盖了广大人民群众关注的健康、基本社会保障、社会资源配置、人口教育及质量、社会组织、文化普及等各个方面的具体民生问题。中国式现代化是基于人本逻辑的现代化道路创新，其现代化强国目标的实现，不能剥离社会进程现代化这一重要组成部分，而应充分强调经济、社会进程现代化的全面协调与统一，并在指标体系的构建中予以体现。因此，研究基本实现现代化的程度和水平，需要重点考量社会进程现代化程度，对人的发展、社会保障以及收入分配现状等基本社会问题进行评价分析。

城乡区域现代化维度

从我国现代化发展的短板出发，可以发现城乡之间现代化发展差距较大，二元结构性矛盾突出不容忽视，协调城乡关系、促进城乡融合发展在我国现代化战略中具有全局意义。从中国式现代化的实现路径出发，我国创造了多维度共同发展的并联式现代化，从并联式现代化的具体内容出发，可以发现农业现代化一直是我国现代化发展的关键内容。全面推进农业、农村、农民现代化对我国建成现代化强国具有十分重要的意义。基于问题导向，城乡区域现代化不仅是中国式现代化的重要战略组成，也是推进城乡融合发展的关键路径，故应作为中国式现代化评价指标体系的关键维度。

城乡区域现代化建设，是以建设城乡统筹与一体化、城市乡镇互动协调、基本公共服务及基础设施联动为主要内容的战略规划与政策导向。

首先，城镇化水平作为判断城乡关系的重要方面，是城市现代化、人的发展现代化的决定因素。城市能级和职级的不断提升，能够促进城市功能品质化、人口宜居及资源环境可持续化发展，从而形成包容共享型的新型城市与乡镇共促的新格局生成。

其次，城乡现代化发展致力于缩小城乡居民收入差距。城乡居民收入差距较大，不仅会影响社会和谐、降低人民生活水平，而且会制约城乡投资及消费结构优化。

最后，实现城乡基础公共服务和设施供给均等化，使城乡居民享用平等的公共服务权利，更好地促进现代化生产要素在城乡之间流动，在市场化资源配置中具有重要意义，进而有利于实现区域良性互动，加强城乡发展深度融合。

生态文明现代化维度

从中国式现代化面临的约束条件出发，可以发现相较于先发现代化国家，我国既具有现代化发展的后发优势，同时又面临更严格的自然资源紧约束，在现代化发展的初期，也出现了因过度追求经济增长而导致的生态环境破坏与自然资源浪费问题。新时代以来，基于高质量发展的转型要求，面对碳达峰、碳中和的战略目标，着眼于中国式现代化发展中日益突出的生态环境问题，生态文明现代化不仅是中国式现代化的重要组成部分，也是中国式现代化的必然要求。我国在实现现代化的进程中，不能以破坏生态为代价，而是要充分实现经济、社会、生态的三元统一。加强生态文明，促进可持续发展，是基本实现现代化的重要前提。因此，面对我国现代化进程中面临的资源环境紧约束，生态文明现代化作为中国式现代化的重要组成部分，也应成为中国式现代化的评价维度之一。

生态文明现代化是基于自然资源与生态系统的平衡视角，在经济的持续发展中，重视绿色效益和绿色产出，以生态环境保护和高质量发展的协调促进现代化进程，通过保护和改善生态环境发展生产力，推动中国式现代化的可持续发展。根据生态文明现代化的基本内涵，其相应的指标体系不仅需要衡量存量概念，还应包含动态变化趋势，即涵盖了基本资源禀赋、资源消耗、环境质量、污染排放、污染治理、绿色发展水平等多方面内容。

治理能力现代化维度

治理能力现代化是中国式现代化的保障，治理能力现代化要发挥国家治理体系的效能，依靠制度、机制、政策、技术等因素，实现决策能力的民主科学化、执行能力的法治化、调控能力的协调统筹化、协同能力的互动合作化，提升国家治理能力的现代化水平。

回顾中国式现代化的历史进程，可以发现治理能力和治理体系现代化是中国式现代化建设的重要保障，对维系社会稳定、法治平安，提高公众安全度具有重要意义和积极作用。中国共产党领导下的中国式现代化之所以能够在经济高速发展的同时实现社会的长期稳定，与治理能力现代化的水平不断提升密切相关。从制度保障维度出发，我国治理体系和治理能力现代化也是制度现代化的重要构成。治理能力现代化不仅是中国式现代化的重要组成，也是现代化进程中的基本保障。因此，评价中国式现代化的发展，治理能力现代化应成为指标体系的一个重要维度。构建科学合理的中国式现代化评价指标体系，也需要充分考量治理能力的现代化程度，对政府效能、数字政府建设、行政人员能力、党风廉政、法治建设、公共安全等治理能力现代化等具体维度进行分析。

综上所述，经济现代化是中国式现代化的核心基础，社会进程现代化是中国式现代化的关键内容，城乡区域现代化是解决现代化二元结构问题的现实方案，生态文明现代化是缓解现代化进程中资源环境约束的重要举措，治理能力现代化是现代化建设的基本保障。因此，需要从以上五个基本维度出发，构建科学合理的中国式现代化指标体系。

构建中国式现代化的评价指标体系

基于中国式现代化的理论分析，科学合理的中国式现代化的评价指标体系应包括经济现代化、社会进程现代化、城乡区域现代化、生态文明现代化和治理能力现代化五个基本维度。根据中国式现代化维度理论分析，在内涵界定的基础上选取与其相适应的指标，来构建科学合理的中国式现代化指标体系，如表 1 所示。

表1　中国式现代化指标体系

基本维度	分项维度	基础指标	单位	指标属性
经济现代化	经济数量规模	人均地区生产总值	元	正指标
	经济结构与经济效率	服务业增加值占地区生产总值比重	%	正指标
		农业劳动生产率	—	正指标
		农业机械总动力	万千瓦	正指标
	创新能力与研发实力	R&D（科学研究与试验发展）经费支出占地区生产总值比重	%	正指标
		技术市场成交额占地区生产总值比重	%	正指标
		每万人有效发展专利数	项	正指标
	信息化水平	电子商务销售额占比	%	正指标
	对外开放程度	外商投资企业货物进出口总额占地区生产总值比重	%	正指标
	文化产业发展实力	规模以上文化制造业营业收入占地区生产总值比重	%	正指标
社会进程现代化	居民健康水平	人均寿命	年	正指标
	基本社会保障	城乡基本养老保险覆盖率	%	正指标
		城乡基本医疗保险覆盖率	%	正指标
		失业保险覆盖率	%	正指标
		住房保障支出占财政支出比重	%	正指标
		每千名老人拥有养老床位数	张	正指标

续表

基本维度	分项维度	基础指标	单位	指标属性
社会进程现代化	人力资源综合能力	规模以上工业企业 R&D 人员全时当量	人	正指标
		每十万人中高等教育平均在校生数	人	正指标
	社会现代教育水平	地区人口平均受教育年限	年	正指标
	信息资源普及	互联网普及率	%	正指标
	社会组织	每万人社会组织数	个	正指标
	文体公共设施	每万人拥有图书馆建筑面积	平方米	正指标
城乡区域现代化	城市集聚能力	城镇化率	%	正指标
	城乡公共基础设施建设	县城燃气普及率	%	正指标
	城市公共交通和服务水平	人均城市道路面积	平方米	正指标
		城市公共交通客运量	万人次	正指标
		城市轨道交通客运量	万人次	正指标
	城乡居民收入水平	城镇居民人均可支配收入	元	正指标
		农村居民人均可支配收入	元	正指标
	城乡居民收入差距	城乡居民收入泰尔指数	—	逆指标
生态文明现代化	能源消耗	单位地区生产总值电耗	千瓦时 / 元	逆指标
	污染物排放	化学需氧量排放量	万吨	逆指标
		二氧化硫排放量	万吨	逆指标

续表

基本维度	分项维度	基础指标	单位	指标属性
生态文明现代化	污染物排放	氨氮排放量	万吨	逆指标
		氮氧化物排放量	万吨	逆指标
	生态环境综合质量	城市空气质量达到二级标准天数比例	%	正指标
	资源储备	人均水资源量	立方米 / 人	正指标
	环境治理	水土流失治理面积	千公顷	正指标
		城市污水日处理能力	万立方米	正指标
	绿化水平	森林覆盖率	%	正指标
		建成区绿化覆盖率	%	正指标
治理能力现代化	政府效能	公共服务支出占 GDP 比重	%	正指标
	数字政府	数字化服务普及度	%	正指标
	党风廉政建设	“党风廉政”词频搜索量	次	正指标
	法治建设	“法治建设”词频搜索量	次	正指标
	公共平安建设	公共安全财政支出占财政支出比重	%	正指标

经济现代化指标体系

基于中国式现代化的内涵拓展，面对经济高质量发展的新时代要求，经济现代化的衡量不仅局限于经济数量的增长，也需要进一步延伸，包括经济效率与经济技术提高、经济产业结构优化、信息化及创新化经济实力增强、深化开放经济发展等方面。

从经济现代化的基本内容出发，在中国式经济现代化建设维度的指标体系构建中，可以选择人均地区生产总值反映经济数量规模，选择服务业增加值占比、农业劳动生产率、农业机械总动力等指标，反映经济结构和经济效率的现代化水平，也可以从产业结构、生产效率和农业现代化视角反映经济发展方式的转型现状；同时，可选择 R&D 经费支出占比、技术市场成交额占比、每万人有效发展专利数来综合反映经济现代化进程中的创新能力和研发实力；使用电子商务销售额占比以体现经济现代化发展的信息化水平；选择外商投资企业货物进出口总额占比衡量经济现代化进程中的对外开放程度。除此之外，由于文化产业是以知识文化为基础的现代化服务经济新业态组成，为经济发展现代化提供了丰富的内容，因此文化兴业也是提升产品附加值、促进产业结构高级化的重要途径。从产业结构高级化中产品附加值提升视角出发，文化产业发展是经济现代化发展的不可或缺的重要方面，进而可以选择规模以上文化制造业营业收入占比来反映文化产业发展实力，共同构成中国式经济现代化维度的指标体系。

社会进程现代化指标体系

从社会进程现代化的基本评价维度出发，基于人文逻辑的中国式现代化模式创造，以人的现代化程度作为衡量社会进程现代化的出发点。人的现代化主要涉及人自身的发展与人的生活方式两个方面，故选取人的全面发展能力的现代化水平与人的生活方式的现代化两个维度的关键指标，对中国式现代化建设中社会进程现代化水平进行测度。

基于人的全面发展能力的现代化，首先，可以选择人均寿命体现居民健康水平，这也是人民发展能力的基础条件；其次，可以选择城乡基本养老保险覆盖率、城乡基本医疗保险覆盖率、失业保险覆盖率、住房保障支出占财政支出比重、每千名老人拥有养老床位数等指标来综合衡量基本社会保障程度，即从政府对人民提供基础保障的公共服务视角出发，对社会进程的现代化水平进行衡量；再次，可以选择规模以上工业企业 R&D 人员全时当量、每十万人中高等教育平均在校生数等指标反映人力资源综合能力；最后，可使用地区人口平均受教育年限反映社会现代教育水平。以上四个方面指标综合反映社会现代化进程中人的全面发展能力。而从人的生活方式现代化视角出发，选择互联网普及率、每万人社会组织数、每万人拥有图书馆建筑面积指标，分别体现社会进程现代化发展中信息资源普及、社会组织、文体公共设施的人均拥有量，进而衡量人的生活方式现代化水平。

城乡区域现代化指标体系

城乡区域现代化建设，是以建设城乡统筹与一体化、城市乡镇互动协调、基本公共服务及基础设施联动为主要内容的战略规划与政策导向，其指标体系需要结合其基本内涵，从城镇发展状况和城乡差距两个维度出发，对城乡区域现代化水平进行测度。其中，城镇发展状况可以分为城市集聚能力和城市公共服务能力两个主要部分，城乡差距可从城乡居民收入水平和收入差距两个维度出发选取相应指标，对城乡区域现代化水平进行综合测度。

从具体的指标选择出发，可选择城镇化率反映城市集聚能力；选择县城燃气普及率反映城乡公共基础设施的分担量和服务能力；选择人均城市道路面积以及城市公共交通和轨道交通客运量共同反映城市公共交通和服务水平；选择城镇居民人均可支配收入、农村居民人均可支配收入以及泰尔指数综合反映城乡居民收入水平和收入差距。其中，泰尔指数重点衡量地区间收入差距的不平等尺度，指标属性为逆指标，意味着泰尔指数越大的地区，城乡收入差距越大，地区不均等分配的制约越严重。

生态文明现代化指标体系

生态文明现代化作为缓解现代化进程中资源环境约束的重要举措，其指标选取需要结合静态存量与动态变化趋势两个基本维度，从能源消耗、污染排放、环境治理、资源禀赋、污染治理与绿色发展水平多维度出发，建立静动态结合的综合指标体系。

在生态文明建设分项维度中，可选择单位地区生产总值电耗反映地区的能源消耗；使用化学需氧量、二氧化硫、氨氮、氮氧化物等污染物的排放量反映地区污染物的排放；选择城市空气质量达到二级标准的天数比例指标和人均水资源量指标来分别反映生态环境的综合质量和资源储备水平；选择水土流失治理面积、城市污水日处理能力表示地区的环境污染治理能力和治理效果；使用森林覆盖率和建成区绿化覆盖率来共同体现地区的绿化水平。

治理能力现代化指标体系

基于治理能力现代化维度的指标体系构建，需要结合治理能力现代化的基本内容，从推动政府效能提升、数字化政府建设、社会和谐稳定的党风廉政建设、保障法治平安的法治建设、提高公众安全度的地区公共平安建设五个主要维度出发，构建体现治理能力现代化的内涵需求的科学指标体系。在治理能力现代化分项维度中，政府效能提升可以用公共服务支出占 GDP 比重来体现，数字政府可以用数字化服务普及度来衡量。为测度地区党风廉政建设水平以及法治平安建设水平，并基于数据的可获得性，可分别采用“党风廉政”一词在百度指数中的词频搜索量反映地区党风廉政建设水平，使用“法治建设”一词在百度指数中的词频搜索量反映地区法治建设能力，使用公共安全财政支出占财政支出比重反映地区公共平安建设效能。

因此，从经济现代化、社会进程现代化、城乡现代化、生态文明现代化、治理能力现代化五个基本维度出发，基于数据的可得性和指标口径的一致性，就可以构建科学合理的中国式现代化指标体系。

中国式现代化新道路的时空特征与实践逻辑

邹一南

中央党校（国家行政学院）经济学教研部副教授

习近平指出：“我国现代化同西方发达国家有很大不同。西方发达国家是一个‘串联式’的发展过程，工业化、城镇化、农业现代化、信息化顺序发展，发展到目前水平用了二百多年时间。我们要后来居上，把‘失去的二百年’找回来，决定了我国发展必然是一个‘并联式’的过程，工业化、信息化、城镇化、农业现代化是叠加发展的。”[①] 现代化的“并联式”过程是中国与

① 中共中央文献研究室．习近平关于社会主义经济建设论述摘编 [M]. 北京：中央文献出版社，2017.

西方国家在现代化发展时空特征上的最显著区别，这一特征又直接决定了我国在现代化实践中的发展任务、发展周期、发展要求和发展战略等变量。深刻理解中国式现代化“并联”的时空特征，准确认识这些特征对发展道路、发展模式的影响，对于走好全面建设社会主义现代化国家新征程有着重要意义。

中国式现代化新道路具有发展任务的高度叠加性

中国式现代化的“并联式”时空特征意味着现代化的几项发展任务要叠加乃至同步完成。对中国来说，现代化发展任务的叠加，既带来了利用现代文明成果缩短发展进程的机遇，也使得每一发展阶段的矛盾得不到充分释放而产生风险累积，因而需要我们在准确把握中国式现代化的时空特征的基础上抢抓机遇、应对挑战。

工业化、城镇化、农业现代化和信息化叠加发展

工业化、城镇化、农业现代化和信息化是任何国家实现现代化都必须完成的几项任务。对西方国家来说，上述这几项任务是在长达二百多年的时间里依次完成的，各项任务之间阶段划分明确，前后次序衔接，是一个“串联式”发展过程。西方现代化起始于18世纪中叶的英国工业革命，早期的工业化以劳动密集型产业为主，城市工业部门对劳动力的需求带来了农村人口向城镇的转移，并一直持续到20世纪中叶。人口的城镇化使得农业劳动力日益短缺，节约劳动力的农业技术进步随即产生，农业也逐

步完成了以机器代替人力的现代化进程。第二次世界大战后，信息技术的巨大突破引领了生产力的大发展和社会经济结构的质变，信息化时代随之到来。

与西方国家不同，中国现代化要在不到一百年的时间里完成，工业化、城镇化、农业现代化和信息化必然要叠加发展，某些时期甚至需要同步发展。因此，各项任务之间并没有一个明显的阶段划分，往往上一个阶段的发展任务尚未完成就要开启下一个阶段的发展任务，甚至在特定的历史时期，还需要颠倒本具备特定发展顺序的各项任务之间的先后次序。这意味着世界上任何基于西方"串联式"现代化经验而写就的现代化教科书，都难以为中国的现代化提供一个可以直接借鉴的模板。例如，西方现代化直到工业化后期都没有遇到信息化这个任务，更不需要处理信息化与工业化融合的问题，而在中国开启工业化进程的时候，信息产业早已深刻地改变了工业的发展逻辑和运行方式，这使我国必须把工业化和信息化两步并作一步走，促进"两化"深度融合。

发展任务高度叠加是实现"弯道超车"的机遇

"弯道超车"是一个形象化的比喻，一个后发国家在现代化进程中的弯道超车，就是指其在一些关键的历史节点上，利用已有的人类文明成果和知识找到发展的捷径，缩短完成现代化各阶段任务所需的时间，拉进与先发国家的距离直至实现超越。西方国家在"串联式"现代化发展的每个阶段，都需要在本阶段内让社会中各种现代性要素得到充分发育之后，才能步入下一个发展阶段，因此每一个阶段历时较长。例如，西方国家的工业化进程大致都要经历消费品工业主导、消费品和资本品工业比重相当、资本品工业主导的三个阶段，每个阶段都经历了数十年的时间，这一发展规律就是著名的霍夫曼工业化定律。不仅是工业化，西方国家在推进城镇化、农业现代化和信息化的过程中，也都是按部就班地完成了每个阶段任务的子任务，在持续探索中形成了发展的规律。

与西方国家不同，中国是在目睹了发达国家“成为现代”的全过程之后开启自己的现代化进程的，西方国家在突破发展瓶颈时形成的经验和陷入发展陷阱时积累的教训，都成了中国现代化道路上既有的知识存量。基于这些知识，结合自身实际，可以最大限度地规避弯路，并在发展的关键时点上实现超越。例如，在社会主义建设时期，基于马克思主义政治经济学生产资料优先发展理论，以及“资本积累是工业化的本质”这一从西方工业化实践中总结出的规律，中国建立了有利于重工业部门资本积累的体制机制，跨过消费品工业主导的发展阶段，直接进入资本品工业为主导的发展阶段，迅速建立起完整的工业体系，大大缩短了工业化进程。虽然这种重工业优先发展战略也付出了很大代价，但对中国的工业化能够迅速赶上时代起到了重要作用。

发展任务高度叠加易造成社会风险的累积

从传统向现代的转变，不仅是物质生产方式的巨变，也是人们思维方式的革命，而这一过程往往需要漫长的时间，甚至需要通过代际的更替去完成。对西方国家来说，“串联式”的发展可以渐进的方式实现社会的变革，富于冒险精神的年轻人和坚持传统思维的老年人都可以在同一个时代找到足够的生存发展空间。因此，无论是从乡土文明走向城市文明，还是从工业化思维转向信息化思维，现代化给西方传统社会带来的每一次冲击都有充足的时间去消化，发展带来的社会矛盾和风险相对容易得到疏解。

与西方国家不同，中国现代化各项任务的高度叠加，使得中国经常会面对前一个阶段的任务还未充分完成就要开启后一个阶段任务的情况，这种多任务并行、多目标并举模式的实施难度和给社会带来的风险都是“串联式”现代化模式所无法比拟的。例如，西方国家的农业现代化是在工业化和城镇化完成后发生的，工业化的机器代替人力效应和城镇化的农村劳动力减少效应使得农业现代化水到渠成。而在中国，农业现代化是与工业现代化同时被提出的，并且在城镇化刚走过半程时就已取得了长足的发展，这使得在2亿多农业转移人口尚未完全融入工业和城市的时候，农业和农村就已大大减少了对劳动力的需要。对此，中国唯有一方面加快农业转移人口市民化进程，另一方面保留进城打工者的农民身份和农村土地权利，从而最大限度规避“并联式”现代化带来的社会风险。

中国式现代化新道路具有发展时间的高度压缩性

中国式现代化的“并联式”时空特征意味着现代化发展周期

的缩短，同样的路程要在更短的时间内走完，必须保持一个较快的行进速度。由于在发展的不同阶段，增长动力的来源有所不同，适时推动发展方式转变，是保持经济在现代化全过程中持续稳定增长的关键。

用100年的时间走完300年的道路

西方各国的现代化虽然历时不完全相同，但其“串联式”发展过程至今大多经历了200年以上。如果以工业革命为标志，英国的现代化开始于18世纪中叶，完成于20世纪初，历时约250年；法国的工业化从19世纪初开始起步，但一般把法国现代化的起点认定为1789年的大革命，其现代化的完成时间是20世纪中叶，历时约160年。美国1776年独立，现代化开始起步，到20世纪30年代基本完成，历时约150年；德国的现代化起始于19世纪30年代的德意志工业革命，由于长期未真正实现统一，其现代化进程经历过反复，可以认为直到20世纪末两德统一之后才完全实现，历时约160年。

从理论上讲，中国的现代化最早可以追溯到清末洋务运动，但仅限于从西方引进军事装备和机器生产的洋务运动并未带来全局意义上的工业革命。真正意义上的现代化进程开始于1949年中华人民共和国成立。如果按照2035年基本实现现代化来计算，将历时85年，即使按照2050年来计算，也不过100年。因此，中国走完现代化全过程所花费的时间仅相当于西方国家的1/3到2/3。如果把二战后的信息革命和当前的数字化革命对现代化外延的拓展计算上，并认为中国与西方国家完成现代化的时点相同，西方国家整个现代化的历时将达到300年左右，更是远远长于中国。这意味着，中国将会用100年的时间走完西方国家300年走完的现代化道路。

任何一个国家的现代化进程都要经历农业社会、工业社会、后工业社会三种社会形态。西方国家用了300年左右的时间度过三种社会形态，这一时间跨度足以使每种社会形态得到充分发展，社会形态转化时产生的矛盾得以充分释放。而中国现代化“并联式”发展道路把西方“串联式”发展道路300年左右的时间跨度压缩在100年左右，使国家需要在同一个时间截面上面对分处农业社会、工业社会和后工业化社会的不同区域，也需要在同一个区域范围内面对上一个社会形态中的矛盾尚未充分化解而下一个社会形态中的新矛盾又叠加产生的复杂局面。著名政治学家亨廷顿曾指出，“现代性产生稳定性，而现代化却产生不稳定性”。当不同类型矛盾的累积突破社会压力阀后，就会以群体性事件等形式爆发出来，造成社会的不稳定，对现代化进程产生影响。因此，中国在现代化道路上所要面临的风险和矛盾是世界上已经完成现代化的西方国家所不能比拟的，这也对中国现代化的推动者协调改革、发展、稳定三者关系的能力提出了更高的要求。

发展时间的压缩要求保持较高的经济增速

现代化发展时间的压缩，决定了中国需要有一个更高的经济增长速度，并且这个速度必须明显高于西方发达国家，唯有如此，才能最终在经济总量和人均GDP等核心指标上达到与现代化国家相当的水平。从中华人民共和国成立至今的70多年，中国保持了一个远高于西方国家的经济增长，GDP增长率年均达到8.3%。对比来看，在1949年，中国的经济总量和人均GDP分别只有123亿美元和23美元，同年美国的经济总量和人均GDP分别为2673亿美元和1882美元，中国这两项指标分别为美国的4.6%和1.2%。到2020年，中国的经济总量和人均GDP分别已达14.73万亿美元和1.13万美元，同年美国的经济总量和人均GDP分别为20.94万亿美元和6.35万美元，中国这两项指标已分别达到美国的70.3%和17.8%。从过去70多年的现代化进程来看，较高的增速已大大缩短了中国和发达国家的差距。

面向未来，我们仍需保持较高的经济增速。党的十九届五中全会提出，2035年我国人均GDP将达到中等发达国家水平。按照世界70个高收入国家中位数水平计算，当前处于这一位置的国家是葡萄牙，其人均GDP约为2.1万美元。假设葡萄牙在未来15年保持2.5%的GDP年均增速，中国要想在2035年赶上葡萄牙，就需要实现4.7%的年均GDP增速，这是实现基本现代化的底线要求。从当前我国经济增长的趋势看，4.7%绝非一个可以轻而易举达到的水平，实现这一目标需要科学的谋划和艰苦的努力。

较高的经济增速要通过高质量发展实现

党的十九届六中全会通过的《中共中央关于党的百年奋斗重

大成就和历史经验的决议》(以下简称《决议》)强调，必须实现创新成为第一动力、协调成为内生特点、绿色成为普遍形态、开放成为必由之路、共享成为根本目的的高质量发展。高质量发展并不意味着放弃增长速度。事实上，经济增长速度和经济发展质量二者的关系是辩证统一的，高质量发展的最重要标志还是经济能够保持一个较高的增长速度，只是实现方式要发生包括质量、效率和动力在内的一系列深刻变革。在不断变化中推动经济社会发展，本身也是“并联式”现代化的基本特征。

高质量发展的关键还是要提高全要素增长率。首先，促进技术进步是提升全要素生产率最有效的途径。生产要素的高积累曾经对经济增长做出重要贡献，改革开放的前30多年中国经济的高增长主要依赖的就是劳动、资金、土地三大要素的高积累，而在当前农村剩余劳动力转移完毕、贷款对经济增长的促进作用下降、以地谋发展的模式难以为继的背景下，必须从技术进步的角度挖掘全要素生产率提升的空间。对此，应立足于自主创新，建立市场导向、企业主导、产学研融合的科技创新体系，发挥新型举国体制对核心技术攻关方面的重要优势，集中力量在工业母机、重要材料、精密仪器、高端零部件、基础软硬件等我国相对薄弱的科技领域上寻求突破，打通产业链堵点，实现高水平的自立自强。其次，推动制度优化也是提高全要素生产率的重要源泉。要下大力气去破除制约各类生产要素创造价值的体制机制障碍，以市场化手段释放沉淀资源，以竞争机制优化资源配置，使创新源泉充分涌流。

中国式现代化新道路具有发展要求的多重协调性

中国式现代化的“并联式”时空特征意味着发展必须摒弃物质文明“单兵突进”的模式，而要在发展过程中统筹物质文明与政治文明、精神文明、社会文明和生态文明的关系，按照“五位一体”的总体布局，全面推动社会进步，创造出新的人类文明形态。

专注于物质文明发展的机会窗口已经关闭

通过不断提高社会生产力水平实现物质财富的极大丰富是现代化最为核心的内容。西方发达国家现代化过程的“串联式”发展特征，不仅为依次完成物质文明各个方面的任务创造了条件，也为物质文明“单兵突进”式的发展提供了一个漫长的机会窗口期。由于在现代化早期，人们的权利意识尚未充分觉醒，人与自然和谐相处的理念还没有深入人心，西方国家在发展中无须兼顾物质文明、政治文明、精神文明、社会文明、生态文明的协调发展，而可以专注于物质文明这一主要目标，待这一目标的阶段性任务实现后再考虑其他目标。例如，西方国家普遍经历了先污染、后治理的过程，其为实现自身发展而造成的生态环境破坏影响深远，物质文明在很大程度上是通过牺牲生态文明换来的。

相比之下，当中国开启自身的现代化进程时，在发展中仅专注于单一物质文明目标的机会窗口早已关闭，先污染、后治理的发展模式已不可复制。1972年，因致力于研究未来全球发展问题而名噪一时的国际组织“罗马俱乐部”发布了研究报告《增长的极限》，该报告基于资源环境约束，为世界经济设计了“零增长”的方案，在全球引发了巨大反响。如果说罗马俱乐部的呼吁尚未对中国工业化进程产生实质影响，那么2016年的《巴黎协定》则对未来人类应对气候变化的行动做出了统一安排。作为一个负责任的大国，中国也向世界做出了减排的郑重承诺，提出了“2030年碳达峰、2060年碳中和”的目标，经济发展被加上了十分严格的资源环境约束。

发展要求的多重协调性需要“五位一体”总体布局

中国作为现代化的后来者，在推动发展的过程中，不仅要持续加深对本国经济社会可持续发展、自然资源永续利用规律的认识，也要不断地调整自己与世界的关系，促进东西方文明的交流互鉴，加深彼此的理解和包容。中国的现代化道路不能根据西方国家近代化的“一般过去时”所展现出来的发展规律要求自己，而必须按照世界现代化前沿的“现在进行时”统筹本国文明发展的各个方面。因此，基于“五位一体”的总体布局来推动国家现代化进程就成了必然选择。

统筹五个文明发展的战略布局，从最初的形成到最终的完善总共不过30年的时间，这进一步凸显出中国式现代化的“并联式”发展特征。1982年，党的十二大首先提出了物质文明与精神文明一起抓的战略，这是中国“多位一体”布局国家现代化进程的最初形态。2002 年，党的十六大进一步提出了“政治文明”的要求，将“两个文明”扩展为“三个文明”。2007 年，党的十七大进一步把社会建设纳入全面建设小康社会的范畴，将“三位一体”扩展为“四位一体”。2012 年，党的十八大进一步将生态文明建设纳入总体布局的范畴，形成了经济建设、政治建设、文化建设、社会建设和生态文明建设“五位一体”的全面建成小康社会的总体布局。可以看出，“五位一体”总体布局的形成和完善是一个不断加速的历史过程，它内生于“并联式”现代化发展的逻辑，契合五个文明统筹协调发展的根本要求，为中国式现代化新道路指明了前进方向。

创造人类文明新形态

习近平曾指出，中国的人口比世界上全部发达国家人口的总和还多，全部进入现代化就意味着世界发达水平人口要翻一倍多，如果中国人以现在发达国家人口的资源消耗方式来生活，世界是无法承受的，因此必须通过科技创新，转变经济发展方式。发展方式的转变，也就是文明形态的转变。中国现代化是人口规模巨大的现代化，是全体人民共同富裕的现代化，是物质文明和精神文明相协调的现代化，是人与自然和谐共生的现代化，是走和平发展道路的现代化。这既是中国现代化建设必须坚持的方向，也是世界其他发展中国家走向现代化可以借鉴的方案。

当今世界，“百年未有之大变局”极大地改变了国家与国家、文明与文明以及人类与自然的关系。极端主义、恐怖主义、流行性大瘟疫、极度贫穷、生态危机等不稳定因素威胁着人类的生存发展。在这样的时代背景下，中国要实现的现代化就不仅仅是中国人自己的复兴梦想，也是为全人类的未来谋划一个美好的蓝图。中国人历来就有“心怀天下”的优秀传统文化，构建人类命运共同体，创造人类在现代文明中命运与共的文明新形态也是当代中国人的理想追求。这个新形态是各国人民和谐共处、互利共赢、共享发展成果的现代文明，是满足世界人民美好期待的现代文明，也是不断开创人类发展新纪元的现代文明。

中国式现代化新道路具有发展战略的后发赶超性

中国式现代化的“并联式”时空特征，意味着国家的发展要从远远落后于世界潮流逐渐转变为跟跑、并跑乃至领跑。对中国来说，后发赶超式的现代化本身就内含着很强的民族复兴诉求，而中国共产党和中国特色社会主义则是承载这种后发赶超战略必然的使命担当和制度安排。

中国式现代化承载着近代以来反压迫的强烈历史诉求

西方发达国家的“串联式”现代化是基于自身经济、政治、文化等现代化要素的嬗变，在没有外部压力的条件下，按照一定的规律有序发展起来的，其内部社会矛盾的运动是根本性的推动力量。西方世界虽然也早早形成了民族国家，其现代化虽然也包含追求自立自强、民族复兴的历史任务，但这是一种社会自发的、自下而上的发展演变过程。

与西方不同，中国“并联式”现代化是在早期面临半殖民地化生存威胁、后期遭受超级大国压迫下做出的被迫反应，是社会在外部冲击下引发内部的思想变革、制度变革进而延伸到经济变革的过程，属于费正清提出的“冲击—反应”模式或汤因比提出的“挑战—迎战”模式。因此，中国的现代化从一开始就承载着中国近代以来的强烈历史诉求，具有鲜明的民族性和人民性，现代化战略的制定必然会明显地表现出赶超特征。

中国特色社会主义制度是赶超型战略内生的制度安排

实施赶超型发展战略，必须依赖特定的制度安排。中国的现代化是在农业占国民经济比重的大头，农民占人口总量近 90% 的条件下起步的，改变落后的经济结构，快速实现农业国的工业化是新中国第一代领导人的最大心愿。按照西方国家的工业化发展路径，工业化的起步要经历作坊手工业、工场手工业、机器大工业的一系列过程，这对迫切追求工业化的中国来说，显然过于漫长。因此，新中国成立初期的第一代领导人，几乎毫无犹疑地选择了重工业优先发展战略，相应地匹配了一套有利于资本积累的要素价格体系，并实施了高度管制的微观经营机制，形成了经典社会主义制度下的计划经济体制。这套体制有力地推动了工业化进程，为赶超发达国家奠定了工业基础。20 世纪 80 年代之后，顺应国内外发展的新形势，中国坚定不移地实施改革开放，大刀阔斧地推动经济结构调整和经济体制改革，以农村剩余劳动力转移支撑下的劳动密集型产业融入国际大循环，创造了经济增长的奇迹，大踏步赶上了时代，中国特色社会主义制度焕发出新的生机。

党的十八大之后，中国经济发展受到“三期叠加”的冲击，经济体制改革面临艰巨复杂的任务，对外开放更是遭遇经济全球化的逆流，内外矛盾交织，形势错综复杂。针对这种局面，以习近平同志为核心的党中央以巨大的战略勇气和政治智慧继续推进中国特色社会主义在新时代的发展，一方面通过全面深化改革，集中破解经过30多年高速增长所积累下来的一系列问题，另一方面大力推动发展方式转变，实现由高速增长向高质量发展的转型升级。面对美国等西方国家对中国发展赶超的遏制，以新型举国体制攻关“卡脖子”的关键技术，以强有力的扩大内需政策建立超大规模市场，同时在国际上坚定不移地发挥经济全球化推动者的作用，打开了经济发展的新局面，彰显了社会主义“集中力量办大事”的制度优势。在中国特色社会主义制度的保驾护航下，中国前所未有地走近世界舞台的中央，前所未有地接近民族复兴的梦想。

中国共产党是实现民族复兴必然的使命担当者

与“串联式”现代化内生、自发的演进逻辑相吻合，西方国家的政党政治也是为了满足多元化的社会利益表达而采取的制度安排。建立在不信任文化基础之上的资本主义政治制度和充当资本代言人的资产阶级政党，自诞生之日起就把维护本集团的利益作为政党生命延续的唯一目标，不仅无法为全社会提供一个能够凝聚人心并甘愿为之奋斗的长期目标，也难以有效回应民众的短期诉求，而是陷入利益争夺、政党恶斗、阶层对立的泥淖而不可自拔。

与之形成鲜明对照的是，中国共产党自诞生之日起，就拥有崇高的政治理想和远大的发展目标，执政党鲜明的使命性特征与民族国家强烈的历史诉求一拍即合，在相互成就中共同选择了“并联式”现代化发展道路。一百年来，中国共产党始终致力于构建一个摆脱封建糟粕、超越资本主宰、凝聚多方合力、增进人民福祉、实现人类解放的社会发展新形态。展望第二个百年，中国共产党必将继续肩负民族复兴的历史责任，利用中国特色社会主义赋予的制度优势，发挥中国人民勤劳智慧勇敢的优秀品质，激发中国作为超大型经济体的人力资源和市场规模潜力，走出一条21世纪的中国式现代化新道路。

习近平指出：“走自己的路，是党的全部理论和实践立足点，更是党百年奋斗得出的历史结论。”[①] 中国式现代化在时空维度上的“并联”特征，意味着中国共产党领导中国人民建设的现代化，主观上必须是在不断探索中走出的一条显著区别于西方国家的现代化新道路，同时也在客观上为其他发展中国家提供了一套实现现代化的中国方案，为世界现代化的理论和实践开辟了多样

① 习近平．在庆祝中国共产党成立100周年大会上的讲话[OL].[2021-07-01]. http://www.gov.cn/xinwen/2021-07/01/content_5621847.htm.

性的样本。深刻理解和把握中国式现代化的“并联”过程这一时空特征，在实践中有针对性地趋利避害，是我们在社会主义现代化国家建设的新征程上走好自己的路，夺取第二个百年奋斗目标新胜利的重要理论武器。

第二章

高质量发展与中国式现代化

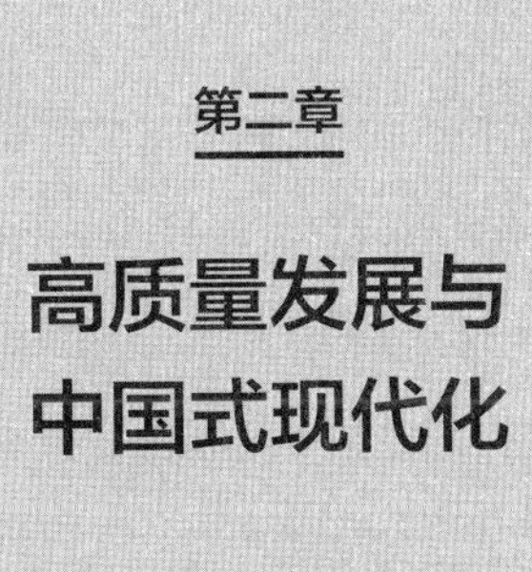

我国经济现代化的路径选择与战略布局

黄群慧

中国社会科学院经济研究所所长、研究员

党的二十大报告强调“必须完整、准确、全面贯彻新发展理念，坚持社会主义市场经济改革方向，坚持高水平对外开放，加快构建以国内大循环为主体、国内国际双循环相互促进的新发展格局”①。习近平总书记在省部级主要领导干部学习贯彻党的十九届五中全会精神专题研讨班开班式上指出，进入新发展阶段、贯彻新发展理念、构建新发展格局，是由我国经济社会发展的理论

① 高举中国特色社会主义伟大旗帜 为全面建设社会主义现代化国家而团结奋斗——在中国共产党第二十次全国代表大会上的报告（2022 年 10 月 16 日）[N/OL]. 人民日报，[2022-10-26].http://paper.people.com.cn/rmrb/html/2022-10/26/nw.D110000renmrb_20221026_3-01.htm.

逻辑、历史逻辑、现实逻辑决定的。[①] 他进一步指出，构建新发展格局明确了我国经济现代化的路径选择。那么，构建新发展格局这个经济现代化路径，具有怎样的理论逻辑和实现机制呢？这需要我们从经济现代化理论角度深入学习研究和准确领会把握。

构建新发展格局的现代化理论逻辑

现代化理论是关于现代化现象特征和规律的、经过一定逻辑性表述的理性认识。虽然现代化一个比较普遍的解释就是人类社会从传统社会向现代社会转变的历史过程，但具体可以包括发达国家经历工业革命以来的深刻变化过程以及发展中国家追赶世界先进水平成为发达国家的过程。面对复杂的现代化现象，现代化理论已经发展成为具有众多流派的庞杂的知识体系，其中值得强调的有三方面理论共识。

一是现代化动力论。根据马克思主义经济基础决定上层建筑的著名论断，社会变迁的动力是经济增长和结构变革，对应到现代化过程中，现代化过程的驱动力就是经济现代化。在经典的现代化理论看来，经济现代化的核心过程就是工业化，甚至可以把经济现代化等同于工业化，这意味着现代化的实质就是由工业化驱动的现代社会变迁的过程。而经济学理论认为，工业化是工业

① 习近平在省部级主要领导干部学习贯彻党的十九届五中全会精神专题研讨班开班式上发表重要讲话强调，深入学习坚决贯彻党的十九届五中全会精神，确保全面建设社会主义现代化国家开好局 [N/OL]. 人民日报，[2021-01-12]. http://paper.people.com.cn/rmrb/html/2021-01/12/nw.D110000renmrb_20210112_1-01.htm.

驱动的一个国家或地区人均收入的提高和产业结构从农业主导向工业主导的演进过程，其实质是国民经济中一系列重要的生产要素组合方式连续发生由低级到高级的突破性变化，进而推动经济增长的过程。也就是说，经济现代化就是一个经济体从传统步入现代的经济持续增长的过程，而工业化、经济增长实际上构成了发展经济学乃至整个经济学的核心议题。从这个意义上看，众多经济理论都可以被理解为经济现代化理论和现代化动力理论。

二是现代化阶段论。现代化是一个可以划分为不同阶段的过程，现代化理论中对现代化阶段著名的划分为罗斯托关于传统社会、起飞前提条件、起飞、走向成熟、大众高消费、追求生活质量的现代化“六阶段”，以及钱纳里关于经济现代化的前工业化、工业化前期、工业化中期、工业化后期和后工业化的工业化“五阶段”。另外，世界银行单纯按照人均国民收入把各经济体划分为低收入、中低收入、中高收入、高收入四种类型，这实际上可以认为是一个经济体经济现代化进程的四个阶段。而且从中等收入进入高收入阶段往往十分困难，被认为现代化进程中存在“中等收入陷阱”。

三是现代化模式论。现代化是一个具有多种路径、多种模式的过程，也是一个具有路径依赖的过程。由于不同国家的资源禀赋和社会历史文化前提存在差异，虽然成为发达国家的现代化目标趋同，但发展的路径和模式可以有多种，尤其是后发国家的现代化模式与先进国家不同，后发国家可以有“后发优势”而实现所谓的“赶超”。以驱动因素为例，经济现代化分为市场驱动为主、政府驱动为主、政府与市场共同驱动三种模式，英国、美国和法国可大体归为市场驱动为主型，德国、日本大体可归为政府与市场共同驱动型，苏联和计划经济体制下的新中国大体可以归为政府驱动为主型。改革开放以后，中国推进了市场化改革，中国经济现代化从单纯政府驱动为主型转向政府和市场共同驱动型。

习近平总书记在二十大讲话中强调，加快构建以国内大循环为主体、国内国际双循环相互促进的新发展格局，是《中共中央关于制定国民经济和社会发展第十四个五年规划和二〇三五年远景目标的建议》提出的一项关系我国发展全局的重大战略任务，需要从全局高度准确把握和积极推进。构建新发展格局的关键在于经济循环的畅通无阻，构建新发展格局最本质的特征是实现高水平的自立自强。从上述现代化理论的三方面共识看，构建新发展格局的现代化理论逻辑可以归结为三条主线。

从现代化阶段论来理解构建新发展格局

基于现代化阶段论，构建新发展格局是中国特色社会主义现代化进程进入新发展阶段的必然要求，是与现代化新阶段相适应的经济现代化路径。

“十四五”时期是我国全面建成小康社会、实现第一个百年奋斗目标之后，乘势而上开启全面建设社会主义现代化国家新征程、向第二个百年奋斗目标进军的第一个五年，我国将进入新发展阶段。习近平总书记指出，“今天我们所处的新发展阶段，就是社会主义初级阶段中的一个阶段，同时是其中经过几十年积累、站到了新的起点上的一个阶段”[①]。新发展阶段是我们党带领人民迎来从站起来、富起来到强起来历史性跨越的新阶段。

从现代化阶段论理论看，新发展阶段是社会主义事业的新阶段，中国人民经过几十年的积累，迎来了从站起来、富起来到强起来的历史性跨越，这意味着新发展阶段也是中国的现代化进程进入一个新发展阶段，这个新发展阶段是全面建设现代化国家新征程。如果基于现代化“六阶段”划分，这个新阶段意味着中国社会实现了起飞、完成了向成熟推进，开始从大众高消费转向对生活质量追求的现代化阶段。大多数文献认为，中国已经处于大众高消费阶段，新发展阶段意味着中国已经开始转向对生活质量追求的阶段。实际上，从经济增长角度看，我们可以把起飞前提条件、起飞和走向成熟这三个阶段界定为经济高速增长阶段，而大众高消费和追求生活质量这两个阶段可认为是高质量发展阶段。新发展阶段意味着中国已经实现了从高速增长转向高质量发展，步入高质量发展阶段。如果基于传统工业化“五阶段”的划分，从人均国内生产总值、三次产业产值、城市化率、制造业占比、第一产业就业占比等指标综合评价，中国已经步入工业化后期，新发展阶段意味着中国开始从工业化后期向后工业化阶段过渡，这个新发展阶段是新型工业化、城镇化、信息化和农业现代化“同步发展”的高质量工业化阶段。这在实质上意味着新发展阶段是最终实现现代化的“冲刺”阶段，这个阶段是“日益接近

① 习近平．把握新发展阶段，贯彻新发展理念，构建新发展格局[J].求是，2021（9）.

质的飞跃的量的积累和发展变化的过程”。

在新发展阶段这个实现现代化的“冲刺”阶段，中国经济需要跨越现代化进程中的三个关键节点：一是在2025年前后跨越“中等收入陷阱”，成为高收入国家；二是在2035年基本实现现代化，成为一个中等发达国家；三是在2050年建成富强民主文明和谐美丽的现代化强国。虽然基于潜在增长率预测，中国能在这三个时间点实现这三个目标，但这显然“不是一个自发、被动、不用费多大气力自然而然就可以跨过的阶段”①，这个新发展阶段需要围绕经济高质量发展寻求相应的新发展路径和现代化战略。加快构建以国内大循环为主体、国内国际双循环相互促进的新发展格局，需要与这个新发展阶段相适应、以新发展理念为指导的新的经济现代化战略。在这个新发展阶段，中国经过了“富起来”阶段，已经积累了比较雄厚的物质基础，综合国力已居世界前列，形成了超大规模的大国经济基础，无论是从生产供给角度看，还是从14亿人巨大的市场潜力看，都具备了国内经济大循环的基本条件。不仅如此，中国改革开放以来低成本出口导向的工业化战略对中国实现经济赶超发挥了巨大作用，但在新发展阶段，这种战略的核心技术受限、内需亟待开拓等弊端日益明显，已经不适应新发展阶段的需要。再综合考虑经济全球化面临的挑战和发展趋势，加快构建在更高开放水平上实现国内经济大循环为主体的“双循环”新发展格局，就成为新发展阶段经济现

① 习近平．把握新发展阶段，贯彻新发展理念，构建新发展格局[J].求是，2021（9）.

代化路径的必然选择。

从现代化模式论来理解构建新发展格局

基于现代化模式论，构建新发展格局是中国基于自身资源禀赋和发展路径而探索的、以自立自强为本质特征的、突破核心技术“依附性”、具有“替代性”的一种经济现代化模式。

中国作为一个现代化的后发国家，要实现赶超，成为一个现代化国家，必须根据自身社会、经济、自然和历史文化条件，充分利用自身的“后发优势”，探索适合自己国情的经济现代化模式。如果借用俄籍美国经济学家格申克龙的“大突破”理论，中国特色的经济现代化模式一定具有“替代性”，也就是中国现代化模式与先进国家的所谓标准或者理想的现代化模式存在不同之处，这些不同之处就是对先进国家经济现代化模式相应内容的“替代”。

所谓后发国家的现代化模式具有“后发优势”，一方面表现在可以广泛学习先进国家的现代化经验，吸取其教训，从而基于自身发展进行创新，在现代化模式上实现广泛的“替代”；另一方面表现在引进、消化、学习、吸收先进国家的技术，从而减少技术创新和技术进步的成本和时间，从而有别于先进国家的现代化模式和路径。当然，这两方面“后发优势”被有效地利用并探索出具有“替代性”现代化模式、实现经济赶超的前提是，后发国家政府对自身国情、国家经济落后状况有正确的认识以及有强烈的意愿推进国家经济现代化进程。应该说，迄今为止的中国经济现代化进程表明，中国成功利用了后发优势，使市场在资源配置中起决定性作用，更好地发挥政府作用，在中国共产党领导下走出了一条具有中国特色的社会主义经济现代化道路，中国的现代化进程进入追求生活质量的经济高质量发展新阶段。

但是，后发国家在推进经济现代化进程中也有其“后发劣势”，虽然利用了先进国家的经验和技术，但也会产生对先进国家的在技术、贸易和资本等方面的“依附关系”。在基于全球价值链分工的今天，后发国家的全球生产分工地位往往也被锁定在价值链中低端。在先进国家确定的世界经济规则和支配的国际经济秩序中，后发国家往往处于不平等的地位。当后发国家现代化进程发展到一定程度，即国际竞争力日益增强、经济规模迅速扩大和国际经济地位得到显著提升以后，后发国家与先进国家之间会发生全面贸易摩擦，从而制约后发国家的经济现代化进程。在发展经济学中激进学派用“依附性”来描述世界经济体系中发展中国家的这种“依附关系”。虽然，激进学派的理论受到很多批评，且在当今全球化背景下并不一定正确，但是全球现代化史表明,“依附性”问题在大多数发展中国家是一定程度上存在的。如果后发国家现代化进程发展到一定阶段，不能通过自主技术创新有效地突破这种“依附关系”，其现代化经常有可能停滞或者被完全中断。实际上，众多发展中国家无法成为高收入国家，从而在所谓“中等收入陷阱”中无法自拔，在一定程度上也正是这种“依附关系”不能突破的一种体现，或者说必然结果。

对中国现代化进程而言，中国经济发展也面临着创新瓶颈，科技创新能力薄弱已经成为中国经济高质量发展的“阿喀琉斯之踵”。虽然中国科技创新能力不断提升，已经成为研发人员投入第一大国、经费投入第二大国，但是以“工业四基”为代表的产业基础能力高级化和产业链现代化水平亟待提升，存在大量的“卡脖子”技术，技术体系中相当多的关键核心技术还依赖于国外。这种核心技术“依附性”不能有效突破，会直接制约我国新发展阶段的经济高质量发展和现代化进程的推进。2018 年中美贸易摩擦、2020 年新冠肺炎疫情冲击以及经济全球化强势逆流的背景，更加凸显了这种核心技术“依附性”突破的必要性和急迫性。习近平总书记指出：“新发展格局的本质特征是高水平的自立自强，必须更强调自主创新。”[①] 这意味着构建新发展格局是一种立足于畅通国内经济大循环为主、寻求突破核心技术“依附性”的经济现代化模式，在一定程度上是对低成本出口导向型工业化发展模式的扬弃。当然，构建新发展格局绝不能否定开放和全球化，而要实行高水平对外开放，重视以国际循环提升国内大循环的效率和水平，塑造我国参与国际合作和竞争的新优势，改善我国生产要素质量和配置水平，推动我国创新能力提升和产业转型升级。也就是说，构建新发展格局，是要在经济全球化下实现核心技术“依附性”突破，是具有中国特色的经济现代化模式。

① 习近平在省部级主要领导干部学习贯彻党的十九届五中全会精神专题研讨班开班式上发表重要讲话强调，深入学习坚决贯彻党的十九届五中全会精神，确保全面建设社会主义现代化国家开好局 [N/OL]. 人民日报，[2021-01-12]. http://paper.people.com.cn/rmrb/html/2021-01/12/nw.D110000renmrb_20210112_1-01.htm.

从现代化动力论来理解构建新发展格局

基于现代化动力论，构建新发展格局是一种围绕着经济循环畅通无阻、充分利用大国经济优势的经济现代化战略。

生产力决定生产关系，经济基础决定上层建筑，经济现代化是国家整体现代化的驱动和基础。虽然不能直接把经济发展完全对等为经济现代化过程，但如何促进经济增长和经济结构优化，推动从传统经济结构向现代经济结构转变，无疑是经济现代化战略的核心。作为我国新发展阶段的实现经济现代化路径，构建新发展格局也是新发展阶段的经济现代化战略。

新发展格局的关键词是"经济循环"。经济活动本质是一个基于经济分工和价值增值的信息、资金和商品（含服务）在居民、企业和政府等不同的主体之间流动循环的过程。从经济思想史看，用循环流动描述经济活动最早可以追溯到法国经济学家魁奈 1758 年出版的《经济表》中。马克思在其《资本论》中提出社会再生产理论，将社会再生产过程描述为由生产、分配、交换和消费等环节构成的经济循环，还给出了产业资本循环从货币转换为商品、从购买商品到生产出新商品、从新商品再转换为货币的三个过程和公式。里昂惕夫在此基础上提出要以循环流动理论——"可再生产性"论取代"稀缺"论，以此作为经济学理论的基石（乔治・吉利贝尔，2016）。因此，从经济循环角度来刻画新发展格局，一方面抓住了经济运行的本质特征，另一方面也进一步丰富和发展了当代马克思主义政治经济学。

构建新发展格局的关键在于经济循环的畅通无阻，从而连续不断地实现社会再生产过程，保证经济持续增长和经济结构不断优化。这也是中国在新发展阶段经济现代化战略的核心要求。当前阻碍中国经济循环畅通的因素，既有供给侧结构性因素，也有需求侧内需潜力得不到有效释放的问题，还有百年未有之大变局下国际环境不确定不稳定明显加大的影响，这就要求从战略和政策上要实现：通过深化供给侧结构性改革来提高供给体系对国内需求的适配性，加强需求侧管理来扩大对供给的有效需求；经济增长动力在更高水平对外开放基础上的内外平衡，国内国际双循环互相促进；在经济效率与经济安全之间的统筹平衡，实现更有效率、更为安全的产业体系和区域布局。

构建新发展格局要求以国内大循环为主、国内国际双循环相互促进，从现代化战略角度看，其理论逻辑的基础在于大国工业化的特性。库兹涅茨在其《各国的经济增长》一书中按人口将所有样本国分为22个大国和35个小国，实证分析结果是在同样的人均国内生产总值水平下，大国工业尤其是制造业占比份额比较大；钱纳里等在《发展的格局：1950—1970》一书中揭示了大国和小国在发展格局上的差异：虽然大国和小国在发展格局上可以归结出许多不同，但大国经济发展的最一般特征是由于人口众多、市场容量巨大，可以体现出更多地内向化的倾向。如果说库兹涅茨的研究支持了改革开放以来中国快速工业化进程造就了世界第一制造大国的事实，那么钱纳里等人的研究则为构建国内大循环为主的新发展格局战略提供了理论依据。改革开放之初中国虽然具有庞大的人口，但由于人均收入很低，还不能说具备了庞大的市场容量，那时候中国积极参与国际大循环，市场和资源“两头在外”，采用出口导向工业化战略具有其合理性。现在，中国人均收入已经超过1万美元，具有4亿多中等收入群体，这无疑已经是一个十分庞大的市场了，再加之制造业增加值已经是美国、日本和德国之和，在这样的供需条件下构建以国内大循环为主的新发展格局就十分合乎逻辑。当然，国内大循环为主并不意味着忽视国际循环，而是要求国际循环还要以国内大循环为依托，二者相互促进。

最后还要指出的是，经济现代化可以包括工业化、城市化、信息化和农业现代化等方面，作为现代化战略，新发展格局战略中畅通国内经济大循环，从内容上可以表现为信息化和工业化深度融合、工业化和城镇化良性互动、城镇化和农业现代化相互协调，从现代化进程上也就是工业化、信息化、城镇化和农业现代化的同步推进，这是当今时代现代化进程的内在要求和基本规律，也是在新发展阶段以新发展理念指导经济高质量发展战略的必然要求。

从全局高度准确把握构建新发展格局

加快构建以国内大循环为主体、国内国际双循环相互促进的新发展格局，是以习近平同志为核心的党中央统筹把握中华民族伟大复兴战略全局和世界百年未有之大变局，审时度势做出的立足当前、着眼长远的重大战略部署，是事关全局的系统性、深层次变革，对于我国实现高质量发展、促进世界经济繁荣具有重大意义。习近平总书记关于加快构建新发展格局的系列重要论述立意高远、博大精深、体系完整、逻辑严谨，是习近平经济思想的重要内容，是中国特色社会主义政治经济学的重大理论成果，要从全局高度准确把握和深入贯彻。

构建新发展格局的根本依据、现实逻辑与重大意义

正确认识中国特色社会主义事业的历史方位和发展阶段，是我们党明确阶段性中心任务和制定路线方针的根本依据。在全面建成小康社会、开启全面建设社会主义现代化国家新征程后，中国进入一个新发展阶段。把握新发展阶段是贯彻新发展理念、构建新发展格局的现实依据。进入新发展阶段，中国经济实力、科技实力、综合国力和人民生活水平都跃上了新的台阶，人均国内生产总值超过了 1 万美元，成为经济总量第二、制造业总量第一的超大规模经济体。无论是从供给能力还是需求潜力都具备了国内经济大循环为主体、支撑并带动国际循环的条件和基础。与此同时，随着需求结构和生产函数的重大变化，“卡脖子”技术供给、市场体制机制不完善等造成的供需脱节、循环不畅等问题也日益突出，原来建立在劳动力等要素低成本优势基础上的出口导向工业化、市场与资源“两头在外”参与国际大循环的发展模式已经越来越不适应新发展阶段了。再加之在百年未有之大变局下国际环境日趋错综复杂和不确定，新一轮科技革命和产业变革、中美贸易摩擦、新冠肺炎疫情、俄乌冲突等一系列重大变局因素

影响广泛深远，经济逆全球化趋势更加明显，全球贸易格局、产业链供应链布局面临着巨大冲击，这就要求进一步畅通国内大循环，提升经济发展的自主性和可持续性。新发展阶段需要一个更加强大和有韧性的国民经济循环体系。因此，加快构建新发展格局正是我国适应新发展阶段各方面重大变化的主动选择。

构建新发展格局是新发展阶段的经济现代化战略路径选择，具有重大的现实意义和深远的历史意义。面对全球经济政治出现的巨大变化和我国现代化进程出现的阶段性新特征，统筹百年未有之大变局和中华民族伟大复兴战略全局，以习近平同志为核心的党中央做出了加快构建新发展格局的重大战略部署。这是一项事关我国发展全局的重大战略任务，是供给侧结构性改革的递进深化，是我国经济发展战略的整合提升，是把握未来发展主动权的战略性布局和先手棋，也是新发展阶段要着力推动完成的重大历史任务。对中国这样一个人口众多和超大规模市场的社会主义国家而言，新发展阶段面临着前所未有的挑战和风险，我们必须通过加快构建新发展格局，确保国内大循环畅通无阻，实现高水平自立自强，形成强大的国内经济循环体系和稳固的基本盘，以及对全球要素资源的强大吸引力，同时以国际循环持续提高国内大循环效率和水平，从而实现我国经济的更高质量、更有效率、更加公平、更可持续、更为安全的发展，确保中华民族伟大复兴进程不迟滞和不中断。因此，加快构建新发展格局对推进我国经济高质量发展、实现中华民族伟大复兴的中国梦，意义重大而深远。

构建新发展格局的科学内涵、关键所在与本质特征

国内大循环为主体、国内国际双循环相互促进，是新发展格局的基本内涵。要科学把握新发展格局的基本内涵，需要注意以下几方面问题。一是要强化全面性认识。一方面，以国内大循环为主体，绝不是关起门来封闭运行，而是通过发挥内需潜力，使国内市场和国际市场更好联通，不能片面强调“以国内大循环为主”，也不是主张在对外开放上进行大幅度收缩；另一方面，我国已经超越了主要依靠外资外贸拉动经济增长的阶段，构建新发展格局需要从成本驱动、出口导向、高速度工业化转向创新驱动、内需导向、高质量工业化，不能固守“两头在外、大进大出”的旧思路。二是要强化全局性认识。必须充分认识到构建新发展格局是新发展阶段我国经济发展战略和路径的重大战略调整、是国家长治久安的重大战略部署，是包括生产、流通、分配、消费等多个环节的全国统一的大循环、大市场，不能只考虑建设本地区、本部门、本区域的小市场和小循环，搞低层次物流循环。三是要强化协同性认识。构建新发展格局要求将强化需求侧管理与深化供给侧结构性改革有效协同起来，不能认为构建新发展格局主要是扩大内需、形成国内大市场，而忽略对供给侧结构性改革的深化，或者是认为构建新发展格局只是供给侧结构性改革的进一步深化，而忽略了加强需求侧管理，对扩大内需的长期性认识不足。四是要强化系统性认识。不能将新发展阶段、新发展理念和新发展格局割裂考虑，要充分认识进入新发展阶段、贯彻新发展理念、构建新发展格局，是由我国经济社会发展的理论逻辑、

历史逻辑、现实逻辑决定的。把握新发展阶段是贯彻新发展理念、构建新发展格局的现实依据，贯彻新发展理念为把握新发展阶段、构建新发展格局提供了行动指南，构建新发展格局则是应对新发展阶段的机遇和挑战、贯彻新发展理念的战略选择。这就要求我们必须将新发展阶段、新发展理念和新发展格局"三新"有机地、系统地放在一起理解其深刻内涵。

构建新发展格局的关键在于经济循环的畅通无阻。经济活动整个过程可以分为生产、分配、流通、消费等各个经济循环环节。一个正常的经济合理增长的经济循环，需要生产要素和产品能够在各个环节之间以及各个环节内部循环流转畅通。构建新发展格局，要求以国内大循环为主体，这是新发展格局的核心要义，而内需主导、内部可循环又是国内大循环的关键所在，因此，构建新发展格局必须坚持扩大内需这个战略基点。当前，国内经济循环不畅、制约扩大内需的直接原因，主要是我国内需体系还不完整，还需进一步完善，畅通国内经济循环就要加快构建完整的内需体系，进一步释放内需潜力。而完善内需体系、加快构建完整的内需体系，具体需要从构建现代化市场体系、现代化产业体系、收入分配体系和新型消费体系几个方面改革入手。尤其是国内供给和需求之间不通畅的关键矛盾在于供给方不能充分适应需求的转型升级，造成供求之间无法正常适配形成经济循环，这需要深化供给侧结构性改革，抓住供给侧结构性改革的这个主线和战略方向。当然，国内大循环畅通也需要国际大循环促进循环效率和水平的提升。

构建新发展格局最本质的特征是实现高水平的自立自强。新发展格局所要求的以国内大循环为主体，并不仅仅意味着从经济增长的数量上国内循环量占比为主，这不是新发展格局的本质要求。测度分析表明，实际上从 GDP 数量上看，中国的经济循环量早已是以国内大循环为主体，国内经济循环的主体地位基本确立。习近平总书记指出："构建新发展格局最本质的特征是实现高水平的自立自强，必须更强调自主创新。"① 这意味着构建新发展格局是以国内高水平自主创新为主驱动经济循环畅通无阻的发展格局。进入新发展阶段，我国经济国情发生了巨大变化，基于劳动力低成本的比较优势正在逐步减弱，旧的生产函数组合方式已经难以持续，亟须通过创新实现新的生产函数组合。经济全球化也正遭遇强势逆流，低成本出口导向工业化模式难以为继，关键的核心技术受制于人，经济安全风险加大，我国经济循环中出现了许多新的堵点和瓶颈。无论是从促进经济循环畅通无阻看，还是进一步推进经济增长培育经济新动能看，都需要通过深化供给侧结构性改革、制度创新培育高水平自主技术创新能力，突破产业发展瓶颈，全面优化升级产业结构，提升创新能力、竞争力和综合实力，形成更高效率和更高质量的投入产出关系，实现经济循环畅通无阻，形成更高水平的供需动态平衡。

---

① 习近平在省部级主要领导干部学习贯彻党的十九届五中全会精神专题研讨班开班式上发表重要讲话强调，深入学习坚决贯彻党的十九届五中全会精神，确保全面建设社会主义现代化国家开好局 [N/OL]. 人民日报，[2021-01-12]. http://paper.people.com.cn/rmrb/html/2021-01/12/nw.D110000renmrb_20210112_1-01.htm

构建新发展格局的战略布局、重大举措和政策体系

构建新发展格局战略布局，一要坚持创新在现代化全局中的核心地位，把科技自立自强作为国家发展的战略支撑，把经济发展的着力点放在实体经济上，加快发展现代产业体系，加快建设科技强国、制造强国、质量强国、网络强国、数字中国。二要坚持扩大内需这个战略基点，加快培育完整内需体系，使建设超大规模的国内市场成为一个可持续的历史过程，把实施扩大内需战略同深化供给侧结构性改革有机结合起来，以创新驱动、高质量供给引领和创造新需求。三要加快推进重要领域和关键环节的深层次改革，建设高水平社会主义市场经济体制，坚持实施更大范围、更宽领域、更深层次的对外开放，形成畅通国内大循环、促进国内国际双循环的动力机制。四要加快促进城乡区域协调发展，协调推进新型工业化、城镇化、信息化、农业现代化同步发展，加快推进生态文明建设，优化国内大循环产业布局、空间布局和促进绿色低碳循环发展。五要坚持总体国家安全观，把安全发展贯穿到各个领域和各个环节，增强在复杂环境中动态维护国家安全的能力。

构建新发展格局重大举措，一是建立供给侧结构性改革与需求侧管理有效协同的宏观治理机制，持续完善宏观经济调控体系。在坚持供给侧结构性改革为主线、国内经济大循环为主体、市场在资源配置中起决定性作用的原则下，加快形成一种供给与需求动态平衡、改革与管理有效协同、国内循环与国际循环相互促进、市场机制与政府作用有效结合的经济运行机制。二是强化

国家战略科技力量和企业技术创新能力，以提升产业基础高级化和产业链供应链现代化水平为抓手，深入实施产业基础再造工程，加大推进新型基础设施建设，不断做强做优做大我国数字经济，发展战略性新兴产业和现代化服务业。三是深入实施扩大内需战略，通过完善生产、市场、分配和消费体系，积极推进国内统一大市场建设，畅通国内大循环，促进国内国际双循环，全面促进消费，增强消费对经济发展的基础性作用，优化投资结构，发挥有效投资对优化供给结构的关键作用。四是建设更高水平社会主义市场经济体制和开放型经济新体制，充分发挥市场在资源中的决定性作用，更好地发挥政府作用，坚持“两个毫不动摇”，促进非公有制经济健康发展和非公有制经济人士健康成长，营造各种所有制主体依法平等使用资源要素、公平公正公开参与竞争、同等受到法律保护的市场环境，激发各类市场主体活力，建立现代产权制度，奠定现代社会主义市场经济和现代经济增长的所有制基础。五是促进城乡、区域、产业的融合发展，实现新型工业化、以人为核心的新型城镇化和乡村振兴的战略协同，全面推进绿色生产和消费转型，实现绿色经济稳定高效增长。六是进一步全面统筹发展和安全，尤其是筑牢经济安全基础，一方面是维护以供应链为核心的实体经济和产业发展安全，另一方面是维护金融安全，守住不发生系统性风险底线。要统筹这两方面安全，推进金融供给侧结构性改革，金融要回归到支持实体经济的本质。以此为关键着力点，坚持总体国家安全观，实施国家安全战略，防范和化解我国现代化进程中各类重大风险。

从加快构建新发展格局政策体系看，要逐步形成稳中求进的政策体系。党的十八大以来，习近平总书记反复强调稳中求进的工作总基调，稳中求进工作总基调已经是我国治国理政的重要原则，也是做好经济工作的方法论。构建新发展格局需要稳中求进的政策体系，“稳”是主基调、是大局，构建新发展格局工作就是把“稳”的重点放在稳住经济运行的政策方面，保证经济运行不出现系统性风险；“进”是在“稳”的基础上构建新发展格局各个关键领域积极进取的政策。“稳”和“进”是有机统一、相互促进的。稳中求进的政策体系包括七方面的总体要求：宏观政策要稳健有效、微观政策要持续激发市场的主体活力、结构政策要着力畅通国民经济循环、科技政策要扎实落地、改革开放政策要激活发展动力、区域政策要增强发展的平衡性协调性、社会政策要兜住兜牢民生底线。具体而言，稳中求进的政策体系内容重点在以下几个方面：一是通过积极的财政政策和稳健的货币政策协同联动，跨周期与逆周期宏观政策有机结合，以扩大内需为战略基点，紧扣结构性问题，做到宏观经济政策更加精准有效；二是微观政策要正确把握产业政策与竞争政策的关系，深化改革开放，顺应数字经济发展趋势，持续发力激发市场主体活力，提振市场主体信心，营造各类所有制企业竞相发展的良好环境；三是深化供给侧结构性改革，围绕着力畅通国民经济循环、突破供给约束堵点，不断强化完善结构政策，尤其是加快科技政策扎实落地，构建科技、金融、产业相互促进良性循环的现代化产业体系，形成以高水平科技自立自强为特征的新发展格局；四是正确认识和把握实现共同富裕的战略目标和实践途径，统筹推进经济发展和民生保障，提高区域发展政策的平衡性与协调性，社会政策要兜住兜牢民生底线，推进区域发展政策与社会民生政策有效协同。

建设强大而有韧性的国民经济循环体系

2022 年 4 月 29 日，中央政治局召开会议，分析研究当前经济形势和经济工作。会议指出，新冠肺炎疫情和乌克兰危机导致风险挑战增多，我国经济发展环境的复杂性、严峻性、不确定性上升，稳增长、稳就业、稳物价面临新的挑战。做好经济工作，切实保障和改善民生至关重要。要坚定信心、攻坚克难，确保党中央大政方针落实到位。会议提出，建设强大而有韧性的国民经济循环体系，是中央立足当前经济形势，高效统筹疫情防控和经济社会发展，加快构建新发展格局的重要举措。

建设强大而有韧性的国民经济循环体系是构建新发展格局的内在要求

强大而有韧性的国民经济循环体系，一方面体现为国民经济循环体系具有生产要素高端丰富、经济循环畅通无阻、经济结构合理现代、经济产出稳定巨大的特征，从而能够在国际经济竞争中保持强大竞争力；另一方面体现为国民经济循环体系在受到外部巨大冲击的情况下，能够具备充足的抵抗能力，保证经济体系能够快速吸收冲击力而回到正常的循环运行状态。在百年未有之大变局下，全球化遭遇强势逆流，全球宏观经济治理进入未知领域，以智能化、数字化、信息化、绿色化为主要趋势的新一轮科技和产业革命正在重塑全球经济基础和产业布局，世界经济环境日趋复杂，存在巨大的不确定性和不稳定性。从统筹中华民族伟大复兴战略全局和世界百年未有之大变局出发，中国不仅需要建立一个强大而具有竞争力的国民经济循环体系，还需要建设一个能够抵抗巨大外部冲击、有韧性的国民经济循环体系。

习近平总书记提出要加快构建以国内大循环为主体、国内国际双循环相互促进的新发展格局，并指出构建新发展格局的关键在于经济循环的畅通无阻，最本质的特征是实现高水平的自立自强。从畅通经济循环关键内涵、实现高水平自立自强本质特征来看，以国内大循环为主体、国内国际双循环相互促进的新发展格局，不仅仅体现为中国经济国内循环流量在整体经济循环量中占比高的发展格局，还主要体现为以国内高水平自主创新为主驱动经济循环畅通无阻、以持续扩大国内需求为主不断做大经济循环流量、以发挥国内大循环主导作用为主促进国内国际双循环畅通。也就是说，新发展格局的“国内大循环为主体”，不仅仅是指国内经济循环流量占比高的“主体”，更主要是指以高水平自主创新为主、以扩大内需为主、以发挥国内大循环主导作用为主的“主体”。这样的新发展格局可以有效实现经济效率与经济安全之间的统筹平衡，既具备强大的国内经济循环体系和稳固的基本盘，形成对全球要素资源的强大吸引力，进而保证我国经济在激烈国际竞争中的强大竞争力，又能在经济布局上形成有效抵御外界巨大冲击，快速吸收冲击所带来的风险，最终实现更有效率、更为安全的经济循环。因此，从本质上把握，建设强大而有韧性的国民经济循环体系，是加快构建新发展格局的内在要求。

提高产业链现代化水平是建设强大而有韧性的国民经济循环体系的关键任务

在国民经济循环体系中，产业体系发挥了生产和再生产的关键作用，具有驱动经济循环畅通无阻的动力地位。改革开放以来，我国快速推进了工业化进程，积极参与全球价值链，已成为世界第一工业和贸易大国。中国作为全球价值链分工的重要参与者，在世界产业链和供应链中具有重要的地位。尤其是中国作为制造业第一大国，生产体系完整，制造业增加值已经是美国、德国和日本之和，这在很大程度上有效支撑了我国的经济韧性。联合国工业发展组织发布的《2022 年工业发展报告》指出，制造业体系完善的国家能够比其他国家更好地应对经济危机，制造能力对于经济韧性至关重要。新冠肺炎疫情冲击的背景下，我国完整的制造业体系对经济稳定发挥了重要作用。

在百年未有之大变局下，全球产业链面临重构的重大挑战，我国产业链供应链面临着多重压力，存在新工业革命下产业转型、初级产品供给巨大波动、“卡脖子”技术供给短缺、逆全球化“脱钩”冲击等多重因素叠加引发重大产业安全问题的巨大不确定性。当今世界经济竞争的关键，已经是产业链的竞争。一些西方国家对中国产业链进行赤裸裸地打压，不断通过各种制度安排试图在全球产业链中剥离中国产业链环节，这更凸显了我国产业链安全问题的急迫性，以及建设有韧性的国民经济循环体系的重大意义。

要构建强大而有韧性的国民经济循环体系，针对我国制造业“能力短板”，必须提高产业基础高级化和产业链现代化水平，这也是“十四五”时期产业发展的主要目标之一。产业链现代化水平提升，关键还在于创新能力的提高。这要求不断完善产业创新发展整体环境，构建有利于提升产业基础能力和产业链水平的产业创新生态。从政策导向上看，要正确处理产业政策与竞争政策关系，充分发挥竞争政策在提升产业基础能力与产业链水平方面的基础性作用。“十四五”规划纲要提出了产业基础再造工程、领航企业培育工程、产业竞争力调查和评价工程这“三大工程”，以提升产业链现代化水平。除了加快推进实施“三大工程”，还有两方面关键措施对于提高产业链现代化水平、构建强大而有韧性的国民经济循环体系至关重要。一方面，需要在生产制造层面围绕着产业基础能力集成要素、优化流程、培育人才，提高中国的工业基础能力；另一方面，通过建立企业（链主企业）、研究机构、统计部门、产业行业协会、政府监管部门、政府决策部门等相关机构联动机制，在打通数据共享障碍和解决数据保密问题的前提下，针对产业链动态变化建立一套常态化的基础分析框架和信息收集反馈处理机制，准确支撑产业链安全态势和对经济韧性的分析判断。

形成高标准市场体系是建设强大而有韧性的国民经济循环体系的重要内容

在国民经济循环体系中，市场体系是在分工基础上生产要素、产品及服务在各主体之间进行交换，并以价格机制保证供给满足需求的系统。市场体系是否完善，是经济循环能否畅通的决定性因素。强大而有韧性的经济循环体系，要求市场体系容量巨大、结构合理、运行高效、统一开放、主体活跃、竞争有序，要求建设高标准市场体系。改革开放以来，我国通过市场化改革，逐步建立了社会主义市场经济体制，市场体系逐步完善，尤其是党的十八大以来，我国市场体系建设取得了巨大成就，对于经济循环体系健康发展发挥了基础性的支撑作用。

《中共中央　国务院关于构建更加完善的要素市场化配置体制机制的意见》《中共中央　国务院关于加快建设全国统一大市场的意见》的相继出台，对于建设高标准市场体系、形成强大而有韧性的国民经济循环体系具有重要意义。通过构建更加完善的要素市场化配置体制机制，可以扩大要素市场化配置范围，健全要素市场体系，推进要素市场制度建设，突破妨碍各种生产要素市场化配置的体制机制障碍，实现要素价格市场决定、流动自主有序、配置高效公平，从而为建设高标准要素市场体系、进一步畅通经济循环打下坚实的制度基础；通过加快建设全国统一大市场，可以进一步营造稳定、公平、透明、可预期的营商环境，继续降低制度性交易成本，有效打破行业和区域壁垒，积极促进创新要素有序流动和合理配置，充分发挥市场的规模效应和集聚效应，进一步推动国内市场高效畅通和市场规模容量持续扩大，从而培育发展强大的国内市场，保持和增强对全球企业、资源的强大吸引力，最终促进形成强大而有韧性的经济循环体系。

坚持高水平对外开放是构建强大而有韧性的国民经济循环体系的有效保障

建设强大而有韧性的国民经济循环体系，绝不意味着通过封闭的国内经济循环来保障经济安全和经济韧性，而是通过开放的国内国际双循环体系，实现高水平对外开放，以强大的国内经济循环体系和稳固的基本盘，形成对全球要素资源的强大吸引力、在激烈国际竞争中的强大竞争力、在全球资源配置中的强大推动力，在构建互利共赢、多元平衡、安全高效的开放型经济体系中不断增强我国国际经济合作和竞争新优势，从而在经济全球化背景下实现经济安全和提高经济韧性。

围绕着建设强大而有韧性的国民经济循环体系推进高水平对外开放，一是要更加注重制度型开放，对标国际高水平营商环境，强化规则、规制、管理、标准方面的开放，尤其是加强与“一带一路”沿线国家的市场、规则和标准的联通。二是要积极参与全球经济治理体系改革，推动新兴领域全球经济治理规则制定，在推动构建更高水平国际经贸规则中提出更多中国倡议和中国方案。三是围绕构建开放创新生态、提高我国创新能力，积极推进对外开放。一个国家国民经济循环体系是否强大而有韧性，最根本的决定因素是国家创新能力，而创新能力的提高不仅仅在于增加创新资金投入，更为重要的是构建一个开放的创新生态。制造业、服务业的开放重点应该在于形成开放性创新生态，促进创新能力提升。四是要健全高水平开放的政策保障机制，统筹发展和安全，在扩大开放的同时，健全外商投资国家安全审查、反垄断和不正当竞争审查、国家技术安全清单、不可靠实体清单等制度。

通过坚持高水平对外开放来保障形成强大而有韧性的国民经济循环体系，要注重发挥自贸试验区的关键作用。自 2013 年 8 月，中国（上海）自由贸易试验区正式挂牌，至今我国已先后分 6 批累计设立 21 个自贸试验区，形成了东西南北中协调、陆海统筹的自贸试验区版图，自贸试验区在我国社会主义现代化进程中发挥了先行先试的重要探路引领作用。进入新发展阶段，自贸试验区要在构建新发展格局中寻找自己的新定位，要在建设强大而有韧性的国民经济循环体系中发挥新作用。自由贸易区要逐步发展成为国内经济大循环的中心节点、国内国际双循环的战略环节。一是要成为高水平自主创新高地，在推进中国产业基础高级化、产业链现代化过程中发挥重要作用。二是要成为高素质要素汇集高地，具有吸引数字、知识、人才、资本等各类全球高端要素的充足能力。三是要成为高标准规则测试高地，通过在自由贸易区对先进经贸规则进行压力测试，推动规则、规制、管理、标准等制度型开放，在自由贸易区形成新规则冲击的有效缓冲带，提高我国经济循环体系的韧性。

推进“新四化”同步实现，建成现代化经济体系

十九届五中全会提出2035年基本实现社会主义现代化的远景目标，并将“基本实现新型工业化、信息化、城镇化、农业现代化，建成现代化经济体系”作为目标之一。这是继党的十八大提出“坚持走中国特色新型工业化、信息化、城镇化、农业现代化道路，推动信息化和工业化深度融合、工业化和城镇化良性互动、城镇化和农业现代化相互协调，促进工业化、信息化、城镇化、农业现代化同步发展”，党的十九大进一步强调“推动新型工业化、信息化、城镇化、农业现代化同步发展”之后，首次提出了新型工业化、信息化、城镇化和农业现代化“新四化”基本实现的时间点，同时也是党的十九大针对“贯彻新发展理念，建设现代化经济体系”做出重要部署之后，首次明确提出建成现代化经济体系的时间点。实现新型工业化、信息化、城镇化和农业现代化，是建设社会主义现代化国家的基本路径，也是开启全面建设社会主义现代化新征程的一项重要战略部署。

推进“新四化”同步实现，建成现代化经济体系，是基本实现社会主义现代化的必然要求

一个国家的经济现代化过程，是工业化与城镇化互动发展的过程。工业化为城镇化提供了经济基础和成长动力，城镇化为工业化提供了要素集聚和广阔的需求市场。从发展经济学的视角来看，一个经济体实现工业化的过程，实质上是国民经济中一系

列重要的生产要素组合方式连续发生由低级到高级的突破性变化，进而推动人均收入提高和经济结构转变的经济增长过程。伴随着这个经济增长的工业化过程，人口、资本等生产要素逐步从农村向城镇集聚，城镇规模逐步扩张，城镇化进程也就不断加快，不断加快的城镇化进程又进一步推进了经济结构转变和人均收入增加的工业化进程。当今世界正处在以信息技术突破性发展驱动新一轮科技革命和产业变革的信息化时代，信息化已经成为现代化的重要特征，信息化与工业化深度融合并持续改变着城镇化的内涵。工业化和城镇化的互动发展也带动了农业现代化，进而随着农业生产效率的提升，进一步促进了农业人口向城镇的集聚。因此，信息化和工业化深度融合、工业化和城镇化良性互动、城镇化和农业现代化相互协调，是当今时代现代化进程的内在要求和基本规律。也就是说，一个国家的现代化进程，必然要求工业化、信息化、城镇化和农业现代化的同步推进。

基于对这一要求和规律的认识，党的十八大提出推进新型工业化、信息化、城镇化和农业现代化同步发展。党的十九大在做出我国经济从高速增长转向高质量发展阶段重大判断的基础上，进一步强调推进并实现“新四化”同步发展。实现“新四化”的同步发展，无疑也是进入高质量发展阶段的本质要求。经济高质量发展是满足新发展理念要求、创新为第一动力、强调内生协调、追求包容共享、绿色可持续的经济增长。新型工业化是相对传统工业化道路而言的，是以信息化带动工业化、以工业化促进信息化、科技含量高、经济效益好、资源消耗低、环境污染少、人力资源优势得到充分发挥的经济现代化过程。强调“新四化”同步发展，充分体现了新发展理念的要求，一方面，将科技创新作为现代化的第一驱动力，准确把握了当今世界现代化进程中信息化、绿色化的创新发展方向；另一方面，清楚地认识到我国现代化进程中面临的发展不平衡不充分问题，更好地展现了生产要素之间、产业与产业之间、产业与区域之间、城镇与乡村之间、人与环境之间协调发展的内在要求。因此，积极推进新型工业化战略，实现信息化和工业化深度融合、工业化和城镇化良性互动、城镇化和农业现代化相互协调，是建设现代化经济体系、实现高质量发展的基本要求。

按照党的十九大和十九届五中全会的战略部署，“十四五”时期要开启全面建设社会主义现代化国家新征程。从内涵上看，社会主义现代化一定是实现“新四化”同步发展的现代化。同时，社会主义现代化国家的经济体系一定是一个现代化经济体系。现代化经济体系包括创新引领、发展协同的现代产业体系，也包括彰显优势、协调联动的城乡区域发展体系，形成这样的产业体系和区域发展体系，也正是推进新型工业化和城镇化的结果。因此，党的十九大报告提出推进“新四化”同步发展，同时也提出建设现代化经济体系是我国发展的战略目标。以此为基础，党的十九届五中全会进一步提出到2035年中国将基本实现“新四化”，建成现代化经济体系。

推进“新四化”同步实现，建成现代化经济体系，要着力解决发展不平衡不充分问题

新中国成立以来，中国共产党领导中国人民积极探索自己的工业化道路，先后提出了工业化、“四个现代化”、新型工业化、“新四化”同步发展等相互联系又有所区别的发展战略。尤其是改革开放以来，在中国特色社会主义理论指导下，我国经历了快速的工业化进程，创造了人类工业化史的奇迹，利用40多年的时间使中国这样一个人口大国从工业化初期步入工业化后期，从积贫积弱迈向全面小康。步入中国特色社会主义新时代，我国经济发展更加注重质量提升，信息化水平大幅提高，城镇化质量明显改善，农业现代化和社会主义新农村建设成效显著。但要看到，我国以“后发赶超”为战略导向的现代化进程是一个高速工业化和快速城镇化的过程，“高速”之下还存在诸多发展不平衡不充分问题，发展质量还有待进一步提高，从实现“新四化”同步发展的要求来看，至少突出表现在以下方面。

一是工业化发展仍不平衡，工业化与信息化融合发展还不充分。从工业化的动力看，存在内外不平衡的问题。长期以来，我国低成本、出口导向的高速工业化战略，造成了经济外部依赖度高、内需亟待开拓的内外动力失衡状况，经济安全风险加大、核心技术缺失、产业结构升级压力大等问题比较突出，严重制约着我国经济从高速增长转向高质量发展。从工业化发展的区域结构看，工业化水平总体上呈现东部、中部、西部逐步降低的梯度差距。上海、北京、江苏、广东、浙江等地已经步入后工业化阶

段，其他大部分东部省份也处于工业化后期，而相当一部分中西部省份基本还处于工业化中期。从工业化发展的产业结构看，钢铁、石化、建材等行业的低水平产能过剩问题突出，高端产业和价值链的高端环节发展不足，关键装备、核心零部件和基础原材料等领域严重依赖进口和外资企业，高品质、个性化、高复杂性、高附加值的产品供给不足。从工业化发展的资源环境看，工业化速度与资源环境承载力不平衡，资源环境难以承受如此快速的大国工业化进程。从工业化与信息化的关系看，工业化与信息化还需要进一步融合，互联网、大数据、人工智能和实体经济的融合仍需要深化，制造业信息化水平、智能制造能力都有待提升，中国工业软件水平落后、多数工业软件主要依靠国外企业供给的局面亟待改变。

二是以人为核心的新型城镇化质量有待提升，城镇化与工业化良性互动发展还不充分。改革开放以来，尤其是党的十八大以来，我国的城镇化进程显著加快，到 2021 年，我国常住人口城镇化率为 64.72%，比 1978 年上升 46.8 个百分点，比 2012 年提高了 12.15 个百分点，比 2015 年提高了 8.62 个百分点，但 2021 年年末我国户籍人口城镇化率仅为 46.7%，与常住人口城镇化率还有较大差距。提升以人为核心的城镇化质量，一是提高农业转移人口的市民化水平，使农业转移人口享受到平等的市民权利；二是协调推进大中小城市网络建设，增强城镇产业发展、公共服务、吸纳就业、人口集聚等功能。这需要城镇化和工业化的良性互动发展。在现实中，我国城镇化与工业化良性互动不充分，主要表现为产业和城市发展之间在一定程度上存在着“时间上不同步”和“空间上无互动”的双重错位：一方面，城镇公共服务供给滞后，影响了产业转型升级的正常步伐；另一方面，产业集聚效果不明显，制约了城镇承载功能的完善。工业化和城镇化不能实现良性互动，就会造成产业因缺乏城市聚力而孤岛化、城市因缺乏产业支撑而空心化的问题。未来，应努力形成以产兴城、以城促产、产城融合、城乡协调的城镇化与工业化良性互动模式，实现产业要素成长和区域空间配置的科学协调。同时，要积极推进城市群和城市圈的发展。

三是农业现代化成为制约我国现代化进程的短板，农业现代化与工业化、城镇化的协调发展还不充分。当前，农业现代化仍然是我国“新四化”同步发展中的一个短板，无论是农业的机械化、科学化、水利化和电气化水平，还是农业的产业化、绿色化、信息化水平都亟待提升。我国的农业发展水平与总体工业化水平是不协调的，农业供给结构性失衡、农业发展方式粗放、农业面源污染和农产品质量安全风险等问题，都有待通过农业现代化水平的进一步提升来解决。党的十九届五中全会提出，“全面实施乡村振兴战略，强化以工补农、以城带乡，推动形成工农互促、城乡互补、协调发展、共同繁荣的新型工农城乡关系，加快农业农村现代化”，这一部署至关重要。一方面，提升农业现代化水平，既需要以工业化发展和现代化技术为条件，也需要以城镇化促进农业剩余劳动力转移为依托。另一方面，提升农业现代化水平将充分释放农业劳动力，进一步促进工业化和城镇化的发展。未来，应进一步推进农业现代化与工业化、城镇化的协调发展，推进三次产业的深度融合和城乡一体化进程，培育农业农村发展新动能，走出一条产出高效、产品安全、资源节约、环境友好的中国特色农业现代化道路。

推进“新四化”同步实现，建成现代化经济体系，需要以新发展理念为指导

创新发展、协调发展、绿色发展、开放发展和共享发展是新时代我国发展和实现全面现代化的指导思想，作为我国实现现代化的重要战略和路径，推进“新四化”同步发展必然要以新发展理念为指导，这也是高质量发展的必然要求。面对前面所述的发展不平衡不充分的突出问题，以新发展理念为指导推进“新四化”同步发展，必须把握三方面的政策着力点。

一是坚持把创新作为发展的第一动力，以科技创新推动“新四化”同步发展，建设创新驱动的现代化经济体系。我国实现现代化要抓住科技创新这个“牛鼻子”，无论是新型工业化、信息化，还是城镇化和农业现代化，都要以科技创新为根本驱动力。当今时代的科技创新，必须牢牢把握信息化这一大方向，信息化是现代化的典型技术特征。自第一次科技革命以来，人类社会大体经历了早期机械时代、蒸汽机与铁路时代、电力和钢铁时代、石油和汽车时代、信息与通信时代。20 世纪下半叶以来，随着计算机芯片处理技术、数据存储技术、网络通信技术和分析计算技术获得巨大突破，以计算机、互联网、移动通信和大数据

为主要标志的信息技术、信息产品和信息获取处理方法实现了指数级的增长，信息技术逐步与制造技术深度融合，推动了智能化、数字化、网络化制造技术的创新和扩散，形成了新产业革命复杂的技术系统。“十四五”时期是新一轮科技和产业革命加速拓展期，这为我国实现现代化提供了“弯道超车”的机会，我国“新四化”水平已经具备相当的基础，又迎来新一轮科技和产业革命的机遇，我国比历史上任何时期都更接近全面建成社会主义现代化国家、实现中华民族伟大复兴的目标，必须通过创新驱动抓住这个千载难逢的历史机遇。

二是把握融合创新发展大趋势，以融合创新推进“新四化”同步发展，建设各个要素协调发展的现代化经济体系。推进“新四化”同步发展和实现，体现了我们对现代化进程系统性特征的认识和把握。一个国家现代化的实现，是各类要素、各个产业、各个区域有机协调运行的结果。当今世界产业发展呈现出融合创新发展的大趋势，既表现在三次产业之间的融合发展，也表现在科学与技术、技术与产业的融合创新发展。制造业信息化、制造业服务化等产业融合趋势方兴未艾，三次产业与互联网深度融合成为效率的核心源泉和技术创新的重要方向。在融合创新中，新产业、新业态、新模式层出不穷，进一步壮大了经济发展的新动能。把握和推进这种融合创新的发展趋势，是推进“新四化”同步发展的重要手段。当前，制约我国融合创新发展的因素，主要是竞争前技术的共性技术供给不足、复合型人才缺乏。为此，要重视和加大对通用和共性技术的创新支持，重视对通用和复合型人才的培养，持续在这些方面加大投入力度。

三是坚持和完善社会主义基本经济制度，打通国内经济循环的体制机制“堵点”，为实现“新四化”同步和建成现代化经济体系创造良好的制度环境。这要求我们必须充分发挥市场在资源配置中的决定性作用，更好地发挥政府作用，推动有效市场和有为政府的更好结合。激发各类市场主体的活力，毫不动摇地巩固和发展公有制经济，毫不动摇地鼓励、支持、引导非公有制经济发展；建设高标准市场体系，健全市场体系基础制度，坚持平等准入、公正监管、开放有序、诚信守法，形成高效规范、公平竞争的国内统一市场；完善宏观经济治理，健全以国家发展规划为战略导向，以现代财税金融体系为支撑，以财政政策和货币政策为主要手段，就业、产业、投资、消费、环保、区域等政策紧密配合，目标优化、分工合理、高效协同的宏观经济治理体系；加快转变政府职能，持续优化市场化、法治化、国际化营商环境。对一个国家而言，没有高度的市场化水平和成熟的市场经济体制，就没有真正意义上的经济现代化。因此，实现“新四化”同步发展、建成现代化经济体系，需要加快完善社会主义市场经济体制，尤其是要完善产权制度和要素市场化配置机制。

中国经济高质量发展的新理念与新格局

余淼杰

教育部长江学者特聘教授，辽宁大学校长

中国经济现在面临着“三期叠加”的态势。所谓“三期叠加”，第一是经济增长速度换档期，这是由经济发展的客观规律所决定的；第二是经济结构调整阵痛期，这是加快经济发展方式转变的主动选择；第三是前期刺激政策消化期，这是化解多年来积累的深层次矛盾的必经阶段。同时，我们面临着百年未有的世界大变局，还遭受着百年一遇的新冠肺炎疫情。

尽管如此，中国经济进入了一个新的发展阶段，其主要特征是高质量的发展。以下内容主要围绕这个主题，包括三方面：第一，为什么说中国经济已经进入一个新的发展阶段，中国经济在哪些地方体现出了高质量的发展？第二，从十九届六中全会的精神中可以学习到，我们要全面贯彻“创新、绿色、协调、开放、共享”五大新发展理念，即做到以创新为第一动力、绿色为普遍形态、开放为必由之路、共享为根本目的、协调为内生特点这样一种新发展理念，具体该如何贯彻？第三，新发展格局最核心的内容是“双循环”，那么如何才能构建起以国内大循环为主体、国内国际双循环相互发展的新格局？

新发展阶段“新”在何处？

为什么说中国经济已经处在一个高质量发展的阶段？我认为可以从以下六点去理解。

第一，产品附加值的提升。现在基本上每个国家都已融入全球经贸一体化之中，如果一个国家的产品附加值有提升，就体现了这个国家微观主体上经济质量的发展。

对于附加值，我们可以从两个维度来衡量，一个是时间序列的比较，一个是跨部门的比较。

先看时间序列的比较。中国的出口产品可以分成两类，一类是一般贸易，一类是加工贸易。相对于加工贸易，一般贸易的附加值比较高，所以可以从一般贸易所占比重的变化来理解产品附加值的变化。在 1995 年到 2007 年，加工贸易占据了中国外贸的半壁江山；从 2008 年金融危机到现在，来料加工贸易的比重不断下降，一般贸易比重不断提升，这意味着中国出口的附加值在不断提升。

再对比不同的产业部门，一开始加工贸易无非就是“三来一补”和服装鞋帽这些劳动密集型产品，现在越来越多地以机电设备、运输设备、光学设备等产品为主，即资本密集型产品，附加值是比较高的。

第二，中国出口产品质量的变化。出口产品质量的提升从另一个角度反映了中国经济的高质量发展。2021 年是中国加入 WTO 20 周年，从 2001 年到 2012 年，即十八大召开之前，中国出口产品的质量大概提升了 30%；十八大至今，中国出口产品的质量又提升了 25%~30%。整体而言，过去 20 年里，中国出口产品的质量有显著提升。

第三，企业全要素生产率增加。企业全要素生产率是一个非常重要的指标，2008 年诺贝尔经济学奖得主保罗 · R. 克鲁格曼教授说过，全要素生产率不是一切，但在长期中近乎一切。所以，如果想理解一个经济体的变迁与发展，企业全要素生产率可以作为最重要的指标。这个指标其实就是企业的绩效，比如做一双鞋需要多少个小时。

对比中国和美国的全要素生产率可以发现，在加入 WTO 之前的 2000 年或 2001 年，中国的全要素生产率大概是美国的三成，到 2015 年，中国的全要素生产率已达到美国的 45%，从 30% 提高到 45%，意味着提高了 50%。

中国全要素生产率相当于美国的 45% 意味着，假如美国做一双鞋需要一个小时，中国大概需要两个小时稍多一点。但是我们要更全面地理解这一点。尽管中国的技术和效率不如美国，但劳动成本比较低，即是其 1/5~1/6，从这个角度讲，中国的产品仍具有比较优势。当然，更关键的还是中国的企业全要素生产率在不断提升，逐步接近美国。

第四，中国经济具有全产业链特征。中国是全球唯一一个具有联合国产业分类中全部工业门类的国家。按照国家统计局的分类，41 个工业大类、666 个产业小类都有，中国的工业体系非常完整。

中国是全球第一大出口国，从出口产品种类丰富这一点也可以看出产业的完整度。如果根据国际统一编码 8 位码来分类，中国出口的产品在 2020 年达到了 10850 种左右；如果是按 HS10 位码这种更细的分类，则达到 14000 种左右。

第五，中国经济具有产业集聚特征。中国的工业城市并不是每一个都面面俱到地去发展所有产业，而是每个主要城市有自己主打的产业名片，比如深圳主要是电子产业，汕头是玩具产业，廊坊主要做家具，邢台则发展羊绒产业。

发展产业集群的好处，一是可以把资源聚集在一起，抱团取暖，降低成本，实现规模经济；二是对上下游产业有正向溢出作用，保证企业利润仍得以提升。

第六，从整个产业的角度来看，经济不断转型升级。中国目前三大产业的比例构成大致为第一产业 7%、第二产业 38%、第三产业 55%。这表明中国依然是全球制造的主要国家和世界工厂，而第三产业比重的逐步提升，则是高质量发展的一种体现。

中国第一产业所占比重和世界上绝大部分国家（包括发达国家）差不多，不同之处在于第二产业和第三产业的状况。2013年中国的第三产业所占比重超过第二产业，2020年的比重是55%，第二产业是38%。我个人认为，第二产业保持相对比较大的比重是很重要的。中国现在所处的发展阶段必须有一定的实体经济，这样才能够支撑起世界工厂的发展。只有实体经济得到更好的发展，国民经济才能比较健康地发展，而虚体经济主要是配合与帮助实体经济的发展。“皮之不存，毛将焉附”，必须记住这一点。

从以上六个方面可以看出，在十九大之后，中国经济的确进入了高质量发展的新阶段。

如何贯彻五大新发展理念？

虽然取得了很多进步，但中国经济现在仍面临诸多挑战，如何应对和解决？一个前提是要保持国民经济的高质量发展，这就要做到深刻理解和全面贯彻五大新发展理念，即“创新、绿色、协调、开放、共享”。

第一个理念：创新

创新有狭义和广义之分。狭义的创新是科技的自主自强，包括技术进步和科技创新，两者并不一样。说到技术进步，不论企业大小，都可以通过改善自身的管理效率或者技术水平来进行提升。但是说到科技创新，通常而言还是需要靠大型科研机构集体攻坚来实现。

如何实现创新？主要看两个指标，一个是投入，另一个是产出。投入方面主要看研发支出。因为现在需要更好地推动经济实现高质量发展，所以中国需要加强投入。从这个角度看，研发又分成产品的研发和过程的研发，产品的研发着重于产品的创新，而过程的研发则重点在于工序的逐步改进。就这两点，2021 年的《政府工作报告》明确提出了量化的要求，以提高研发强度。研发强度就是研发支出占 GDP 的比重。通常而言，西方 OECD 国家的平均数为 2.6%，中国 2020 年是 2.2%~2.3%，目标则是要达到 3%。

对于研发投入，不同省份的力度不一样，所以不同城市的创新强度也不同。比如北京的研发强度达到了 6%，而深圳 2020 年达到 4.1%，还有望进一步上升。这些都说明，只要经过努力，中国的研发强度平均水平达到 3% 的计划是完全可能实现的。

研发可以分成基础性的研发和应用性的研发。对于基础性的研发，现在要求经费投入占比要达到整个研发费用的 8% 以上。这就是要真正做到科技的自立自强，核心是立足于“中国制造 2025”十大产业，解决 35 项“卡脖子”问题，比如半导体产业的光刻机等。目前还有一个更加重要的项目——“科技创新 2030”，目标是拓展“产学研用”的融合通道，使得研发在投入中占据一个更加重要的位置。

当然，创新不只有上面所讲的狭义含义，广义的创新可能更为重要。所谓广义的创新，就是在规则、规制和标准管理方面的创新。我用三个例子来说明。

第一个例子，自由贸易试验区的创立。从 2013 年到现在，中国先后建立了 21 个自由贸易试验区。自由贸易试验区主要在做四项工作：第一项工作是强调外资企业享受准入前国民待遇再加上负面清单，就是外资企业和内资企业一视同仁，而负面清单则意味着“法无禁止即可为”，并且改革的方向是努力缩减负面清单的数量。第二项工作是做好“一线放开、二线管住”的贸易工作。第三项工作是推进放管服改革，改善营商环境，做好投资便利化工作。第四项工作是推进资本市场资本项目方面的改革，主要是金融方面的改革。目前来看，这四个方面都取得了比较显著的进展。对于自由贸易试验区的发展，我们希望在“十四五”规划结束的 2025 年，实现胡焕庸线以东的省份全覆盖。目前，这块区域只有四个省份没有设立自由贸易试验区，分别是北边的吉林、山西，南边的贵州、江西，但都有望在近年内设立。

第二个例子，海南自贸港是比自由贸易试验区更为先进、要求更高的一种开放模式。2020 年 6 月，国家出台了《海南自由贸易港建设总体方案》，基本设计是分两步走，在 2025 年实现早期收获，到 2035 年实现全面开放。所谓早期收获，主要工作在于促进商品和要素的自由流动，而“要素”不只是平时所讲的土地、资金、人员，更强调运输和数据这两种新的要素形态，要在这方面做好贸易的自由化和投资的便利化。而海南自贸港出彩的地方应该是在全面开放阶段的一些举措，包括规则、规制方面的创新，比如强调“零关税、低税率、减税制”。零关税很好理解，而低税率的意思是要学习我国香港地区以及新加坡，把企业所得税率降低 15%，个人所得税率降低 15%。如果在海南自贸港工作，就和内陆的累进税率不一样，而是一个税率更低的安排。此外，还特别强调要做好贸易的防走私、金融的防诈骗以及公共卫生防范这三个方面。从这些可以看出，海南自贸港在规则方面有很大的创新。

第三个例子，当我们说到自贸港的时候，不一定仅从狭义角度去把自贸港理解成海港或者河港，从某种意义上来讲，自贸港也可以是内陆的空港，比如在内陆省会城市中的机场。它们既不靠边境也不靠海，怎样做好开放工作呢？一个可能性是在一些有条件的城市考虑设立自由贸易空港。所谓“有条件”是说，如果这个城市规模较大并且有双机场，可以实现高质量的服务贸易，那么就可以通过落地高质量的服务贸易项目，来做好建立自由贸易空港的工作，以促进经济的高质量发展。

第二个理念：绿色

2020 年在联合国大会上习近平主席做出庄严承诺，中国要实现“双碳”目标，即力争在 2030 年实现碳达峰、2060 年前实现碳中和。需要强调的是，中国做出的承诺真正体现了一个负责任的发展中大国的担当。为什么这么说？按照目前的规划，从碳达峰到碳中和，中国准备用 30 年的时间来实现，而对一般发达国家来说，从碳达峰到碳中和需要花 50~70 年的时间。也就是说，中国所用的时间比它们更短，任务因此也就更重。

中国是三个有关气候的国际公约的重要支持国家。第一个是《联合国气候变化框架公约》（UNFCCC），中国是10个缔约国之一，同时中国也积极支持《京都议定书》以及《巴黎协定》的落地。中国提出的核心理念是，各国要共同承担、分别分担气候变化和二氧化碳减排的责任，并坚持两点：一是强调人均概念，二是强调可累积概念。比如，发达国家从工业革命到现在，占全球1/4的人口排放了3/4的二氧化碳，因此必须用累积的概念来理解；而且它们人口比较少，所以还要用人均的概念来理解，它们理应承担更多的责任。即便是基于这个原则，中国也率先做出了很多表率，为了实现“双碳”目标，有几个指标：一是到2030年单位GDP二氧化碳的排放要比2005年下降65%以上，这是很高的要求；另一个是单位GDP的能源消耗和二氧化碳的排放也要分别下降13.5%和18%。

比如非化石能源占一次能源的消费，中国目前的比重是15%，目标则是在2030年达到25%。现在这个15%的构成包括核电2%左右，水电8%，光伏、风电等可再生能源是4.7%。再过10年要达到25%的目标，应该说任重而道远。

第三个理念：协调

协调分成三个部分，包括城乡协调、区域协调和行业协调，目前的重点在于区域协调。

现在的一项主要工作是做到“新四化”融合。所谓“新四化”，就是要在实现农业现代化的基础上，实现新型工业化、新型信息化、新型城镇化。其中，工业化和城镇化一定要相辅相成、协同发展，如果不这么做，可能就会出现一些问题。比如有的国家实现工业化，但没有城镇化，这样会有什么后果呢？很多人会为了城市里更多的工作机会而跑到城里，这样一来，城市的工资水平会很快上升，结果企业的利润会下降，企业的可持续发展就成了问题。反过来看，也有一些国家，比如南非有城镇化，但没有工业化，很多人想跑到城里工作，但城里没有那么多工作机会，这就容易造成贫民窟的出现，社会贫富差距拉大，增加了社会不稳定的可能性。因此，我们要求城镇化和工业化协调发展，由信息化给城镇化、工业化赋能。

为了实现这一点，现在强调走“大城大国”的道路。也就是说，对城市化的理解并不是面面开花，不是要求每个小城市都变成大城市，而是要建造大城市群，重点打造出九大城市群，或者是其中的五大城市群。

从城市夜晚的灯光亮度图可以清晰看出，粤港澳大湾区、一体化的长三角、协同发展的京津冀，这三块是比较亮的区域。第四块是成渝经济带，第五块是长江中游经济带。成渝目前只有成都、重庆两个城市，要连成城市群还有待时日，而长江中游的武汉、长沙、南昌更是相对比较孤立的三个点，因此需要协同发展。

除了上述这五大城市群，还有另外一些城市群。长江以北最主要的有山东半岛城市群、辽中南城市群以及中原城市群；长江以南有海峡两岸城市群。在做好这五大城市群或者九大城市群工作的基础上，也要把振兴东北、发展西北作为重中之重继续推进。

第四个理念：共享

共享包含三件事情。

第一件事情是中国刚刚打赢脱贫攻坚战，占全球 1/5 的人口实现了完全脱贫，这是一个了不起的成绩。国际社会把中国的经济发展和中国的脱贫攻坚成果认为是中国经济和社会创造的两大奇迹。

第二件是要做好乡村振兴工作。一个很重要的办法是“授人以鱼不如授人以渔”，必须要有产业的发展，来带动相对贫困地区的经济发展，这样乡村才能更好地振兴。如何实现这一点？我们的一个提议是，做好加工贸易的梯度转移。目前，因为劳动力成本在上升，加工贸易在沿海地区的成本也在上升，这样就不太适合发展。“腾笼换鸟”之后，这些东部沿海地区的加工贸易到底应该怎么转移？是转移到海外，还是应该转移到内陆省份？我个人的理解是要根据不同行业分类对待，如果属于劳动密集型行业，应该还是转移到海外去。因为尽管内陆省份的工资相对于沿海地区比较低，但如果相对于其他发展中国家，劳动力成本还是比较高，所以孟加拉国、越南这些国家具有比较优势。而对于资本密集型产业，我们的建议是应该转移到内陆省份，因为和劳动密集型产业不同，资本密集型产业需要有全产业链的配套，孟加拉国、越南或者非洲都不具有这样的客观条件，所以把东部沿海的资本密集型产业转移到内陆省份，符合经济发展的内在特征。

第三件是要实现共同富裕的目标。2021 年 8 月 17 日召开的中央财经委员会第十次会议反复强调，要扎实促进共同富裕，之后也可以看到在不同的文件中对这一问题的强调。共同富裕并不是简单的均贫富。我认为对共同富裕的最核心理解是创新致富、勤劳致富，目标是要形成一个正态的橄榄型，也就是“两头小，中间大”的分配层次，做大中等收入群体的比重。之所以共同富裕，意思是不能简单地通过代际转移来实现财富的积累，而应该通过创新、勤劳实现致富，要避免出现像英国那样食利阶层的出现。

第五个理念：开放

开放是经济发展的必由之路。

要理解“开放”，首先就要理解全球化的基本趋势有没有发生根本性的转变，如有巨变，则是一种做法，如果没有，又是另外的应对方法。我个人认为，全球化趋势并没有发生根本性改变，只是表现形式变了。

判断全球化是否还具备其基本特征，要看两点：一是产品的生产有没有保持多地化，二是贸易有没有保持多边化。如果有，就是经济的全球化；如果没有，则相反。我们可以看到，尽管现在一些国家推行贸易保护主义，但是结果充其量只是增加了这些国家进口的成本，或者说增加了中国出口的成本，但在根本上并没有改变生产的地区化和贸易的多边化。一种产品基本上还是由很多国家分别生产不同的零部件，由中国、越南或者其他地方的工厂进行装配，再卖到全球去，这种态势没有发生根本性变化。

由此可以说，现在依然处于全球化的时代，只是表现形式大变。这种变化关键有两点：第一，原来的经贸目标是由 WTO 助推的全球多边经贸合作格局，而目前在事实上形成了三足鼎立的态势。在 2000 年左右中国入世之前，全球经贸格局是两翼并行，一翼是以德国为中心节点的欧盟区，一翼是以美国为中心节点的亚太经贸圈或环太平洋圈。现在已是明显的三足鼎立，一方面以德国为中心节点的欧盟区依然存在，美国也还是北美自贸区的核心节点，但其影响主要收缩集中在加拿大和墨西哥，而中国则逐步发展成为亚太经贸地区的中心节点。我要强调，三足鼎立不等于三者孤立，彼此之间还在不断相互联系着。

之所以会出现三足鼎立的态势，是背后有不同的经贸 / 自贸协定在支撑着。比如欧盟区是欧盟经贸一体化的安排，北美是北美自由贸易区，现在不过换了框架，即 USMCA（美国、墨西哥、加拿大自贸协定），亚太地区是刚刚签署落地的 RCEP（《区域全面经济伙伴关系协定》）等支撑着。当然三者彼此之间仍要联系，比如亚太地区和北美地区现在谈的 CPTPP（《全面与进步跨太平洋伙伴关系协定》）；再比如中国和欧盟谈的“中欧全面投资协定”，都是意在加强两者的联系；美国和欧盟之间则是《跨大西洋贸易与投资伙伴协定》（TTIP）。

通过实现经济“双循环”构建新发展格局

怎样构建新发展格局？一个关键和重点就是“双循环”。2020年5月，中共中央政治局常委会会议首次提出“充分发挥我国超大规模市场优势和内需潜力，构建国内国际双循环相互促进的新发展格局”。这两句话都非常重要，前面一句“充分发挥我国超大规模市场优势和内需潜力”，就等于定调说中国的竞争优势核心不再是劳动力成本的比较优势，而在于国内统一的大市场。能否成功构建国内统一大市场、更好地释放内需潜力，是中国能不能落地实现双循环、能不能成功构建新发展格局的根本保障。“双循环”新发展格局预示着二者相互联动，不能有所偏废。

要做好“内循环”，我认为可以从以下几个方面展开。

第一，以“公开、公正、公平”的竞争原则来推进要素的市场化配置。构建社会主义市场经济体制，一方面是要做大做强国有企业和国有经济。2021年11月举行的十九届六中全会明确进行了定调表述，一方面要加强国有企业和国有资本在竞争力、创新力、控制力、影响力和抗风险能力上的提升；另一方面，要更好地鼓励、支持、引导和发展民营经济，民营经济由原来所说的“有益补充”变成“重要组成部分”。事实上，民营经济已经成为我国重要的经济组成部分，平时所讲的“56789”对此也有很好的体现：民营经济贡献了我国GDP的50%、税收的60%、创新的70%、就业的80%、企业数目的90%，从不同的维度刻画了民营经济对国民经济的重要性。下一步就是要以“公开、公正、公平”的原则来推进市场化改革，特别是要素市场方面的改革。

第二，要以构建全面开放新格局来推进贸易自由化，要通过改善营商环境来推进投资便利化。这两点可以合在一起理解。我们的目标是要实现“六稳”（稳就业、稳金融、稳外贸、稳外资、稳投资、稳预期），这是非常重要的。“六稳”的起点是稳预期，国内的预期是我们现在面临“三期叠加”态势，而同时也面临百年未有之大变局，国际形势正发生着深刻的变化，这是国际的预期。在政策方面的预期上，要加强政策的连续性和可预见性。最终的目标则是稳就业，如果就业不稳，一切都是问题，可能成为很大的挑战。要通过“稳外贸、稳外资、稳投资、稳金融”这“四稳”，来实现稳就业的目标。怎样具体落地？国务院办公厅在2020年8月出台《关于进一步做好稳外贸稳外资工作的意见》，说明了要从外贸、外资、金融、投资等几个方面来推进“六稳”。

第三，做好内循环最重要的一件事情是拉动内需、提升消费。这作为一个方向提出来是比较容易的，但要真正落地，需要做大量工作。最重要的工具是通过积极的财政政策，以及稳健的货币政策来拉动内需、提升消费。

要先搞清楚其中的逻辑，主要是两点。如果要拉动内需、提升消费，首先要保证的一点是有没有“保就业”。如果老百姓就业都成问题，还怎么去拉动内需、提升消费呢？这很不现实。既然要稳就业，就得稳市场主体。另一点前面已经提到，就业机会的80%是由民营经济来实现的，其中最主要的又是由中小微企业来实现的，因此要保就业就必须保中小微企业。现在受到新冠肺炎疫情等因素影响，中小微企业都很难，因此要出台比较稳健的货币政策，通过再贷款、再贴现等方式给中小微企业纾困。只要它们能获得资金，就能够从困境中缓过来。这是采取稳健的货币政策的一个逻辑。

近年来提到相关政策的表述都是这样三句话：第一句话是“稳健的货币政策要更加灵活适度、精准导向”，意思是中国不学美国“大水漫灌”的做法。其实从这句话就可以准确判断出人民币的走势。如果美联储在“放水”而中国“不放水”，那么美联储一“放水”利率就下降，境外的投资者看到美元的利率下降，投资美国的回报下降，就不会投资美国，那么对美元的需求就会下降，美元当然就相对贬值，人民币就相对升值。所以，如果理解了这句话，就可以非常准确地判断出，从 2020 年下半年开始人民币一定是升值的，当然这里面会有一点震荡，但大势不变。第二句话是“要保持货币供应量和社会融资规模的合理增长”。所谓“合理增长”，当然不是大规模增长，和第一句话是一样的。第三句话是“要确保新增的融资的重点流向制造业、中小微企业，服务实体经济”，现在说得更直白，把“服务实体经济”放到更突出的位置。之前贷款给中小微企业的可能是以中小银行为主，现在中小银行还是继续在做，但大型商业银行也有此类贷款，就是要用牛刀杀鸡。总而言之，通过很多措施来确保中小微企业能够在疫情中纾困，这是稳健的货币政策。

那么，怎么理解积极的财政政策呢？要想提升消费，老百姓的可支配收入就必须稳步提升。要做到这一点，一方面要减税降费（意味着地方政府收入减少），另一方面，很多必要的基础设施、公共支出还需要地方政府负责，那就必须通过积极的财政政策来实现。这就是通过积极的财政政策来拉动内需、提升消费的逻辑背景。对于积极的财政政策，要理解的第一点是到底有多少钱可以用，第二点是钱用到什么地方去。大概来说，大的“盘子”是有大约 28 万亿元可以用，其中包括一般的财政收入 20 万亿元，再加上 2020 年的赤字 3.76 万亿元，特别国债 1 万亿元，以及政府专项债 3.75 万亿元。当前情况也差不多，财政设置安排得比较少一点，但是基数变大了，所以总数差不多，也是 28 万亿元左右。至于钱用到什么地方去，重点就是“三保”，即保就业、保民生、保市场主体，新增的 2 万亿元要全部转向地方县级基层。地方、基层每年都强调，但现在的重点是在县级，所以得保证资金直达机制的畅通。除此之外，钱还要用到“两新一重”上，即新型的工业设施、新型的城镇化，还有重大的水利交通工程。这是财政政策服务的重点。

要做好“外循环”，我认为有六个方面需要注意。

第一，要做到出口目的国的多元化。企业在出口时，不要把目标老是瞄准欧美成熟市场。的确，这些市场的规则比较完整，所以中国企业的经验也相对比较丰富，会比较容易做，但目前中美关系日趋复杂，把欧美作为主要出口目的国不再合适，企业更应该未雨绸缪，多与新兴工业国家做贸易。尽管一开始要打入这些国家的市场，或者保住一定的市场份额有困难，但是不能因为困难而不去做，应该像敲牛皮糖一样，一块一块地敲，持之以恒。

第二，要扩大进口。进口已经成为中国贸易增长的重要部分。中国国际进口博览会已经开了五届，还有现在的中国进出口商品交易会（广交会），都特别强调扩大进口。扩大进口有三个方面的内容：一是扩大进口高质量的消费品，会提升老百姓的幸福感；二是进口第二类中间品，关税下降带来中间品进口增加，会使企业降低其进口成本，利润会上升，有利于企业可持续发展；三是进口最终品，比如汽车，短期内自然会使国内的竞争更加激烈，但长期来看可以使企业变压力为动力，通过优胜劣汰来提升整个行业的竞争水平。

第三，服务贸易多样化、数字化。中国的服务贸易和商品贸易相比，表现出总量不足、逆差的态势。我对服务贸易的建议是9个字:“扩总量，调结构，树特色。”首先，要扩大服务贸易的总量，现在只有6000亿元，太少了。其次，调结构要在运输、旅游、教育、医疗这四大产业发力，目前它们都是逆差的，不太有利于中国这些产业的发展。通过重点领域发力，其他很多事情，特别是软实力方面的事情，比如改善营商环境，都可以更好地落地，实现服务贸易质量的提升。最后，树特色，要打造拳头的、有比较优势的产业，比如韩国的美容医疗行业。

服务贸易数字化也是一个非常重要的特征。数字经济作为一种新型的经济表现形式，对经济发展的作用会越来越重要。服务贸易数字化是要做好三个方面的工作：一是数字贸易，即数字的商品贸易，比如电子商务化；二是数字的服务贸易，比如软件外包业务；三是数据贸易，比如华为云、阿里云等直接的数据贸易。服务贸易数字化应该是一个发展大方向。

第四，对外投资的多样化。中国在2020年已经成为全球最大的对外投资国家，对外直接投资的规模达到1350亿美元。说到对外投资，要强调不只是要“走出去”，关键是要“走进去”，也就是说到不同的国家去投资，要根据不同国家的经济社会特征，更多融入当地社会。企业通过承担更多的社会责任，来提升当地各方面对中国企业的认同感，这样更加有利于长期发展。

第五，“一带一路”的差异化。要两条腿走路，既发展陆上丝绸之路，也发展海上丝绸之路，但是应该有所差异。陆上丝绸之路涉及的国家，地缘政策普遍太复杂，中国企业跟它们的贸易还是以简单的经贸合作形式来实现比较好，比如进口或出口。如果到这些国家去投资，可能还面临更多地缘政策方面的限制。而海上丝绸之路涉及的国家不一样，中国与这些国家的经贸合作水平远高于陆上丝绸之路。所以和海上丝绸之路的国家进行经贸合作，不只限于简单的进出口，还可以鼓励企业走出去到这些国家投资。

第六，地区经贸合作递进化。中国同15个国家已经签署了RCEP，这样一来中国和东盟国家的经贸联系将更为紧密。在这之后，中国现在要两条腿走路，一个是要和欧盟签署中欧全面投资协定，另一个是加入CPTPP。中国已经积极表态要加入CPTPP，陆续和另外11个国家进行了谈判。相对RCEP来说，

CPTPP 的特征是更加强调规则的一体化,灵活性较少。也就是说,要想加入 CPTPP,会对中国提出更高的要求。中国对 CPTPP 的态度是积极响应,相关谈判还需要时间。

我认为目前更重要的是优先推进“中欧全面投资协定”的落实。尽管这个协定目前处于暂时搁浅的状态,但是不用太久的时间,欧盟区就会发现,其经济发展离不开中国经济的发展,因为中国相对于其他国家能够给欧盟提供一个更大的市场。如果认识到这一点,我觉得中欧全面投资协定的前途还是很光明的,两边有可能更好地推进落地。

以上从六个方面分析了为什么说中国经济已经进入一个高质量发展的阶段。而在高质量发展的阶段,我们依然要贯彻五大新发展理念,用“双循环”作为推手来构建新发展格局。相信只要这样坚持下去,中国经济的发展会越来越好,中华民族伟大复兴也指日可待。

从新发展格局看清下沉市场新趋势

朱克力

国研新经济研究院创始院长，新经济智库首席研究员

关于中国经济、关于下沉市场、关于扩大内需，在此分享一些初步的前瞻与思考。

如果说每个行为主体的改变往往源自更多选择，但愿这些思考能够对我们理解更多选择背后的政策、技术、市场等现实来源有所帮助，从而以更大的格局和更宽的视野拥抱未来商业和未来生活。

挖掘中国经济新潜能

从新发展格局来看，中国经济在挖掘内需市场层面具备哪些

新动力和新潜能?

新冠肺炎疫情以来，中国经济遇到非常大的挑战，但是也要看到，消费对经济增长的贡献在上升，2020 年消费占比实际上升到了 54.3%，可以说是非常高的比例。再往前看，2011 年到 2019 年的消费占比年均是 53.4%，2020 年比过去 9 年都有所增长，这可视为中国经济在疫情之下逆势生长的直观证据。

未来 5 年甚至更长时间，中国经济尤其在消费动力方面主要会有四大新潜能来源。

城乡协调发展

当中国的城市化率到达当前 60% 多的时候，事实上已进入一个城市化和乡村振兴共同发力的新阶段。在这个阶段，城镇化发展依然是经济增长的一个重要源泉。

同时从政策上看，现在把乡村振兴提到了一个非常高的站位上，这是势之必然。但要注意，乡村振兴绝不是一项与城镇化相斥的孤立政策。

试想，农村人口固有的数量如果不继续下降，乡村振兴会不会难上加难？最近参与政策讨论时常讲到这一点，我说千万不要把城乡两个战略割裂和对立起来，要更加协同、更加一体化地来理解，坚持人口市民化的取向，加大城镇化政策配合力度，促进城市群和都市圈发展，以新型城镇化来驱动乡村振兴。

这一点是需要强调的。也只有继续毫不动摇地推进新型城镇化，尽可能让更多的农村人口实现从进入城市到融入城市，才能腾挪出更多的空间来给乡村振兴做更好的铺垫。

供给能力提升

中央强调要同时做好供给侧改革和需求侧管理，从经济学逻辑来说，就是让“需求牵引供给，供给创造需求”形成大循环。

从调研到的一些情况来看，近年来，不少工厂在数字化转型、流程再造、供应链管理提升等方面齐头并进，平台经济、共享经济以及C2M（用户直连制造）等为代表的新业态新模式提供了更多的价值渠道，打开了更大的市场空间，给予了更强的商业赋能。

这些都为我们供给能力的提升创造了持续的条件。过去，中国制造一度被视为低质低价的代名词，而今天，高质低价正在成为可能。

消费结构优化

扩内需促消费，是当前经济政策的一大要务。人们从改革开放之初的求温饱，到现在越来越看重品质，越来越注重对美好生活的追求。不过，除了总体向上走的共性，也有具体层面上的差别。一方面，消费结构多元化、消费市场多样化、消费特征个性化等趋势并存；另一方面，消费的分化和差异化在现实中是广泛存在的，主要体现在不同的区域之间、群体之间和城乡之间。

事实上，消费结构的优化升级，也是一个需要改革驱动和持续演进的过程。

新技术新经济

运用新技术等新手段，催生真正具有新价值的新产业、新业态和新模式，是创造新经济的基本逻辑。

国家日益重视科技创新，除了“卡脖子”的关键领域和硬核科技，大数据、云计算、人工智能、区块链等都是重要的赋能技术，其中智能制造是新技术的工业级应用领域。

由新技术新产品及线上线下融合创新衍生出的各种新业态、新模式，迅速成为经济增长的新动能。无论是基于人工智能技术的机器人、自动驾驶，还是基于互联网数字平台的在线办公、智慧医疗，疫情之下都是新技术新经济更能大显身手的契机。

在双循环的新发展格局下，以上几方面的潜能，无论是新型城镇化还是供给能力提升，无论是消费结构优化还是新技术新业态，这些动力多方叠加之后，给中国经济未来发展释放了巨大的空间。

看清下沉市场新趋势

何为下沉市场？这是未来需要激活的巨大市场，包括三线以下的 200 个地级市、3000 个县城、4 万个乡镇（可概括为“234”）的潜在空间。

作为新消费挖潜主阵地，下沉市场的新趋势可以概括为五个“新”，即新热土、新用户、新政策、新支柱和新乡村。

新热土

先从整个未来下沉市场的容量来看，无论是刚才讲到的“234”，还是涉及9亿多人口，在数量上几乎相当于3个美国，这样一个巨大市场是其他任何一个国家都无法比拟的。

除了纵向的下沉市场，其实还有一个相关的层面，就是各个城市里的社区。如果从一个更大的视野以及商业逻辑上看，社区与下沉市场有很多的结合点。未来社区里的商业机会也很多，将会与下沉市场形成新的市场合力。同时在下沉市场里，三线以下的城市社区与乡镇都是新的热土。

新用户

前面说下沉市场有9亿多人口，占全国总人口六成多，手机用户规模占全国一半以上，每100个人拥有超过90部手机。另外，互联网平台会有很多用户增长数据。以某C2M平台代表为例，该平台有120多万家商户、50万家厂商和30万家外贸工厂。

无论是下沉市场的人口数量、互联网基础还是用户增长情况，都从不同侧面反映了新用户的未来潜在价值。

新政策

从精准扶贫到扩大内需，再到现在全面的乡村振兴，加上我们的新型城镇化，对下沉市场的开拓和生长而言，都能提供政策保障和政策推力。

在政策组合拳的有力推动下，未来下沉市场有望被有效激活，从一个潜在的市场变成真正有活力的市场。

新支柱

无论是新技术新业态还是新平台新模式，对下沉市场来说，都是在为它提供市场化的新支柱。

新平台新模式一方面连接工厂，另一方面连接用户，在一个面向下沉市场的双边市场里，这种模式及其商业体系能够基于大数据实现更精准的供需匹配，赋予新用户和商家更多的选择和更有效的嫁接，进而使下沉市场激发出新的活力。

新乡村

结合政策的出发点和市场的落脚点，乡村振兴本身就可以被理解为激活和提振下沉市场，让绝大多数的用户都拥有更加符合现代文明的生活。

作为面向下沉市场的一号文件，我想这项政策必然有这样的应有之义。在数字时代，恰恰是这类新平台为新城镇和新乡村之间架起一座桥梁。当然，未来还会有更多、更新的商业模式为下沉市场和新乡村服务。

激发亿万市场新红利

在分析中国经济的新潜能和下沉市场的新趋势之后，最后要探寻激发万亿级的下沉市场新红利的实现路径。这里不妨以新模式赋能下沉市场的逻辑为例，提出几个基本判断。

“好供给”替代“坏供给”

随着用户需求的提升和监管力度的加强，市场对低质低价产品的容忍度总体上越来越低，但局部有些逆向的案例又有抬头之势。一份来自消费者协会的报告，称假冒伪劣、过期商品又重新流入了一些农村集贸市场。

这也意味着下沉市场的巨大商机同样被一些人盯上，但他们没有提供真正体现美好生活追求的好商品、好供给，这对能够真正提供好商品、好供给的生产者或商家来说，可能反而是劣币驱逐良币，形成了挤出效应。

但劣币不会一直大行其道，良币总有拨云见日之时。如果新模式能够让更多的用户真正拥有更多的选择，那么这样的商业模式不仅是成立的，而且市场机制应当让它成为越来越主流的模式。

从低质低价到高质低价

这一点的现实基础，除了技术手段的支撑，还在于我们的供应链优势。柔性供应链是实现高质低价的有利抓手。尤其是通过新模式让用户直连工厂后，减少了总销、分销、库存等很多的中间环节，以量定产的目标得以实现。

这样一来，原本中间派生的或追加到消费者头上的成本就少了，从过去低价意味着低质，到现在低价也可以高质，这种可能性主要来自新模式下成本上的变化。

推动制造业供给侧改革

前几年中央就提出了推动供给侧改革，当时有人千里迢迢跑去国外买马桶盖，这是又尴尬又经典的一个背景。为什么要搞供给侧改革？其中一个动因就是看到中国制造大而不强，到了必须转变的时刻。

大而不强的原因之一，就是过去中间环节太多。过去之所以没有把它当作一个重要的政策指针正式提出来，是鉴于它具有市场行为的特点。现在来讲就更有必要了，这些政策供给，无论是供给侧改革还是要素市场化配置改革，都有助于我们实现高质量发展。而从市场层面来说，新模式有助于中国制造提质降本增效，推动制造业供给侧改革。

助力产业带逆势突围

新冠肺炎疫情对中国制造是一场大考。过去大的环境好，即便意识到问题多，要推进转型也相对困难。但是在疫情之下，一些问题凸显出来，面临新的更大的挑战，大量外贸工厂面临生死存亡的危机。这时候，市场层面有没有逆势突围的空间？

新发展格局下，这可能恰恰是一个机会。在疫情封锁的背景下，外贸出口哀鸿遍野，以外贸转内销推动国内大循环就成为必由之路。在这个时候能否抓住环境变化下的市场需求点，以数字化的平台和模式推动沿海的数万个产业带，通过外贸转内销来实现转型突围？这确实是个历史性的契机。

当然，下沉市场再大，还是那句老话——机会只给有准备的人。如果采用新模式的互联网平台，能够在商业基础设施、技术、业态、数据方面都具备战略性的储备能力，那么当疫情这样的“黑天鹅”从天而降时，就能够基于这样的模式和平台，引导和助力产业带的一个个工厂和一户户商家振作精神，逆势施展，大有作为。

双循环新格局下的经济、政策与投资

管清友

海南大学经济学院教授，如是金融研究院院长

二十大报告提出了中国式现代化的顶层设计，双循环则是推进中国式现代化的必然要求和关键路径。本文我将从三个维度阐述“双循环”新格局下的经济、政策与投资：一是从历史长周期来看，世界处于百年未有之大变局，中国仍处于并将长期处于战略机遇期；二是从产业升级和技术演进来讲，中国仍然处在一个快速发展的赛道上，投资机构要在确定的赛道上选到好的运动员，一方面要规避风险，另一方面要抓住关键机会；三是从资产配置角度而言，中国居民的资产池在发生转换，金融业进入了一个新时期，保险业的黄金时代刚刚拉开帷幕。

中国仍处于并将长期处于战略机遇期

首先，从大历史的角度看中国经济或中国的发展。2018年中国遇上贸易摩擦，2020年遇到突如其来的新冠肺炎疫情，2017年后我们又遇到了很多金融风险，作为高净值群体，估计有很大一部分人会焦虑，我曾经也一度焦虑过。其实这几年，无论是资产价格波动还是中国外部环境变化，中国正处于关键当口，发展方式的转变、产业的升级，确实有很多新问题需要我们解答，有很多新趋势需要我们破解。现在，让我们从一个相对长的周期或者几个不同的维度来梳理国家的走向、经济与未来发展的前景。

从大历史来看当前面临百年未有之大变局，到底怎么理解？工业革命距离现在差不多300年。300年前，中国人正处在康乾年间，以天朝上人自居。从英国经济学人信息中心（EIU）的统计来看，因为测试当时的经济总量比较难，总体来看当时的实力还是不错的，更多的其实还是国家的使命，特别是工业和制造业的能力。中国经济总量占全球比重最高的一年，按照这个统计大概发生在嘉庆二十五年，也就是1820年，正好是200年前，随后就一路下行。中国经济占世界的比重再度出现回升，大概是在改革开放后，这是一个大的脉络。300年前，中国人闭关锁国，以天朝上国自居，国运由此逐渐衰弱。再复盘到150年前，恰逢洋务运动时期，那时已经感受到了外部压力。这是晚清所谓走向近现代化的一次努力，再往前数是八九十年前，国民政府也是希望推动国家走向近现代化，但1937年日本全面侵华基本上终结了这个过程。从不同的维度去看中国的发展，可能感触会不同。

最近，我一直在思考，并发现经济学在很多问题上的穿透力不够，特别是对于大的周期。我们可能更多关注数据的变化，当然也有研究所谓大经济周期的，但几乎长的周期很难验证。因此很希望通过一些观念特别是历史比照，以及一些重要关键因素，至少能看到一个白描式的图景。如果以40年来看，我们经历了快速成长的过程。中国经济在2010年全球排名中名列第二，超过日本，这是个标志性的事件。如果以20年维度来看，中国经历了新一轮的全球化，成为全球第一大贸易国，我们也是全球化的受益者。

从中国加入WTO就有专家探讨，长期经济失衡可能对中美两国关系带来影响，这意味着十几年前就已经有经济学家开始关注经济失衡对中美关系带来的影响，只不过经济学家很难预判中美关系到底会在哪一年哪个时点出现质变。众所周知，经济失衡带来的状态实际上会导致两国不同社会阶层的政治态度、经济利益发生变化。美国出现了严重的产业空心化，中国和越南这些经济体成为“世界工厂”。

如果以10年的维度来看，我们经历过三轮大宽松，也出现了几轮资产泡沫。从国家宏观管理角度来说，资产泡沫意味着风险，从投资者角度来说意味着重大的机会。经济学家和投资者思考问题的角度是不太一样的。经济学家经常讨论风险，所以大家会发现他们赚不到钱；投资家可能没那么正确，但他们能赚到钱。所谓兼听则明，不同人的思考和分析问题的角度也不一样。对投资者来说，无论是高净值群体还是专业人士，我们要认识所谓泡沫带来的风险，要保证泡沫来临的时候，我们不是局外人。这一点非常关键。

如果以三四年的维度来看，这三四年是金融风险逐渐释放的过程。金融整顿，实际上是通过调整金融监管框架，局部释放金融风险等措施，以避免一场系统性的金融危机。从 2017 年金融整顿到 2018 年中美贸易摩擦开始，从资产市场角度来说非常惨烈，几乎没有人赚钱，金融风险加速释放，大量上市公司出现流动性问题。个人认为，2017 年这场金融整顿是非常必要的，也是非常成功的。2021 年的金融整顿主要集中在两大领域：一类是针对现在开始爆雷违约的各类主体；第二类就是针对平台经济，还出台了关于平台经济反垄断的文件。针对平台经济的明确监管应该会在未来两三年的时间里开展，这是必要的。

按照现有速度，中国预计在 2030 年，最迟 2035 年经济总量会超过美国。其实按照购买力评价，中国在 2014 年总量已经超过了美国。目前经济总量相当于美国的 2/3，如果按照汇率计算，中国在很多领域和美国的差距还是比较大的。2018 年以来，针对这个问题，社会各个阶层也做了很多的思考和反思。从经济失衡来看，这个问题很容易理解。经济全球化出现了分配难度。全球经济的蛋糕的确是越做越大，按照亚当·斯密的理论，中国是世界经济的受益者，美国也因此受益。其实美国很多阶层的利益受损，也是出现了全球化利益分配不均的问题。比如，美国很多地区的制造业基地都“锈迹斑斑”，底特律变成了“空城”，由此也可看出美国产业空心化确实比较严重。从全球经济失衡这个角度来讲，很容易理解中美关系的质变。

从政治维度来看，大国之间相互竞争，目标会有很多交集、碰撞，所以未来十年大国之间的博弈会比较剧烈。中国要避免出现两种情景：一种是外力的中断，另一种是不要被拖入过度消耗自己实力的纷争中。只要不出现这两种情况，从历史维度来看，我国的发展态势就没有问题。

中国仍然处在一个快速发展的赛道上

改革开放至今，我们经历了四个阶段。

第一个阶段是市场化阶段。改革开放以来的前 20 年，我国经历了劳动力的市场化，中国出现了第一批企业家。1984 年，邓小平同志第一次南方谈话，首先出现了“84 派”企业家，后来出现了第二次南方谈话的“92 派”企业家。我国经历了劳动力市场化和资本市场化；出现了第一个公开发行股份的飞乐音响，邓小平同志还亲自把飞乐音响的股票赠送给了纽约证券交易所的主席；随后也出现了第一个收购案例；对外资也逐渐开放。

同时我国开启了第一轮的土地市场化。在构建国内国际“双循环”的新发展格局中，生产要素市场化改革是很重要的，而重中之重就是土地改革。过去的生产要素是土地、生产、技术，现在把数据放进了生产要素。

第二个阶段是工业化时代，即从20世纪90年代末期一直到2008年。这个阶段的出口、基础设施建设和房地产行业都在兴起。这个过程借助了几波红利，特别是2001年中国加入WTO以后，中国成为全球劳动力的支柱。现在对于讨论谁能替代中国的市场，无论从劳动力的规模、数量，还是从制造业产业生态的完整性来说，短期都不现实。在新冠肺炎疫情之后，东南亚地区和印度的很多订单甚至还在回流，原因主要是当地疫情的控制比较差，而且中国的产业链和制造业体系最完整。有国际关系的专家表示，中国没有出现产业转移，只是中国的一部分产业外溢到了越南，但越南仍然要依托中国珠三角的产业生态。以越南为代表的国家没有经历中国、日本、韩国的重化工业阶段。重化工业阶段非常重要，中国经历过两轮，一个是新中国成立以后的前30年，也就是计划经济时代；另一个就是改革开放以来的40多年，特别是中国加入WTO之后的重化工业阶段。这对于体系的完整、产业基础的奠定都非常重要，所以，全球化红利是我国过去20年所经历过的。

此外，还有城镇化红利。中国的城镇化速度虽然现在变慢了，也确实存在很多体制性障碍，需要在构建“双循环”特别是启动国内大循环上慢慢解决，但是空间仍然很大，原因是现在我国城镇化率刚超过60%。按照日本超过75%的标准，中国至少还有15~20个点的发展空间。再加上进城且可以享受市民公共服务的人不超过50%，所以我认为，城镇化仍然是未来中国经济增长最大的动力。无论是面临百年变局还是国内发展方式的转变、产业结构的升级，对内改革的要求都越来越高。无论是最近签订的RCEP还是正在讨论加入的CPTPP，都是倒逼国内改革开放的手段。拉长周期来看，40年的基础、70年的基础，再加上现在开放的状态，我国未来的发展没有问题。

第三个阶段是金融化阶段。从2009年到2016年，中国步入了金融化阶段。在这个阶段，金融业、房地产、移动互联网是发展最快的三大领域。这三大领域基本的特点是杠杆。这个时代的核心词是杠杆，外部在加杠杆，中国也在加杠杆；政府在加杠杆，全民也在加杠杆。对金融专业人士和高净值群体来说，这个阶段是黄金时代，但对国家宏观环境和金融监管来说意味着风险。2008年以后，全球的财富差距急剧拉大，富人群体所占的比重加大，美国在2008年之后出现了“占领华尔街”运动，一些国家出现了反对房价上涨过快的游行示威，这些都和这一轮加杠杆有很大的关系。2018年，很多企业因为流动性环境收缩和外部环境的变化，对监管政策、流动性政策认识不到位、踩错点，或者是认识到问题之后没有时间去调整而失去控制权。

金融机构加杠杆，从金融业务的维度，会发现这样一个宽松的货币环境确实给了一部分人机会。整体而言，2008年以后是做债市的黄金年代。

居民加杠杆，特别是个人住房贷款激增。房地产市场在这个阶段也出现了高杠杆、高周转的特点。这个阶段的房地产开发商不是靠房价上涨赚钱，而是靠资金周转赚钱，靠杠杆赚钱，所以房地产按照金融业的模式在发展。在2020年，房地产“三条红线”出台之后，房地产开发商已经步入按照制造业模式发展的阶段，因此去金融化也是很有必要的。

第四个阶段也是最新一个阶段，2017 年是一个重要的节点。这个阶段有以下特点：一是告别“世界工厂”。中国的“世界工厂”地位遇到了新的挑战，如劳动力成本、能源成本、环保成本等。二是告别过度金融化模式。我们的金融业增加值占 GDP 的比重在 2015 年达到最高 8.35%，高于美国和日本发生金融危机前的比例，所以肯定是高度繁荣了。2017 年金融整顿开始于 2016 年 7 月底的中央政治局会议，会议上明确提出了“抑制资产泡沫”。2017 年之后流动性的收缩和监管的强化实际上是一个大整顿。三是告别过度依赖资产的模式。2017 年整顿金融业间接影响了房地产。四是告别过度依赖基础设施建设的模式。

“双循环”从 2020 年 5 月被首次提出，即以国内大循环为主体、国内国际双循环相互促进的新发展格局。从学理来讲，“双循环”就是启动国内大循环，启动内需。因为大国经济模型不是不需要外部市场，而是要让内部市场充分地活跃起来。我国 2008 年以后虽然已经启动国内市场，但是被动地用了一种债务推动式的模式。2008 年以后的债务推动式模式解决了很多问题，但后遗症也很多。

货币政策正常化，为什么？过去十年是有教训的。日本一位前中央银行家说，日本经济失去了 30 年，主要是因为日本实施了错误的经济学。当时因为美国的压力，包括广场协议之后日元升值在内，日本需要通过启动国内需求去平衡国际贸易，但使用了错误的宽松货币政策。中国要启动内需绝对不能用日本这个套路。因此我们启动国内大循环和内需，肯定是要靠改革。改革没有那么容易，现在已经到了深水区，但是改革的空间和潜力很大。由于日本特殊的政策体制——日本战后的财阀在整个日本经济中占有举足轻重的地位，所以日本很难进行改革。日本的经历是一个教训：国家的管理者要能够驾驭财阀，而不能受制于财阀。中国的体制是有优势的，所以结构调整非常重要，包括金融结构的调整。另外构建国内国际双循环新发展格局重要的是坚持扩大开放，同时深化国内改革。中国在这些方面确实是有条件的，而且中国还存在东西差距、南北差距、城乡差距，弥补这些差距也就意味着经济增长的潜力。

总结“双循环”有六个关键词。第一个关键词是平行世界。中国已经和其他很多国家签订了 RCEP，而且也在考虑加入 CPTPP。现在中美两国相当于各自拉群，我们准备加入 CPTPP，而美国会选择重新回到 TPP（《跨太平洋伙伴协议》）还是要和欧洲盟友重新谈判，目前不得而知。RCEP 这个朋友圈中国已经拉群了，建议也拉着美国一块加入 RCEP，美国有什么困难我们可以帮助它，我们有什么困难也需要美国支持。

第二个关键词是扩大内需。扩大内需真正需要的是深入的生产要素市场化改革。劳动力资本、土地等诸多要素都需要广泛而深入的改革，需要进一步解放思想。很多人问，可不可以做到？我觉得可以。我个人主张这轮改革的核心问题是让农民成为有产者。农民在新中国成立以后就一直在做贡献，前 30 年工农业是剪刀差，后40年也是剪刀差，所以要通过土地制度改革让农民群体成为有产者，这样才能真正刺激农民的积极性。当然还有公共服务。现在大城市真正的差距不仅仅是财富上的差距，还在于公共服务水平的差距。

第三个关键词是统一市场。统一市场是指我们在市场管理、行业管理、交通管理、物流管理等诸多领域要真正实现统一化，消除地方保护主义，提高效率，降低成本。统一市场非常关键，也是我们提升经济运行效率、降低成本的一个非常重要的方式。

第四个关键词是数字经济或者新基建。数字化基础设施建设是看得见摸得着的产业发展机会。无论从哪个维度切入数字经济，做企业或者通过一级二级市场投资，都不要浪费这一波机会。同时还要解决所谓“卡脖子”的技术问题，尽管大家对于中国的科研环境有一些不同的想法，但是总体上现在外部确实有倒逼的力量，同时中国也处于这个发展阶段。内有需求、外有压力，我对国家的科技进步保持相对的乐观，但也不是说什么东西都自己干。美国是在搞科技脱钩打击华为这样的企业，但是我相信，中国还会出现更多“华为”这样的企业，坚定中国人走国产替代和自主创新的决心。

第五个关键词是区域经济地理的变化。2008年以后中部城市崛起，发展势头比沿海城市还迅猛。所以，数字经济这一波的机会也是基础设施整体的升级。

第六个关键词是产业链的深度融合和重构。比如，苏州与上海密切对接，想要形成更深入的合作。苏州和上海从金融到研发，再到生产制造全方位的合作，可以看到会重新出现新一轮的产业的外延和产业的重新构建。这就是我们说的超循环。

金融业进入了一个新时期

关于中国的经济表现，尽管我们进入了新常态，但是发展的趋势应该没有什么太大的问题。我们现在面临两股力量，一是外部的推力，即负利率。比如对保险机构来说，真正的黄金时期才刚刚开始。过去这 40 年或者 20 年，保险机构相对于其他金融业态，特别是对从业人员来说没有泡沫，没有泡沫就没有机会，当然我们同时要做好风口，特别是国有机构。再比如，为什么大家投资黄金？黄金从 1300 盎司到了 2000 盎司，也就是负利率相对价值显示出来了，中国投资进入了低资产收益率的阶段，而且境外机构还抢不到，中国是少有的大国中的资产收益还维持正值的国家。负利率确实给我们创造了机会，无论是人口老龄化趋势还是客观的经济高速增长的 40 年，我们一定都会逐渐地步入零利率和负利率。

中国的改革潜力比日本和韩国要大，从投资这个角度来说是千载难逢的机会，长期来看，中国是在全球主要经济体中的资产高地。

二是改革的红利。以股票市场为代表，我们正在经历一个所谓从“供销社”模式到“超市”模式的转变。注册制加快推进，而完全意义的注册制有几个方面的工作要做：第一，监审分离，交易所就应变成一个企业，人事任命也不应该由证监会任命；第二，交易制度要改成真正意义上的注册制，我们现在的交易市场仍然是 T+1 交易制度，而且还需要引入做空机制等；第三，我们在实行注册制过程中有一些漏洞要补上，比如，股票市场一定会分化，而且分化会很严重，但是创业板、科创板中那些投行定价和最后市场表现偏离大的第三方机构，没有相应的惩罚机制。

第三章

全国统一大市场与中国式现代化

建设全国统一大市场是国策级战略

李稻葵

清华大学中国经济思想与实践研究院院长

建设全国统一大市场绝不是走回头路搞计划经济，相反，建设全国统一大市场是建设更高质量的市场经济，是实现第二个百年奋斗目标的国策级战略。建设全国统一大市场的关键是研究透、学习好政府与市场经济学。

统一大市场是大国崛起的基本经验

纵观全球经济发展史，所有实现成功崛起的大国无一例外都建立了全国统一大市场。历史经验表明，世界各经济强国和发达经济体腾飞的进程也是国内市场逐步统一和完善的过程，而这个过程需要政府的推动和制度的完善。

自新中国成立之初，美国就高度重视统一大市场的建立。很多人讲美国 1787 年制定并于 1789 年实施的宪法，与其说是一部政治法，倒不如说是一部经济法，其核心目标之一就是要保障美国统一大市场的建立和高效运行。例如，《1787 宪法》中明确规定“所有间接税、进口税与货物税应全国统一”“对于任何一州输出的货物，不得征收税金或关税”。

历史上，美国最高法院的许多著名判例就是围绕如何保证和巩固统一大市场展开的。其中有一个著名的案例就是第四任美国首席大法官约翰·马歇尔在 1824 年裁判的，案子是纽约州和新泽西州两个商人的纠纷，他们都要争夺在哈德孙河（两州的边界河）摆渡生意的独家经营权，一方说本州授予了其独家经营权，要求对方退让。马歇尔大法官判决，任何一州都没有权利授予跨州摆渡业务的独家经营权，因为哈德孙河摆渡业务是跨州贸易。美国是判例法国家，通过这一著名判例，为未来类似案子的裁判树立了一个重要的法律原则：任何州政府都不能干预跨州的商业行为。类似的判例还有，巴尔的摩市曾擅自对经过其港口的酒加征关税，这一做法也被最高法院认定为阻碍了美国统一大市场的形成，理由是经过巴尔的摩港的酒是要销往美国各地的。

除了上述判例，很多人还认为，1861 年开始的美国南北战争也是为了维护全国统一大市场。当时美国南方的农场主希望保持自由贸易，通过自由贸易把自己的原材料卖给英国，并从英国进口工业品。而北方的企业家则支持贸易保护，认为国内统一大市场应该优先于自由贸易，即南方的农产品应该由北方的工业工厂加工，为此应该对英国的工业品加征进口关税。南方要求独立的自由贸易，北方要求建设统一大市场，这就形成了南北对立。因此，南北战争也可以被理解为统一大市场和分割大市场之争，最后主张统一大市场的北方赢了。

除了美国，德国成功崛起的过程也验证了统一大市场的重要性。德意志统一发生在 1871 年，其直接原因当然是普法战争中普鲁士取得了胜利。但实际上，早在德国统一前的 1834 年，以普鲁士为首的各邦国为消除相互之间的贸易障碍就已经结成了德意志关税同盟，并逐步形成了统一大市场。统一大市场的建立直接促进了 19 世纪德国工业革命的发展，并为德国从经济统一走向政治统一提供了巨大推动力。

统一大市场为什么重要？

统一大市场之所以对大国经济崛起非常重要，主要有以下三方面原因。第一，统一大市场是本国企业做大做强的重要基础。对大国而言，建立全国统一大市场的重要性远超小国，因为大国的国内市场潜力巨大，一旦形成了全国统一大市场，相关行业内的企业就能充分发挥规模效应，持续增加研发投入。当前在生物医药、芯片、5G、新能源等诸多重要领域的研发创新往往需要巨额的初始投入，只有背靠国内统一大市场，企业才可以更好地支持研发。

第二，统一大市场是本国企业参与国际竞争的保障。大量的经验表明，只有在国内形成规模优势的企业，才能更好地参与国际竞争。这就是为什么一般来讲，来自大国的具有国际竞争力的企业比较多。设想一下，倘若当年美国没有形成国内统一大市场、各地分割保护，今天美国零售龙头企业沃尔玛就很难在国内形成竞争规模优势；如果没有在国内做大做强，沃尔玛怎么能走向世界呢？同样的道理，如果美国没有建立统一大市场，也就很难培养出当下的微软、脸书这样的大型创新型企业，美国经济的国际竞争力和影响力也会大打折扣。

第三，统一大市场是大国引领全球化的重要筹码。大国国内的统一大市场是撬动国际市场的重要筹码，也是引领全球化的必要条件。无论是 19 世纪中叶英国主动引领全球化，还是二战后美国主导构建世界经济秩序的过程都验证了这一点。其基本逻辑在于，由于国内市场足够大，因此掌握先进技术的大国可以通过主动对外开放、在传统行业里让渡部分的国内市场份额，以吸引其他国家跟随开放，从而帮助国内高科技企业占领国际市场。整体来看，本国从全球化中获益更多。

因此，全国统一大市场是大国充分释放规模优势，参与国际竞争的根本立足点，也是过去多年来美国成为全球化主要引领者的基本机理所在，更是孵化培养具有全球竞争力企业的必要条件。

中国经济高质量发展呼吁建立健全统一大市场

改革开放以来，中国经济取得了长足发展。当前中国经济已经形成了一个庞大的国内市场，许多产品在中国市场的产量和需求量都是世界第一的。同时，随着互联网技术的广泛应用，中国的产品从来没有像今天这样在全国各地畅通无阻地自由流动。然而，作为崛起的大国，中国统一大市场的潜力尚未充分发挥，主要表现在以下几方面。

第一，地方保护主义和市场分割现象仍然存在。当前许多产品的全国统一大市场尚未完全形成，地方保护主义现象仍然普遍存在，阻碍着企业的进入和退出。以各地出租车品牌为例，目前这个市场是地方割据化的，北京以北汽为主，上海以上汽为重，重庆主要用长安……当北京的出租车不以北汽为主，而是以上汽或东风为主，这时候就形成产品的统一大市场了。建立全国统一大市场要求进一步打破区域间的产品和要素流动的藩篱，推动产业内部的兼并重组，从而释放中国经济内生增长的更多动力。

第二，限制劳动力自由流动的制度性障碍仍然存在，阻碍了经济地理的再布局。从各国经济发展历史来看，人口地理分布的变化是生产力发展历史进程的必然要求，中国经济在过去 40 多年的变化相当于历史上 1500 年的变化，而目前中国的经济地理人口的变化远远落后于经济增长本身的变化。尽管随着近年来户籍管理制度的改革，对劳动力自由流动的限制因素在逐步消除，但仍然存在社保转移接续难等问题，阻碍着劳动力全国统一大市场的形成。为此，应该顺应经济社会发展的自然规律，解决制度性障碍，推动中国经济地理的再布局，进一步释放中国经济增长的长期动力。

第三，约束性的发展指标自由流动受限，导致了资源错配和效率损失。当前中国经济正在从高速发展向高质量发展转变，传统粗放式的经济发展模式也要进行调整，各级政府在发展经济过程中也不可避免地面临保产能、保耕地、减排放等多重目标。有人讲，按照市场经济理论，这些约束指标应该被破除，而客观现实是，任何大国，出于全国一盘棋考虑，比如总体经济安全，都会有一些约束性指标。当前的主要做法是将各类约束性指标以行政命令的方式逐级传递，下级政府面临着上级的督查问责压力，且大部分约束要求都呈现碎片化、红线化的特征。而事实上，约束性指标作为一类特殊的生产要素，也应当在全国总量控制的基础上充分发挥市场的作用，有效配置给各个企业，让真正过剩的产能精准退出。而当前“一刀切”地将全国总量控制目标分派给地方，造成了大量的资源错配和效率损失。以钢铁产能为例，相比内陆来说，宏观层面上钢铁新增产能布局在沿海省份，无论从运输便利性、运营成本、污染物排放来说都更具科学性，但是由于当前各级地方政府都有明确的、要严格执行的产能控制目标，并对跨省产能置换有一系列的严格限制，限制了钢铁在全国范围的科学布局，也影响了钢铁产品结构的优化。如果能够建设一个统一的钢铁产能监控系统，实时监控所有钢铁企业的产出情况和原材料购置情况，就可以在全国总量控制的基础上放开省际产能指标的交易，形成一个产能指标市场，从而也有望成为统一的国内钢铁大市场，这是优化产能布局的关键一招。

第四，建立全国统一大市场是保证以互联网平台为代表的数字经济形成国际竞争力的关键。当前，以互联网平台为代表的数字经济方兴未艾，已经成为中美竞争的关键产业，决定着中国经济未来能够成为世界级经济体的关键。这些产业的基本特点是具有规模效益，因此必须面对全国统一大市场。对这些产业如何监管？怎样的行为会构成资本无序扩张？如何定义垄断行为？这些问题只有在全国统一大市场的框架下进行讨论才能被合理解决，也才能保证数字经济产业在全球范围形成国际竞争力。

建立统一大市场的关键是要修好政府与市场经济学

美国和德国的案例都告诉我们，统一大市场不可能自发形成，必须由政府来培育和匡正，因此建立统一大市场的关键是要修好政府与市场经济学。政府与市场经济学是研究政府在市场经济中的作用与行为的经济学新分支，它有三个基本的出发点。第一，政府在现代市场经济中是一个极为重要的直接参与者；第二，政府的行为直接影响着市场经济的表现；第三，必须建立一套机制，激励政府培育与监管市场经济的发展，从而让政府的作用与市场的作用同向发力。

根据政府与市场经济学理论，在建立全国统一大市场过程中，需要明确以下几点。

第一，必须充分尊重企业和企业家的主体地位。统一大市场绝不是回到计划经济体制，相反，是更好质量的市场经济，其中企业和企业家是统一大市场的行为主体，是影响市场效率高低的重要因素。因此，只有充分调动、保护企业家和企业的积极性，才能够在最基础的层面为建设统一大市场提供活力。

第二，必须充分调动地方政府的积极性。改革开放 40 多年，中国经济发展的一条重要经验就是地方政府必须帮助市场发展，同时也要匡正市场。在政府帮助和匡正市场的正确行为背后，应该是正确的激励。统一大市场的基本要求是各个地方政府必须为本地经济发展服务，而且促进本地经济发展要以不影响地区之间的要素和产品的流动为前提。为此，要通过深化税收制度改革和调整官员考核体系，充分调动地方政府的积极性，激励各级政府在全国统一的市场规范的条件下，积极改善本地的营商环境，为企业和企业家发展创造条件。

第三，必须由专业的部门在全国层面建立统一的规范标准。全国统一大市场需要有统一的规范标准，而规范标准又必须由专业的职能部门来制定，这些部门要有一定的独立性和稳定性。这就好比，世界各国政府总体上讲，在控制本国的通货膨胀和货币政策方面，效果要优于控制本国的财政预算，通货膨胀失控国家的数量要远远少于财政亏空国家的数量。其背后的原因就是各国央行的运作相对而言是比较独立的。因此，建立统一大市场也需要有一批具备一定独立性和专业性的职能监管部门，来制定相应的标准规范。

第四，必须充分发挥市场机制。要把建立全国统一大市场与深化重点领域改革相结合，通过引入市场机制来解决长期以来困扰行政部门的诸多问题。例如，减碳的问题、产能过剩的问题、耕地保护的问题等，这些问题都应该利用统一大市场的机制来加以合理地解决。

全国统一大市场的构建意义与潜在影响

张 明

中国社会科学院金融研究所副所长，国家金融与发展实验室副主任

全国统一大市场是构建双循环新发展格局不可或缺的重要支柱，《中共中央　国务院关于加快建设全国统一大市场的意见》的发布，意味着更深层次、更加系统的改革举措，对中国经济实现可持续、高质量发展意义重大。

党中央、国务院在2020年提出要构建以内循环为主体、内外循环相互促进的双循环新发展格局。这一新发展格局提出的背景大致有二。一是从外部环境来看，全球化退潮、新冠肺炎疫情

暴发进一步加剧全球经济的长期性停滞格局，以及以中美经贸摩擦为标志的全球经贸环境变差，外部需求对中国经济增长的拉动作用变得更弱、更难依赖。二是从内部环境来看，随着中国经济的快速增长尤其是中国经济体量的迅速放大，再靠净出口来拉动中国经济增长也日益变得力不从心、难以持续。

考虑到在双循环新发展格局提出之前，中国实施的是所谓“国际大循环”的发展战略，即充分融入全球化，利用自身的比较优势发展外向型经济，以开放促进改革。因此在新发展格局之下，如何构建以内循环为主体的发展格局，并且通过内循环的构建来促进内外循环的融通发展，就变得更加重要。换言之，我们将从“以外促内”的发展格局转换至“以内促外”的发展格局。

构建以内循环为主体的新发展格局

那么，应如何构建以内循环为主体的新发展格局呢？笔者认为，这一格局必须构建在以下三大支柱之上：消费扩大与消费升级、产业结构升级与技术创新、要素自由流动与国内统一大市场构建。

改革开放以来的中国经济增长素来具有投资驱动与出口导向的特征。然而随着中国经济的发展，尤其是人均收入的提高以及经济体量的放大，中国经济增长的主引擎正在由第二产业与投资切换至第三产业与消费。因此，如何促进中低收入阶层的消费扩大以及高收入阶层的消费升级，就变得尤其重要。从供给层面来看，这意味着要大力发展先进制造业与现代服务业，为消费者提供更高质量、更广范围的消费选择。从需求层面来看，这意味着要努力扩大中低收入阶层的收入水平，因为他们的边际消费倾向很高。这恰恰是“共同富裕”的题中之意。而要实现共同富裕，就要解决好地区之间、城乡之间、居民部门内部的收入分配问题。

全球疫情的暴发使得全球生产链、供应链、价值链“三链”面临冲击，全球生产链可能会变得更短、更加区域化。中美经贸摩擦的爆发和持续意味着再靠“后发优势”来实现技术进步越发困难。因此，如何实现国内主导的产业结构升级与技术创新，就变得非常重要。在此背景下，供应链的“补链强链延链”成为新的时代主题。在全球生产链变得更加区域化与本地化的前提下，如何确保中国在亚洲以及“一带一路”沿线的生产链龙头地位就变得至关重要。而要推动国内技术自主创新，就需要加强对知识产权的保护，拓展民营企业的发展空间（民营企业贡献了中国技术进步的 70%），以及转变教育理念（从培养“工程师思维”到培养创新思维）。

但凡提到中国，人们都对中国有 14 亿人口以及人均收入突破 1 万美元印象深刻，这自然意味着中国具备构建广阔国内市场的前提条件。但遗憾的是，迄今为止，中国国内市场存在严重分割，各类要素的跨区域流动均面临明显的约束或障碍。这既制约了国内要素的自由流动与市场化定价，也损害了要素的优化配置与福利最大化。因此，要构建以内循环为主体的发展格局，必须打破要素流动束缚与国内市场分割的格局，促进要素自由流动与国内统一大市场的构建。

不难看出，上述三大支柱是在从不同层面出发来塑造国内大循环：消费扩大与消费升级是从需求层面出发，产业结构升级与技术创新是从供给层面出发，促进要素自由流动与国内统一大市场构建是从制度与基础设施层面出发。

构建全国统一大市场

2020 年 4 月 9 日，《中共中央　国务院关于构建更加完善的要素市场化配置体制机制的意见》对外发布。该意见指出，完善要素市场化配置是建设统一开放、竞争有序的市场体系的内在要求，要通过“促进要素自主有序流动”来“提高要素配置效率”。尤其重要的是，该意见提出要促进土地、劳动力、资本、技术、数据这五种要素的自由流动，并且要加快要素价格的市场化改革、健全要素的市场运行机制。尤其值得一提的是，这似乎是中央文件首次认可“数据”是一种重要的生产要素。

2022 年 1 月 6 日，国务院办公厅发布了《要素市场化配置综合改革试点总体方案》，这一方案与上述意见是一脉相承的，并在此基础上提出了更加细致的政策举措。第一，该方案提出要在改革需求迫切、工作基础较好、发展潜力较大的城市群、都市圈或中心城市等，开展要素市场化配置综合改革试点。第二，在土地要素配置方面，该方案提出了探索城乡建设用地增减挂钩节余指标跨省域调节机制，优化产业用地供应方式，完善弹性出让年期制度，支持产业用地实行“标准地”出让，以市场化方式盘活存量用地等举措。第三，在劳动力要素配置方面，该方案提出了支持具备条件的试点地区在城市群或都市圈内开展户籍准入年限同城化累计互认、居住证互通互认，试行以经常居住地登记户口制度的举措。第四，在资本要素配置方面，该方案提出了选择运行安全规范、风险管理能力较强的区域性股权市场，开展制度和业务创新试点的举措。第五，在技术要素配置方面，该方案提出了支持相关高校和科研院所探索创新职务科技成果转化管理方式，支持将职务科技成果通过许可方式授权中小微企业使用的举措。第六，在数据要素配置方面，该方案提出了完善公共数据开放共享机制、建立健全数据流通交易规则、加强数据安全保护等举措。第七，在环境要素配置方面，该方案提出了支持构建绿色要素交易机制，进一步健全碳排放权、排污权、用能权、用水权等交易机制的举措。第八，该方案提出要完善要素市场化交易平台，持续推进公共资源交易平台整合共享。

2022 年 4 月 10 日，《中共中央　国务院关于加快建设全国统一大市场的意见》正式发布。其一，该意见指出，建设全国统一大市场是构建新发展格局的基础支撑和内在要求。其二，该意见明确指出，要加快建立全国统一的市场制度规则，打破地方保护和市场分割，打通制约经济循环的关键堵点，促进商品要素资源在更大范围内畅通流动，加快建设高效规范、公平竞争、充分开放的全国统一大市场，全面推动我国市场由大到强转变，为建设高标准市场体系、构建高水平社会主义市场经济体制提供坚强支撑。其三，该意见提出了加快建设全国统一大市场的工作原则（立足内需，畅通循环；立破并举，完善制度；有效市场，有为政府；系统协同，稳妥推进）和主要目标。其四，该意见提出了“五个统一”的具体工作方向，即强化市场基础制度规则统一、推进市场设施高标准联通、打造统一的要素和资源市场、推进商品和服务市场高水平统一、推进市场监管公平统一。

可以发现，以上三个文件从精神上是一脉相承的，从政策上是相互配合、相互补充的。在未来相当长一段时间里，中国政府都会遵循上述三个文件指出的方向，在要素市场化配置与全国统一大市场构建方面持续发力。

推动要素自主有序流动

最后，还有两个问题不得不谈。

第一，导致要素流动障碍与国内市场分割的最深层次原因之一，在于地方政府政绩考核体系过于强调 GDP 增长、公共预算收入等指标。在这种考核体系之下，地方政府自然愿意把各类要素聚集在自己的属地之上，同时会限制本地要素流动至其他地区。一个典型的例子是，如果一家大企业想跨区域搬迁总部，将会面临何种阻力。因此，要促进要素自由流动与构建国内统一大市场，就必须改变地方政府面临的激励机制，而要改变地方政府的激励机制，就必须改变其政绩考核体系，适当淡化 GDP 增长与公共预算收入等指标，而将要素市场化定价与跨区域流动等指标纳入其中。

第二，要素的自由流动必然会导致要素聚集。随着全国统一大市场的构建，包括土地、劳动力、资本、技术与数据在内的各种要素可能会加速流入特定区域，由此推动新一轮区域一体化的展开。笔者与魏伟、陈骁在 2021 年出版了《五大增长极：双循环格局下的城市群与一体化》。这本书认为，未来 10 年至 20 年内，粤港澳大湾区、长三角、京津冀、中三角（郑州、合肥、武汉）与西三角（成都、重庆、西安）将成为中国发展最快的五大区域。在此基础上，中国将形成新的国内雁阵模式（大湾区、长三角与京津冀为雁头，中三角与西三角为雁身，其他中西部区域为雁尾），并与新的国际雁阵模式（中日韩为雁头，东盟与“一带一路”沿线相对发达国家为雁身，东盟与“一带一路”沿线相对落后国家为雁尾）一起，演变为推动中国经济未来增长的“双雁阵模式”。这一“双雁阵模式”的构建，反过来又会再度助推中国双循环新发展模式的完善，实现“以内促外、以外促内”的双向互动。

把握建设统一大市场指导思路的精神实质

贾 康

中国财政科学研究院研究员，华夏新供给经济学研究院创始院长

面对当前错综复杂的国内外形势，党中央、国务院发出的关于加快建设全国统一大市场的指导文件，对于完善中国特色社会主义市场经济体制机制，在改革深水区攻坚克难，进一步解放生产力，推进高质量发展，落实新时代“新的两步走”现代化战略，都具有十分重大的意义。正确把握建设全国统一大市场的精神实质，至少应特别强调五个方面。

要形成对所有合法产权一视同仁的保护

只有形成对所有合法产权一视同仁的保护，才叫统一市场，即要在统一大市场里夯牢不可缺少的全面依法治国这一追求长治久安的基石。在逻辑关系上，中央文件指导精神所要加快建设的全国统一大市场，和改革发展中早已明确的“高标准、法治化营商环境”构建中一块非常重要的基石——“全面依法治国”是密切联结在一起的。现实中，有些企业和社会成员的产权实际上受到了侵犯，没有很好地在一些具体案例里真正贯彻全面依法治国所要求的“法律面前一律平等”这个非常重要的维持社会公平正义的方针。在完善中国特色社会主义市场经济的过程中，必须真正面对问题、解决问题。

要形成对所有生产要素实现无壁垒流动或充分的低门槛准入的统一大市场

对统一大市场中的要素流动，在此之前，中央已经有专门的文件加以强调，这正对应于经济学基本原理上所说的，要使市场在资源配置中发挥决定性作用，就必须要求形成要素的充分流动。我国正一直推进现代化建设主线的供给侧结构性改革，供给侧各个要素怎样发挥潜力和作用方面，蕴含着一个根本逻辑就是，市场环境建设一定要攻坚克难，使要素尽可能无壁垒流动，从而使供给侧要素的组合能够充分发挥潜力、形成活力。当然，诸如环保要求的技术标准、技术经济政策标准化，这些是有必要的，而且必须依法由政府管理部门利用公权来实施，但也不能借此一味地抬高门槛。在这些年的改革开放实践中，政府主导的倾向是努力降低准入和消除壁垒，这正体现出建设统一大市场的一个基本趋势——消除不正当垄断和过度垄断，而且首要的是消除旧体制下存在明显弊端的行政垄断。这就要求在配套改革方面攻坚克难，形成有效制度供给，降低交易费用，在实现要素充分流动的前提下真正解放生产力，最为便捷地达到供给侧要素的优化组合与活力释放。

要推进高水平全面开放，形成与全球化国际市场对接的国内统一大市场

新发展格局里，我们更加强调要在应对不确定性和力求掌握主动权之下，更好地“以内循环为主体”，但这绝对不意味着放松我们进一步扩大开放方面发挥潜力的努力。内外循环是相互促进、相得益彰的。我们要进一步发展完善中国特色社会主义市场经济。在这个过程中，企业应该面对的是“负面清单”，政府应该面对的是“正面清单”，这也是从上海自贸区开始多轮推动中国本土自贸区发展中已明确的基本准则。我们要义无反顾地拥抱经济全球化，以开放促改革来进一步促进高标准、法治化营商环境的构建，促使全球各方面可调动的积极因素支持中国倡导的构建人类命运共同体。将国内外循环打通的这个市场，必须是与国

际商业文明规范一致的大市场。

要实现城乡一体化高质量发展的统一大市场

我国在改革开放后的几十年发展过程中，常住人口城镇化率已经达到了65%左右，但户籍人口的城镇化率还只有47%左右，换句话说，14亿多中国人里大多数还没有取得市民身份，已经进城的约3亿农民工及其家属，大部分还是没有取得市民身份的人，在基本公共服务方面还不能受到均等化对待。让所有的社会成员共享改革开放的成果，体现中国特色社会主义市场经济的升级发展，促进共同富裕，这个问题一定要解决。未来几十年中，我国社会成员流动的大趋势是，差不多还要有4亿人会从农村逐步转入城市，成为新市民，应该让他们尽量便捷地取得市民的身份，享受基本公共服务。这是我们建设统一大市场的题中应有之义，同时也是一块难啃的“硬骨头”。这一方面表明我们的真实城镇化水平还不足以给出这种有效供给，另一方面也表明我们还有相当可观的发展空间。随着城镇化、工业化的推进，伴之以市场化、国际化、信息化、法治化程度的提升，我们一定要把“城乡一体化”这个中国未来的统一市场发展起来，以真正实现能够与现代文明在城乡管理概念上直接对接的新局面。

要统一规范地实现有序竞争并且机制归一的市场环境

这个“统一”体现在市场环境中的规则和内在逻辑，是对所有市场成员、社会成员一视同仁的。在本质上，这体现出对所有市场主体、社会成员的公平正义的一致性。我们不应简单地、纯技术性地把这个统一市场理解为参照或者局限于所谓的质量标准或标准化。现在说的“统一”，当然包括进一步做好标准化的工作，但真正的统一市场绝对不是停留于这个层次，而是在打造现代国家治理机制方面实现全面的法治化，在公平正义取向上取得明显的进步。现在中央强调的统一大市场建设，其战略意图就是把经济运行保持在合理区间的同时抓好制度创新，带动管理创新和技术创新，克服相关弊病，让企业在高标准、法治化营商环境中充分地放开手脚，形成长期行为，从而在“负面清单”下“海阔凭鱼跃，天高任鸟飞”地去试错创新，进而让生产力得到更大的解放。

加快建设全国统一大市场的重点任务和举措

王　微

国务院发展研究中心市场经济研究所所长、研究员

统一市场是发达市场经济的重要标志，是大国经济实现高质量发展的制度基础。进入新发展阶段，作为世界最大的发展中国家，中国加快建设全国统一大市场，是构建高水平社会主义市场经济体制的必然选择，也是构建新发展格局、实现高质量发展的基础支撑和内在要求。《中共中央　国务院关于加快建设全国统一大市场的意见》（本文以下简称《意见》）从全局和战略高度明确了我国建设全国统一大市场的总体要求、主要目标和重点任务，是“十四五”和今后一段时期建设全国统一大市场的行动纲领，

将推动新阶段高水平社会主义市场经济体制建设迈出新步伐。

深刻认识统一市场的内涵和特征

统一市场是市场经济的本质要求

所谓统一市场，是指在一国（区域）范围内，基于社会分工和市场经济发展基础上形成的各地区市场相互开放、规则统一、公平竞争、循环畅通的一系列市场制度安排。总体来看，完善的统一市场具有四个主要特征。

一是市场的开放性。即在全国范围内，各地区市场之间相互开放、紧密联系，市场准入和商品、要素流动没有地域的限制和封锁，并与世界市场相互连通。

二是规则的一致性。即在一国（地区）内具有统一的市场运行规则、监管制度和法律体系，为所有市场主体和商品要素流动提供公开、透明、公正、平等的市场环境。

三是竞争的公平性。在统一市场内，各类市场主体自主决策、自主经营、自负盈亏，具有平等获得生产要素和资源的权利和机会，平等地参与市场竞争。

四是商品流动和要素配置的高效性。商品和要素能够在一国（地区）范围内按照市场要求实现自由流动和高效配置。

由此可见，在完善的统一市场中，市场壁垒基本消除，企业可以自主经营、平等竞争，消费者可以自由选择、自主消费，商品和要素自由流动、平等交换，市场机制能够在一国乃至更大的范围内发挥资源配置的决定性作用。因此，加快建设统一市场是市场经济发展的内在本质要求。

完善的统一市场是发达市场经济的重要标志

从全球范围来看，统一市场建设是一个渐进的历史过程，与其市场经济的发展水平密切相关，是促进经济发展、提高市场资源配置效率、提高经济整体竞争力的内在要求。例如，美国统一市场建设发端于18世纪后期的工业革命时期，工业规模快速扩大要求大量商品贸易跨越本州界限，在全国范围内流通，从而迫切要求联邦对州际贸易进行统一治理，破除各州的关税及妨碍州际贸易的各种壁垒，形成全国统一市场。同样，从20世纪50年代开始，以欧洲八国“欧洲煤钢共同体”为标志，为适应各国在更大范围内销售煤炭、钢铁等商品和资源的要求，欧洲也开启了统一市场建设的步伐。到1993年1月1日欧共体宣布建成统一的内部市场，欧洲统一市场的建设经历了从商品市场领域进入商品、人员、服务和资本自由流动的全方位统一市场体系的转变，也由此塑造了欧洲在全球的整体竞争实力。

统一市场建设是不同层级政府关系协调理顺的过程

尽管发达国家（地区）的政治体制、经济发展水平、历史传统和法律体系存在差别，但是处理好不同层级政府之间的关系，特别是中央与地方政府（成员国政府）的关系，是建设统一市场的关键。美国建国之初制定的邦联条例保留了各州很大的自主权和独立地位，各州均可制定各自的关税和经济法律体系，从而导致州与州之间存在严重的贸易壁垒。在统一市场形成过程中，美国运用联邦宪法的“州际贸易条款”和联邦法院的司法管辖权，通过大量判例，逐步界定和划分联邦和州际在贸易管理上的权限，提高联邦政府干预经济的权力，为其消除市场封锁分割、地方保护、不公平交易，促进国内一体化市场建设奠定了基础。同样，在欧洲统一市场形成和建立欧盟的过程中，一方面，各成员国要认同欧盟的权威和相关统一政策，并将制定统一市场规则和标准的权利赋予欧盟的最高权力机构，即欧洲议会；另一方面，也是更重要的方面，各成员国需要自觉地执行欧盟的统一政策并调整修改各自国内法律法规，从而确保形成统一的商品和要素自由流动的内部市场。

统一市场建设需要健全一致的市场规则和法律保障

虽然美国和欧盟的法律分别属于英美法系和大陆法系，但是统一市场建设的立法、执行和司法皆属于权力的最高层，以强化顶层决策的权威性，形成统一的市场规则，降低地方政府对统一市场建设的干扰，消除地方保护的行为。在美国，全国统一市场的立法是美国国会，并在联邦宪法中制定了“州际贸易条款”，授权联邦政府对州际贸易加以调控，在《州际贸易法案》和《谢尔曼反托拉斯法》等相关法律中给予联邦政府监管统一市场的具体执行权，将司法解释和最终裁决权赋予联邦最高法院，各州必须遵守联邦法院对相关贸易条款的判决和司法解释。在欧盟，具有宪法意义的《罗马条约》及其补充条款对统一市场建设做出明确规定，并且统一市场的纲领性文件《完成内部市场》得到各成员国议会或全体国民表决通过，由欧盟委员会具体执行，司法解释和最终裁决权归属于欧洲法院。在这样的制度安排下，成员国必须根据欧盟宪法和《完成内部市场》的规定对其国内的法律进行清理和修改，不得与欧盟宪法和统一市场法相抵触。迄今欧盟已制定了 286 项立法，通过立法来消除成员国之间阻碍货物、人员、劳务、资本自由流动的各种非关税壁垒。这些立法已有 95% 获得欧洲议会通过，其中 85% 已转为成员国的立法。

统一市场需要不断完善的治理体系和治理能力

在美国，联邦贸易委员会是负责执行各项反托拉斯法律和维护统一市场的行政机构。委员会由五名委员组成，委员由总统任命并经参议院推荐和批准，委员会不仅有权规范地方政府管理经济的行为，而且有州际以及与外国商业行为的管辖权。

欧盟统一市场建设的执行机构是欧盟委员会的统一市场司，它负责监督、评估和推动各成员国参与统一市场建设。一方面，欧盟统一市场司专设了评估指标体系和“红绿灯”制度，对各成员国统一市场的建设和运行情况进行评估，并将评估结果在例行的欧盟部长级会议上公开，各成员国在统一市场建设方面的位次以及不足之处一目了然，从而给统一市场法规执行不力的成员国巨大的压力，敦促其及时改正。另一方面，公民或企业遇到与统一市场法令相悖的问题时，比如受到不公正待遇、在其他成员国设立分支机构遇到障碍等，可以通过当地的欧盟委员会分支机构或直接向统一市场司求助，如果在统一市场建设体系内仍无法解决，或不满意其解决方案，还可上诉到欧洲法院。这样的治理体系在相当程度上保证了统一市场的运行。

加快建设全国统一大市场极其必要且十分紧迫

我国正处在市场发展由大到强转变的关键阶段

改革开放 40 多年来，随着市场经济的快速发展和改革的持续深化，我国市场发展也经历了从无到有、从小到大、从封闭到开放的一系列重要转变，包括商品市场和要素市场的现代市场体系初步确立，统一市场建设取得了明显进展。但必须看到，我国市场大而不强的问题仍然十分突出。

一方面，我国市场发展水平大幅提升，已进入全球市场大国行列。在消费品市场、大宗商品市场、证券市场、信贷市场、保险市场、劳动力市场等方面，市场规模均已位居全球市场前列。我国拥有全球最大规模的市场主体，已经形成多种所有制共同发展、充满活力的多元化市场竞争格局。截至 2021 年年底，我国市场主体数量超过 1.4 亿户，国有企业数量已不足 100 万户，非公经济市场主体的比重已超过 90%，非公经济对 GDP 的贡献率已超过 60%，对就业的贡献率超过 80%。在价格形成上，从改革开放之初 97% 的商品和服务价格由政府决定，到目前 97% 的商品和服务价格由市场决定，市场机制在商品和要素配置中的决定性作用日益凸显。

另一方面，我国市场的整体实力和竞争力不强。表现在主体依然散而小，个体商户、小微企业占比极大，能够开展跨区域、跨国界的全国性乃至国际化的大型市场主体还比较少，市场竞争能力依然薄弱。比如，在全球 500 强企业中，虽然中国跨国企业数量已经在 2021 年超过美国，但是在各行业中，中国的头部企业在规模实力、经营效率等方面仍然明显落后国际领先企业。同时，我国市场在全球的影响力、话语权不强。例如，在价格决定方面，虽然中国是全球最大的贸易国、制造业大国和能源、农产品、金属等全球大宗商品的最大消费国，但是大宗商品的价格形成和发现仍然由美国、欧洲的市场决定。因此，进入新发展阶段，面对百年变局之挑战和新冠肺炎疫情的冲击，加快构建新发展格局，推动经济从高速增长阶段转向高质量发展阶段，构建国际竞争新优势，迫切需要加快建设全国统一大市场，为全面推动我国市场由大到强转变，为构建高水平社会主义市场经济体制提供坚强支撑。

加快建设全国统一大市场亟待破除体制机制障碍和深化改革

党的十八大以来，我国统一市场建设取得了长足发展和明显成效，但我国市场体系仍然存在制度规则不够统一、要素资源流动不畅、地方保护和市场分割等突出问题，相关体制机制障碍亟待破除和深化改革。

一是市场准入歧视依然存在。对不同所有制、不同规模、不同地区的市场主体，一些地方在基础设施建设、服务业准入、采购招标等领域，在提供土地、资金等要素时，仍然存在或明或暗的歧视和附加条件。例如，要求企业须在当地注册独立法人，招标采购设立本地纳税年限、所有制类型等规定。

二是监管规则不统一、不透明。在资质、纳税、准入、环保、质检、卫生消防等方面，不同地区的监管标准、执法依据和执法尺度差异较大，企业在跨区域经营中难以形成稳定预期，极大增加了企业运营的制度性成本。

三是各种地方优惠政策和补贴导致地方不公平竞争。一些地方政府针对特定企业及投资者出台财税、土地、补贴等优惠政策，这些非市场经济因素加剧了地方之间的不公平竞争，对企业市场决策产生了干扰和扭曲。例如，一些城市对中欧班列、航空货运进行高额补贴，相互攀比，对利用本地通道、港口等设施提出排斥性要求，不仅降低了效率，而且不利于区域协调发展。

四是通过地方法规和标准保护本地市场和企业现象频出。一些地方通过制定本地区法规、政策和标准，形成商品、服务和要素市场壁垒，严重干扰市场主体跨区域经营。例如，近年出现的水质、二手车、辣条等地方标准之争，其背后都折射出这一问题。

五是公平竞争审查制度缺乏刚性约束。目前，我国反垄断法及相关法律中并没有公平竞争审查制度的直接规定，导致很多地方对公平竞争审查制度的认识不到位，工作力度不够。同时，公平竞争审查内容不够全面，特别是对现行大量的法律法规和存量政策措施有待加快全面审查和清理。现行公平竞争审查制度采取以自我审查为主、外部监督为辅的模式，对政策制定部门主动进行审查的约束力不强，评估过程中利益相关方参与不足，竞争执法机构也难以有效参与和介入。

六是政绩考核等体制机制改革滞后，地方保护内在动力依然较强。目前经济增速、投资和税收等仍然是地方政府政绩考核的重要指标，地方特别是大城市公共服务支出压力也不断加重。同时，政府干预资源配置的权力依然较大，审批权限下放、监管标准不统一、执法尺度不一致，也在一定程度上强化了地方政府干预市场的能力。

七是破坏统一市场行为的有效法律制约不足。法律法规缺乏实施细则和必要的司法解释，跨区域的司法和监管体系仍需完善，各地区市场监管的规则、标准和尺度存在较大差异。涉及商品和服务的安全性、基础性的国家标准，也多为推荐性标准，权威性和强制力明显不足。

八是国资国企和垄断行业改革进展相对滞后，不利于统一市场的建设。资源、能源和部分服务业等领域的垄断格局尚未完全打破，国资国企改革步伐有待加快。国有经济布局战线过长，涉及面过宽，政企不分、政资不分问题仍然存在，对国有企业的管理仍有错位、越位、缺位，以管资本为主的国有资产管理体制改革亟待深化。

加快建设全国统一大市场的重点任务和举措

针对新发展阶段的发展要求和我国统一市场建设存在的问题，近期出台的《意见》坚持问题导向与目标导向相结合，坚持“立破并举”和分类施策，通过强化市场基础制度规则统一、打破地方保护和市场分割、打通制约经济循环的堵点，促进商品和要素在更大范围内自由流动，建设高效规范、公平竞争、充分开放的全国统一大市场。

“立破并举”，以改革创新推进全国统一大市场建设

加快建设全国统一大市场，要“立破并举”，从强化市场基础制度规则统一，到统一要素和资源市场、推进商品和服务市场高水平统一，再到推进市场监管公平统一、规范不当市场竞争和市场干预行为等方面加快改革创新。

在“立”的方面，主要的改革重点是：一是要完善统一的产权保护制度，健全统一规范的涉产权纠纷案件执法司法体系。二是实行统一的市场准入制度，严格落实“全国一张清单”管理模式，制定全国通用性资格清单，统一规范评价程序及管理办法，提升全国互通互认互用效力。三是维护统一的公平竞争制度，完善公平竞争审查制度，研究重点领域和行业性审查规则，健全审查机制，统一审查标准，规范审查程序，提高审查效能。四是健全统一的社会信用制度，编制出台全国公共信用信息基础目录，建立公共信用信息同金融信息共享整合机制，形成覆盖全部信用

主体、所有信用信息类别、全国所有区域的信用信息网络。五是推进市场监管公平统一。健全统一市场监管规则，增强市场监管制度和政策的稳定性、可预期性，对互联网医疗、线上教育培训、在线娱乐等新业态，推进线上线下一体化监管；强化统一市场监管执法，推进维护统一市场综合执法能力建设，探索在有关行业领域依法建立授权委托监管执法方式，鼓励跨行政区域按规定联合发布统一监管政策法规及标准规范；全面提升市场监管能力，建立健全跨行政区域网络监管协作机制。

在“破”的方面，《意见》突出“进一步规范不当市场竞争和市场干预行为”，提出要着力强化反垄断，加强对金融、传媒、科技、民生等领域和涉及初创企业、新业态、劳动密集型行业的经营者集中审查，稳步推进自然垄断行业改革，加强对电网、油气管网等网络型自然垄断环节的监管；依法查处不正当竞争行为，整治网络黑灰产业链条；破除地方保护和区域壁垒，全面清理歧视外资企业和外地企业、实行地方保护的各类优惠政策；清理废除妨碍依法平等准入和退出的规定做法，以及持续清理招标采购领域违反统一市场建设的规定做法，其中明确 12 项不得从事的行为。

分类施策，建设高标准的全国统一大市场

随着经济的发展和市场化改革的推进，我国多门类、开放型的商品市场体系不断完善，市场规模持续扩大，多层次、多样化的要素市场体系也已基本形成，但是还存在发展不平衡的问题，

特别是要素市场发展相对滞后，制约了新发展格局下要素配置效率的提高。为此，需要坚持问题导向，重点围绕“打造统一的要素和资源市场”，重点推动土地、劳动力、资本等传统要素市场的高标准建设，积极推进新兴的技术和数据、能源以及生态环境市场的有序发展和创新发展。

一是，对土地和劳动力市场，重点要完善城乡建设用地增减挂钩节余指标、补充耕地指标跨区域交易机制，完善财政转移支付和城镇新增建设用地规模与农业转移人口市民化挂钩政策。

二是，对资本市场，要统一动产和权利担保登记，加强区域性股权市场和全国性证券市场板块间的合作衔接，推动债券市场基础设施互联互通，健全权责清晰、分工明确、运行顺畅的监管体系。

三是，对技术和数据市场，要建立健全全国性技术交易市场，推动各地技术交易市场互联互通，推动重大科研基础设施和仪器设备开放共享，建立数据安全、权利保护、跨境传输管理、交易流通、开放共享、安全认证等基础制度和标准规范。

四是，对能源市场，要推动油气管网市场互联互通并向各类市场主体公平开放，加快建立统一的天然气能量计量计价体系，研究推动适时组建全国电力交易中心，推动完善全国统一的煤炭交易市场。

五是，对生态环境市场，要建设全国统一的碳排放权、用水权交易市场，推进排污权、用能权市场化交易，推动绿色产品认证与标识体系建设。

六是，对商品和服务市场，要加快高水平统一建设。重点要健全商品质量体系，建立健全质量分级制度，推动质量认证结果跨行业跨区域互通互认；完善标准和计量体系，加快制定面部识别等智能化识别系统的全国统一标准和安全规范，加强标准必要专利国际化建设；全面提升消费服务质量，推动跨国跨地区经营的市场主体为消费者提供统一便捷的售后服务，完善服务市场预付式消费管理办法。

统筹协调，营造加快建设全国统一大市场的发展环境

一是加快推进市场设施高标准联通，为商品要素资源顺畅流动和高效配置提供基础保障。针对市场设施联通不畅、各种运输方式联通“最后一公里”没有打通、各类交易平台缺乏整合等问题，要通过建设现代流通网络，大力发展多式联运，将公共资源交易平台覆盖范围扩大到适合以市场化方式配置的各类公共资源等举措，打通国内大循环的堵点和卡点，降低全社会物流成本和市场交易成本，提高市场运行效率和资源配置效率。

二是营造有利于创新的氛围，为加快统一大市场建设提供新途径。应该看到，数字经济时代的到来以及大数据、物联网、人工智能等新一代信息技术的迅猛发展和广泛渗透，正在摧毁各种市场壁垒和藩篱，推动形成网络化的市场结构，对于建设全国统一大市场具有革命性意义。因此，一方面，要加强对平台经济等新业态新模式的垄断和不正当竞争行为的规制；另一方面，也要鼓励和支持市场发展模式创新，充分发挥平台经济在打破地区封

锁和市场分割、推动全国统一大市场建设方面的积极作用，加快形成参与全球市场前沿竞争的新优势。

三是加强统筹协调，鼓励地方创新和区域一体化探索。建设全国统一大市场，既要加强顶层设计，在全国层面统筹推进，也要鼓励地方创新，在市场化程度较高的区域率先推进区域市场一体化，进而推动全国统一大市场建设，推进我国从市场大国向市场强国迈进。同时也要对经济发展落后地区给予必要的支持和优惠政策，促进其加快发展和更快融入全国大市场。

四是加强引导和监督评估，创新探索推动全国统一大市场建设的政策工具。借鉴国际经验，探索建立全国统一大市场建设标准指南和动态评估机制，动态发布各地各部门推进统一市场建设的进展、不当干预全国统一大市场建设的问题清单，积极总结并复制推广典型经验做法，加快形成有利于统一市场建设的新的有效激励机制和措施，从而使我国超大规模统一市场的优势更加明显，对构建新发展格局形成雄厚的支撑。

全国统一大市场中的市场主体行为

金　碚

中国社会科学院学部委员，工业经济研究所原所长

《中共中央　国务院关于加快建设全国统一大市场的意见》（本文以下简称《意见》）提出，要从全局和战略高度加快建设全国统一大市场。尽管中国的经济改革已经进行了 40 多年，成效显著，世界瞩目，但时至今日，建设全国统一大市场仍然任务艰巨，有待时日。市场空间不是无差异的“空盒子”，而是多样化市场主体共存的生态系统。市场主体也不是同质性的“微粒子”，而是具有一定行为模式的市场主体的组织结构。因此，加快建设全国统一大市场，除了健全交易制度和畅通流转设施，即优化市场运行系统秩序，更为关键的是系统提升市场主体的素质，形成

更为合理的企业行为模式和行为秩序。从更深层意义上说，全国统一大市场的建设，实质上是要实现市场主体的组织形态和组织行为模式高效化。

全国统一大市场中企业的行为模式和秩序呈现

作为大国经济的典型特质，全国统一大市场的根本标志是，形成具有现代市场经济的动机逻辑和价值倾向的企业行为模式。所谓企业行为模式，是指群体性的企业行为倾向在市场运行中的系列表现。企业行为模式表现为一定的行为目标动机和行为系列结构，受制于企业个体的经济性质，并体现为各类企业的行为模式特征和行为秩序，即具有一致性和连续性特征的群体性企业行为。换句话说，群体性的企业行为如果具有确定性、一致性和连续性，就会成为企业的行为模式和行为系列结构，也会从经济主体的根本性质和“习惯性本能”上决定市场体系的整体行为秩序。其行为模式和行为系列结构不仅是经济理性的行为逻辑，而且深刻受制于社会文化和制度特质。

“市场”是个想象的抽象概念，只可意会，不可观形；虽可举例，却难以界定。按最初的理解，“市场”就是物品交换的场所。举例可见其形，如“自由市场”“农贸市场”“小商品市场”“早市”“夜市”等，但如果要定义市场的完整概念，这些就不能体现全国统一大市场概念的确切含义了。其实，市场的实在性不在于“市”，更不必有“场”。市场是经济活动的空间和关联，而市场经济活动的真实性最主要体现为其行为主体的存在，即如亚当·斯密所说的被绝大多数人在想象市场经济时所接受的“经济人”存在。它既包括作为自然人的真实“个人”，也包括作为经济组织的“企业”，也可称为“厂商”。而当经济学讨论“经济人”时，又主要以“企业”代表之。所以，研究市场经济，首先须理解企业的性质是什么。只有理解企业的性质和企业的行为模式及其秩序特征，才能理解全国统一大市场的性质。

经济学均接受假定：企业是市场中的行为主角，而且可以有其显著的行为模式和行为秩序，即具有组织性的主体行为。那么，为什么只要假定人性的“自利”和“交换”本能，并假定由价格信号进行调节的“市场”机制，就会合乎逻辑地产生“企业”这种经济组织形态和形成其行为模式呢？作为市场主体，企业存在的缘由是什么呢？早在 1937 年，美国经济学家罗纳德·哈里·科斯就在其著名论文《企业的性质》中回答了这一问题。该文提出，企业的作用是替代价格机制，即用科层组织的命令体系，替代市场交换的价格调节方式。后来，奥利弗·威廉姆森进一步指出，企业具有节约交易成本的效应，企业对价格机制的替代可以被视为效率选择。也就是美国经济学家肯尼斯·阿罗所说的，企业形态的组织“是在价格系统失效的情况下，一种实现集体行动的利益的手段”。简单说就是，市场以追求交易效率、节约交易成本为原则，在企业的组织行为与价格调节机制间进行选择，形成市场经济运行的更有效方式。最通俗的解释就是，在企业运行的交易成本低于自由价格机制的场合，就可以用企业内部的组织指令方式来替代价格信号的自由交易调节方式。

按照这样的理解，企业就是市场运行的一种组织工具。这种“工具论”，同假定市场经济行为具有工具理性特质十分吻合。企业不仅被想象为市场运行的工具，而且是具有自利行为取向（实现盈利目的）的自然人的营利性行为工具。其基本逻辑是：既然认定人有自私自利的天理“人性”，那么，作为其获利工具或集体组织形态（组织工具）的企业，也必然具有以追求利润最大化为目标的行为目标或取向。这样，企业也具有了在市场经济中的“本位”性，既有自我利益，要求自主决策，自由经营，也承担自负盈亏的权利和义务。按照这一逻辑，如果不承认企业的相对独立性，也就否定了市场经济。

不过，将企业假定或设想为“本位”性的利益主体会有一个问题：企业是谁？由于企业是集体性组织，并没有对利益和损失产生自我感觉和表达意志，即企业自身不会因获利而愉快，也不会因受损而痛苦，所以，企业不过是虚拟的利益主体，而企业的所有者（自然人）才是会喜会悲的真实利益主体。

那么，企业所有者投资和拥有企业是为了什么？在发达市场经济中，企业所有者的行为目标主要不是生产自用的有用之物，而是创造和获得尽可能多的经济利益，即马克思所说的“剩余价值”，而且归之为货币形态，或其他符号性资产。这样，人类生产活动的目的—手段关系就发生了根本性颠倒：生产的效用目的（创造使用价值），变成了创造和获取经济价值的手段，而经济价值（获得交换价值）反而从手段变成了进行生产活动的目的。这样，企业以追求利润最大化为行为目的，并归之于资本。因此，可以占有利润的资本就成为市场的真正主角，而企业成为资本的工具，企业的所有者就成为资本的代理人（资本家），这样，资本增殖就成为市场经济的生产活动的本质，这就是马克思所说的“资本主义”市场经济。按照马克思的理论，这样的市场经济是“异化”的，因为，人自身成为被资本所统治的“现代奴隶”。按此逻辑，这是一个物统治人的社会。

这样，由于企业是资本的工具，任凭资本驾驭，企业不仅成为资本实现自我增殖的工具，而且可以作为资本在市场交易中的标的物，任由资本进行买卖。企业的“独立意志”完全服从资本的意志。企业不是真正实在的利益主体，而只是虚拟的利益代理人，是资本的外在形态，甚至不过是个“外壳”，即资本的呈现工具。

因此经济学承认，在现代市场经济的制度体系中，资本居于关键地位，既是经济持续增长和财富创造积累的枢纽力量，也是各市场主体的支配力量。如果仅仅从经济关系和经济理性的角度看，即在生产关系的意义上，似乎“资本为王”。但是，资本也是嵌入社会制度体系的。在市场体系和运行机制中，资本并不能毫无约束地为所欲为，而是受到制度规制和文化的深刻影响。因此，建设全国统一大市场的题中之意就包含着：要使资本发挥更为有益有效的市场机制作用，符合社会主义市场经济的性质和规则。

当然，现实中的企业并非如以上的理论讨论那样，性质纯粹且含义抽象。企业特别是大型企业，是具有复杂组织结构的利益复合体，而不是一元化的抽象利益单元。企业由所有者、管理者、生产者等群体组成，各群体都有各自的利益诉求和行为取向。企业决策是系统性的组织行为，并不是企业进行决策，而是企业成员合成性决策。如肯尼斯·阿罗所说，“在任意规模的组织中，决定都是由某些个人做出并由其他人执行的”。也就是说，企业自己并不做决定，而是组成企业的个人做决定。这样，企业自身实际上成为“小社会”“小世界”，而不是经济理论所假设的原子式的利益主体。为了回避企业的复杂性，企业通常被称为“微观经济主体”，在经济研究中作为没有内部结构的“黑箱”来处理。这样，企业就被想象为“原子”式的经济行为主体，但那并不是现实的企业形态。

那么，要建设全国统一大市场，应如何对待企业呢？如果按照西方主流经济学的“微观—宏观”范式，企业被假定为由经济理性主导的工具性微观经济主体，那么，让企业最大限度地自由放任、自由决策、自由交易，似乎就可以实现市场主体的完全同质化和目标的唯一性，即按照原教旨主义所理解的市场组织逻辑，似乎就可以自发实现全国统一大市场。但是，我们所看到的实际情况却存在市场“一放就乱，一管就死”的现象，这也是建设全国统一大市场所要克服的现象。因为企业的行为不仅是“本能”性的，而且是“秩序”性的，是在一定的组织领域中表现出来的动态特质。

这表明经济学微观范式承诺的局限性，即微观经济学所描绘的市场图景，较经济现实相距甚远。所以，需要以“域观”范式的思维，将企业视为不同的群体域类，深入研究它们的域观行为特质。企业不仅仅是经济理性主导的自利性行为主体，而且具有其特定的社会属性。换句话说，企业不仅具有经济性，由工具理性决定行为，而且具有社会性，其行为受价值理性的支配。而对于不同域类的企业，其经济性与社会性又是相互嵌入渗透的。现实中不存在赤裸裸的工具理性主义企业，尤其是在社会主义市场经济中，各类企业所具有的社会性对其实际行为的影响作用是相当强的。而且，企业的行为是深深嵌入社会环境和制度体制中的。可以说，在任何国家，企业的行为都不可能是完全自由放任的。所以，建设全国统一大市场并不是简单地放开对所有企业的一切手脚束缚，就可以自发形成，而是需要精心地构建市场制度。

在理想的全国统一大市场中，一方面，企业行为不应受不合理的行政干预和受地方保护主义阻碍，要有高度畅通的运行条件和交易便利；另一方面，不同域类企业的社会性特质也要得到尊重。因为，各类企业的社会性体现了各类企业的经营意愿，有些则体现了其社会责任和社会目标使命。例如，国有企业是负有国家使命和较强社会目标的特殊企业，其行为必然受到一系列特殊制度规则的管控。再比如，各种具有社会企业性质的经济主体，有些注册为工商企业，有些注册为社会组织，而其行为性质则是以经济（商业）方式实现社会目标；还有各特殊领域中的企业，其行为必然受到行业性制度规则和社会规则的管辖，甚至政府审批之类的行政性约束也难以完全取消。另外，在一些领域，地方性和行业性的制度规则也是需要的，因为地方政府负有维护社会秩序的职能，有可能涉及企业运行。

总之，从理论上说，全国统一大市场不可设想为同质性企业在牛顿式的无差异“绝对空间”中“自由选择”，而是在建构性的市场秩序中，保证各类企业顺畅经营和公平竞争。全国统一大市场可以为经济发展提供更大的包容性空间，促进形成各类企业竞相繁荣的多样性世界，为全体人民共同富裕创造社会化基础。建设全国统一大市场是构建新发展格局的基础支撑和内在要求，也是促进共同富裕的基础条件和社会要求。

全国统一大市场中各类企业的公平竞争行为

公平竞争不仅是全国统一大市场的组织制度要求，而且是最重要的企业行为模式和行为秩序。企业不仅本身就是一种经济组织形式，而且企业的具体运行方式也是由其行为模式和组织性质决定的。换句话说，各类企业间的公平竞争行为，一方面由企业外在的市场竞争规则及政府竞争政策所规范，另一方面由企业群体内在的行为模式形成的行为秩序所决定。企业行为动机和行为选择对于市场公平竞争状况也具有决定性影响。

如前所述，既然不是将全国统一大市场想象为“微观—宏观”范式所刻画的市场原教旨主义市场状态，而是承认“全国统一大市场”的域观格局，这就意味着，全国统一大市场之大，表现为全国市场普遍的可进入性、可容纳性和非歧视性，即在社会主义市场经济制度的规则秩序中，可以包容各类企业。各类企业都可以感受市场空间之“大”和对强弱群体之包容。这一方面体现为竞争的可参与性、非垄断性和非歧视性，另一方面也体现为合作共赢的非排斥性以及助弱扶小、互利共存。总之，全国统一大市场具有更完善的公平竞争秩序和社会包容制度。可以说，全国统一大市场最根本的制度建设和秩序规范，就是体现各类企业的公平竞争和合作共赢。

从经济理论上说，企业竞争主要发生在同质企业间，企业的同质性越强，竞争强度就会越大。因为，同质企业的竞争是替代性竞争，即企业间可以相互替代，通常是生产成本低、产品价格低的企业替代生产成本高、产品价格高的企业。这就叫“优胜劣汰”。所以，设想是在完全同质企业（技术水平和产品质量相同）的竞争性市场，如果没有进入壁垒和歧视性制度，那么市场竞争会表现为价格竞争，结果就是各企业的经济利润均趋于零。因为经济利润高意味着产品价格高，这样的企业必然会被经济利润低因而产品价格更低的企业所替代。当然，如果市场竞争迫使企业降低价格而使经济利润为负，企业就不可能持续生存，这样的企业竞争状况即使出现，也是稍纵即逝的现象，用俗话说就是“赔本的买卖无人做”。如果以非正常的方式采取低价策略以驱逐竞争者，则是掠夺性的倾销行为，不为市场竞争规则所允许。可见，同质企业竞争是市场秩序中的一个“均衡”而不是“合意”

状态。竞争中的企业会力争以创新方式“改变生产函数”，总是力图形成差异来摆脱这样的“陷阱”状况。

所以，现实中的企业竞争主要发生在不同质企业之间。理论上说，企业的利润就是产生于差异性，即有差异才有利润，这样的企业经营在经济理性上才是合意的和有价值的。所以，理解全国统一大市场公平竞争的关键是理解各类企业的异质性或差异性，特别是体现为不同域类企业的经济异质性。商业实践中，经济差异性显著地体现为品牌战略。

从理论上说，企业异质性是生产分工和市场（供求）分工的基础。所谓分工就是具有不同功能的行为及行为人之间的分工与合作相依而生。不过，分工有各种方式和形态，也必然有竞争。而且，有竞争才是有效率的分工，优胜劣汰也是效率选择，淘汰低效的个体才可以形成高效的群体。问题的困难性在于，企业间的异质性有各种性质，有些是技术性或资源性的，有些是功能性或结构性的，也有些是制度性或政策性的。那么，哪些异质性是良性的和有积极意义的？哪些异质性是不合市场经济的有效性要求的，即妨碍企业公平竞争的呢？如果企业的异质性导致竞争的不公平性，就会影响“全国统一大市场”的形成，给全国统一大市场的建设设置障碍。

实际上，从一定意义上可以说，进行全国统一大市场建设，主要就是应对企业异质性现象。从理论上说，异质企业可以不是竞争者替代关系，而是分工互补关系，这有助于提高全国统一大市场的高效性，即实现市场体系的合意性和优质性。但在现实中，异质企业间的竞争公平性却总是受到更大关切，甚至引起担忧。因为，如果企业异质性固化、强化和扩大企业间的不平等，就会造成影响企业不合理的市场势力，实质上就会妨碍全国统一大市场建设。在中国现实经济中，特别受到关切的主要有四个问题。

国有企业与非国有企业的竞争公平性

中国经济体制改革是从国有企业改革入手的，起先集中于提高国有企业效率，“打破大锅饭”，实现企业自负盈亏。大型国有企业主要是走规模化、集团化的方向。这样，在建设全国统一大市场中，必须将拥有巨大市场势力的国有企业置于适当的市场地位。建设全国统一大市场的长远目标主要是中国市场经济体制机制的完善，而其策略目标则主要是应对世界市场的分割和产业链的风险。对于前一个目标，国有企业在全国统一大市场的规模结构中应向着避免市场势力（份额）过大的方向做调整，确保国有企业与非国有企业的竞争公平性。但对于后一个目标，国有企业的规模优势和市场份额优势，可能有助于保障经济安全和供给侧结构的韧性。可见，国有企业在建设全国统一大市场中的战略作用，是一个具有复杂性的问题。

特殊领域的企业竞争公平性

在各企业群类中，有些企业的经营领域具有特殊性，进入这些领域须负有一定的社会责任。在国家的经济管理和政策体系中，这类企业的经营行为往往是被高度限定（规划）的。例如，由于生态资源环境的特殊政策要求，或者受国土规划的限定，有关企业进入这些有特别政策要求的领域从事经营活动，是受国家管理机构的准入性政策规范的。也就是说，企业进入相关领域，是必须经准入审批许可的。那么，企业之间的准入竞争是否公平，是否因此形成市场壁垒或歧视性分割，就成为能否形成全国统一大市场常见的问题。要求有关政府部门改善“放、管、服”行为，实际上就是要求对（申请）进入市场的企业平等对待。

自然垄断性产业领域的企业竞争公平性

某些领域的自然性质或经济技术特性，使得进入该领域特别是先行进入的企业可能具有显著的规模优势或占先优势，形成阻碍其他企业公平进入的壁垒。自然垄断既具有一定的合理性，即体现了大规模经营（甚至独家垄断）的成本优势，同时也可能具有一定的不合理性，即可能容易导致企业之间的进入机会不平等，以及实际上的市场分割性，可能导致价格机制的扭曲，进而使得统一市场的供求关系失去平衡，利益分配缺乏公平。

不同地区企业之间的竞争公平性

妨碍全国统一大市场建设的突出问题之一是地方保护主义。地方保护主义的表现是对不同地区企业的歧视性政策，形成地方市场交易的不合理限制。从政府的角度看，要加快清理废除妨碍统一市场和公平竞争的各种规定和做法，破除各种封闭小市场、自我小循环，以期实现让需求更好地引领优化供给，让供给更好地服务扩大需求，以统一大市场集聚资源、推动增长、激励创新、优化分工、促进竞争。而从企业行为的角度来看，则是要遵守公平竞争的市场制度规则，避免发生不正当竞争行为。

与此直接相关的是，城乡基础设施和物流体系的技术条件和规则系统，对全国市场中人、财、物的顺畅运转具有重要影响。城乡基础设施和物流体系越发达，全国市场的统一性和通达性就越强。全国统一大市场的有效运行，实质上就是人、财、物流转的顺畅，这不仅依赖于基础设施和物流体系的技术条件，而且依赖于组织系统的有效性，以及对特殊冲击的应急响应能力。

因此，《意见》对公平竞争做出特别要求："维护统一的公平竞争制度。坚持对各类市场主体一视同仁、平等对待。健全公平竞争制度框架和政策实施机制，建立公平竞争政策与产业政策协调保障机制，优化完善产业政策实施方式。健全反垄断法律规则体系，加快推动修改反垄断法、反不正当竞争法，完善公平竞争审查制度，研究重点领域和行业性审查规则，健全审查机制，统一审查标准，规范审查程序，提高审查效能。"

全国统一大市场中经济主体的亲社会性行为模式

企业的亲社会性行为模式，是全国统一大市场的现代化特质之一。企业行为模式如果缺乏亲社会性，全国统一大市场是难以建设的。脱离社会环境和社会制约而为所欲为的“自由企业”是不现实的，企业都是嵌入在社会中的组织性实体，其行为模式必然具有社会性。亲社会性行为模式，不仅是企业价值观的行为秩序化，而且是现代社会中企业竞争力的重要特质之一。

当我们说全国统一大市场时，“全国”的概念实际上内含着市场经济中的社会利益，而且是具有民族性的社会利益，即民族国家利益。因为，既然有“全国”的实然存在，那么，必然就有全社会的利益取向和表现，即“宏观经济”或“国民经济”会成为经济社会主体的特别关切取向。而当我们说市场的“统一”性时，实际上意味着承认经济系统具有异质一体化的性质，而不是一个完全同质集合体。也可以说，全国统一大市场是一个“生态系统”，由多样性的社会组织形态所构成，全国统一大市场的社会利益必须由各类经济行为主体协同体现。而且，不同经济社会组织的社会责任和社会行为目标（使命），是其社会存在价值的体现，也是其工具性行为的价值升华。

在现代市场经济中，所有的经济社会组织形态和行为都含有经济交换与社会交换因素，且各组织形态的经济交换和社会交换的因素及机能的强弱有别，从而形成各种性质和特色有别的组织域类，构成丰富多彩的可持续运行的经济社会系统。各种类型的社会组织形态，企业或非企业经济主体、社会性组织主体、公共职能主体等有不同的功能和职责，也有不同的经济社会性质和组织管理要求，适应于现代经济社会运行和发展的各领域需要。也就是说，经济社会是由各种形态的组织所构成的，呈现为域观分布的状态。各类组织就像是光谱图中的不同色系，混合在一起形成光彩灿烂的自然世界。

所以，当我们观察和讨论全国统一大市场时，不能抽象地设想那只是一个唯一由经济理性所主导的机械式经济体，而是一个具有社会系统性的经济有机体。全国统一大市场由各类经济社会主体组成，公平竞争的市场秩序要求企业必须向亲社会的方向发展。

现代市场经济中，企业的亲社会性行为取向是一个重要的行为模式特质。进入新时代，一方面，经济越发达，社会关切越广泛，这反映了整个社会从贫困的物质主义时代向追求生活质量目标方向发展的不断进步。另一方面，新时代的重要特征是经济社会的规则体系正在发生重大变革，规则博弈和规则再塑将成为对企业适应性行为的挑战。亲社会取向的企业发展道路，之所以是新时代的要求，是因为许多经济问题本质上也是社会问题。如阿玛蒂亚·森所说："极为狭隘的自利行为假设的广泛使用，已经严重限制预测经济学研究的范围，使其很难分析由行为多样性所引起的广泛的经济学关系。"换句话说，"许多社会性的重大经济问题，必须作为全社会共同面对的问题才能有有效的应对方案。所以，新时代需要更多企业选择亲社会发展路径。整个社会环境，包括法治环境和政府政策环境，将更有利于企业的亲社会行为取向。特别是一些重大社会问题，必须由众多企业共同参与解决，企业行为实质上成为社会合作性行动"。

企业的亲社会发展趋向，深刻体现了全国统一大市场的内在要求。企业行为由经济理性、制度规则和文明形态所决定，而绝不仅仅是赤裸裸的“赚钱机器”。企业如果不能很好地融入社会，也就难以持续地适应市场环境和市场竞争。

更加开放的全国统一大市场与更具国际化的企业行为模式

企业行为模式适应开放型经济，是全国统一大市场的国际化素质的直接体现，也是全国统一大市场中具有国际竞争力的企业行为模式的重要特征。企业行为模式如果缺乏国际适应性，在本质上也就难以适应全国统一大市场。因为，建设全国统一大市场的战略取向绝不是国家封闭，而恰恰是更大程度、更高水平的对外开放，以至全球性开放。根本上可以说，封闭的国家是无法形成全国统一大市场的，封闭保守的企业行为模式，与全国统一大市场的制度逻辑和文明精神是格格不入的。

当讨论中国的全国统一大市场时，人们可能会倾向于主要考虑两个含义：国内市场体制机制的完善，以及可以发挥中国市场具有超大规模的优越性。这无疑是正确的，但也不能因强调全国统一大市场而忽视或轻视世界市场，或者忽视或轻视对外开放对于经济发展的重要性。市场的开放，包括对世界市场的开放，永远是经济发展和福利增进并实现社会更大进步的必要条件。封闭的市场实际上不是真正的市场经济，所以，建设全国统一大市场必然要求对内对外的双向开放。大国经济的优势，不仅仅在于国内市场的超大规模，而且在于可以在国内国际两个大市场中实现更具稳健性的经济开放，和有条件进行更具平衡性的战略选择。所以，全国统一大市场要求有竞争力的企业不仅具有能够适应国内市场及国内经济循环的能力，而且也具有能够适应世界市场及国际经济循环的能力。

实际上，正是在全国统一大市场中不断壮大的企业，更有实力和动力拓展世界市场。而且，全国统一大市场可以从供给侧和需求侧为企业拓展世界市场提供更有优势的条件。也就是说，全国统一大市场可以哺育企业的国际竞争力。特别是在国家大力推进的"一带一路"倡议中，企业必须有能力在国内市场和世界市场的制度规则有所差异的条件下进行跨国经营。当然，各个特质不同的企业，可以选择以国内市场为主或以国际市场为主的经营策略或发展方向，但就全国统一大市场中的中国企业群体而言，整体上必须具有在国内国际两个大市场中进行跨国经营的素质和能力。

中国的全国统一大市场体制越健全，经济循环的条件越通畅，市场规模越大，进入中国市场的外国企业也必然越多越强，这样，国内市场本身就更加国际化，全国市场与国际市场的畅通性就更强，一体性也会更显著。这样，无论是从市场的可进入规则看，还是从跨国经营的中外企业素质看，加快建设全国统一大市场实际上都会加快中国企业走向世界市场的步伐。中国企业群体的经营战略方向将会更外向化，大多数有国际竞争力的企业都会向集团化的多国经营方向迈进。

如果考虑到国家间博弈的现实，特别是中美两个大国间的关系，加快建设全国统一大市场也的确有国家经济安全和产业链供应链安全的关切性考虑，为此也有在国内形成更完整和更具抗冲击韧性的国家经济安全战略意义。也就是说，全国统一大市场建设具有一定程度的“内强内韧”取向。但“内强内韧”绝不是自我封闭或内向保守，而是竞争自强，多边合作，多方协作。这样才能分散风险，化解对抗，缓和冲突，更有效地实现国家经济安全利益。总之，全国统一大市场的政策意向绝不是封闭、内向与孤立，而是开放、竞争与合作。

企业行为是“先验本能”还是“模式秩序”？从哲学性上说，企业行为取向是先验的，也是社会关系所决定的。马克思主义认为，“人的本质不是单个人所固有的抽象物，在其现实性上，它是一切社会关系的总和”[①]。这决定了市场体系建设的逻辑基底。作为一种经济组织形态，企业的行为模式取决于组织建构的特质，即市场的组织秩序。所以，企业行为不是孤立个体性的，而是群体性的。所以，全国统一大市场的形成，本质上也是企业行为模式的进化。理解和优化企业行为模式和社会行为秩序，是加快建设全国统一大市场的内在要求。

① 卡·马克思．关于费尔巴哈的提纲[M]//中共中央马克思恩格斯列宁斯大林著作编译局．马克思恩格斯选集：第一卷．北京：人民出版社，2012.

统一大市场建设与专业化分工的内在逻辑

郑志刚

中国人民大学财政金融学院教授

经过40多年市场导向的经济转型，市场在中国已被普遍认为在资源配置中发挥基础性作用，市场在国计民生中的重要性不言而喻。为何在今天依然大张旗鼓地强调市场建设的重要性呢？

40多年经济转型的曲折历程恰恰表明我们对于市场建设的根本目的、内在逻辑和外在冲突等认识有待进一步深化。这些问题包括：其一，为什么说市场建设的根本目的和内在逻辑是鼓励和促进专业化分工？其二，回答市场的专业化分工的内在逻辑，不可回避的问题是，如何逻辑一致地理解科斯提出的以企业“权威”命令的内部分工与基于市场的外部分工二者之间的关系？其三，如何借助市场进行专业化分工？

在对市场建设的重视程度达到前所未有之际，本文希望通过向读者分享围绕上述市场建设问题的一些不成熟的思考，抛砖引玉，引发学界和大众对市场内在逻辑和外在冲突等问题的讨论，以切实推进中国市场导向的经济转型进程。

市场经济的演进与专业化分工

在揭示人类社会早期文明兴起的传统生产力发展理论中，始终绕不过去的一个内在实现机理就是社会大分工。伴随着人类社会从“鸡犬相闻，老死不相往来”的“男耕女织”的自然分工逐步演进到畜牧业、手工业从传统农业中分离出来的社会大分工，人类社会早期文明开始兴起。与社会大分工相伴相生的就是交换这一典型商业行为，而交换的物质载体——市场就随之应运而生了。

抛开抽象的生产力发展，总结人类社会文明演进的主线，我们看到有以下两条重要主线。一条是专业化分工。所谓“干中学”（learning by doing）的专业化分工使得生产经验在不断积累中效率实现提升。亚当·斯密在《国富论》别针工厂的讨论中对此多有涉及。

另一条主线则是市场经济的形成。专业化分工提升了社会化程度，每个家庭和企业通过市场这一无形的网络紧密地连接在一起。如果一个地区专业化分工程度越深，则该地区的市场就越繁荣；反过来，如果一个地区的市场越繁荣，则该地区的专业化分工程度越深。家庭手工作坊集中、专业化分工程度高的地区则直接由于地理便利和人口集中等原因自然形成城市。如果说“城”还是一个地理概念，指的是用以保卫居住地的城墙，那么，“市”则是专业化分工的家庭和手工作坊交换的场所，成为一个城市必不可少的部分。在专业化分工程度不太高的农村地区则以庙会和赶集的方式满足交换的需求。在上述意义上，中国近年来积极推进的城镇化道路同样是市场发展的内在逻辑的体现。

这两条主线相互交织、相互促进，共同构成人类社会文明的演进路径。演进路径之一是产业之间不断加深的社会化分工程度。不仅在大的产业内部出现了各种细分产业，例如，围绕酿造业，在中国明清时期出现了所谓的“六陈行”等六个细分行业，而且出现了专门从事贸易互通有无的职业商人。

职业商人的出现是市场经济发育到高级阶段的产物。在明清时期，以晋商为主的旅蒙商，利用连接蒙古地区和中国内地的地理优势，因势利导，开展以茶叶和牲畜为主的贸易，创造了至今仍叹为观止的商业奇迹。他们把福建和两湖的茶叶以定制贴牌的方式销往蒙古地区和俄国，再以牧民赊销抵债的方式把蒙古地区盛产的牛羊马贩卖到内地。以至在明清时期的民间有这样的说法，“有麻雀的地方就有山西商人”。

这些不断细分的产业通过彼此交换，借助市场，形成庞大的社会网络连接，而专门从事贸易的商人成为这张无形的社会网络连接的一个个节点。

演进路径之二是市场本身的专业化分工。一个标志是各种专业行会的出现。行会的出现表示同时从事某种产品和服务的商户需要围绕这一细分市场交易的规则进行协商和沟通。另一个市场专业化分工的重要标志就是资本市场作为特殊的要素市场的诞生。1602 年人类历史上第一家股份有限公司荷兰东印度公司诞生。在时隔 7 年后的 1609 年，为了方便不满意的股东退出，在荷兰阿姆斯特丹东印度公司附近出现了人类历史第一家股票交易所。

借助资本市场实现的权益融资，荷兰东印度公司在人类历史上首次实现了“无抵押无担保的陌生人的借贷”的同时，完成了职业经理人专业经营管理与外部资本分担风险的专业化分工。政治学家尼古拉斯·默里·巴特勒（Nicholas Murray Butler）教授对此评论道，为工业革命提供企业组织制度保障的现代股份公司是“近代人类历史中一项最重要的发明”，“如果没有它，连蒸汽机、电力技术发明的重要性也得大打折扣”。

让我们简单总结市场经济发展的内在逻辑。其一是借助市场实现的专业化分工带来效率提升；其二通过市场价格波动的信息传递对供需进行自动调节；其三，上述两方面的客观效果是，在市场竞争中实现资源的有效配置和经济学上所谓的帕累托最优。概括而言，市场以自然的方式完成了对于人类文明社会进步至关重要的专业化分工。

提到基于市场形成的专业化分工的社会网络，一个不容忽视的影响因素是近年来互联网时代的来临。互联网极大地突破了市场的物理边界，使市场交易的时空得到极大的释放。身在北京的我们可以足不出户下单购买以往除非应季前往产地才能吃到的陕西富平的流心吊柿饼。这在之前是很难想象的，因为明清时期的旅蒙商经营的只是易于保存的茶叶和可以移动的马、羊等。

如果说之前每个人以家庭和企业为单位通过市场参与社会分工，而互联网时代的来临则突破了家庭和企业的边界，使得每个家庭成员可以通过互联网参与社会分工。例如，一些企业的员工可以兼职做网约车司机，而一些家庭主妇在做自家晚餐的同时还兼职做外卖。

因此，市场经济的发展史本身就是一部专业化分工经济学的极好的教科书。

权威的角色与分工：经济学下的企业理论重构

从 20 世纪 70 年代开始，在批评新古典经济学的厂商理论把“企业”仅仅描述为“利润最大化黑箱”或“生产函数”的基础上，逐步形成了一个被称为企业理论的新的经济学分支。其核心使命是揭示为什么会存在企业，以及企业是如何组织和运行的。而提出企业以权威命令的方式代替市场价格机制“看不见的手”的指引的资源配置实现了交易成本节省的科斯被尊称为“现代企业理论的鼻祖”。

这里自然产生了一个问题，即资源配置究竟是通过市场的价格机制这一“看不见的手”的指引，还是通过科斯指出的权威命令和计划的方式更能实现交易成本的节省。

让我们从科斯面临的困惑谈起。作为芝加哥学派的重要代表之一，科斯面临的两难是，他一方面既要维护新古典经济学和芝加哥学派的自由放任，另一方面又不能无视权威以命令方式实现分工带来的交易成本的节省。

在科斯看来，除了基于市场交换，通过价格机制这一“看不见的手”自动调节的专业化分工，在企业内部，还存在以权威命令和计划方式完成的内部分工。科斯的交易成本理论并没有简单排斥或厚此薄彼企业内部分工和市场外部分工，它只是强调企业的边界取决于两种生产组织方式，以及分工方式产生的交易成本的比较。

从科斯交易成本理论我们得到的一个自然推论是，权威命令下的内部分工的存在以节省交易成本为前提。然而，现实中存在一个悖论：一旦形成权威，权威主导的绩效评价往往偏离效率原则。因此我们并不应该期待权威存在下的企业必然带来交易成本的节省。这也许就是我们观察到的没有任何一家企业能够基业长青、长盛不衰，但市场的存在却亘古不变的原因。任何企业在经历了一段时间的快速扩张后，都将不可避免地在权威主导的绩效评价中产生冗员充斥、人浮于事，最终走向衰败。

那么如何克服权威命令下的内部分工偏离效率原则呢？人类历史的经验表明，或者等待市场的“最终审判”，那些违反效率原则的企业终将面临马克思所谓的“惊险一跳”，不是不报，只是时候未到，但有时难免像基督徒等待上帝的审判一样不知何年何月；或者企业能够按照市场的效率原则用基于市场的专业化分工，即使存在权威，也以符合节省交易成本为目标，服从效率原则。换句话说，这些企业应该以基于市场的深入专业化分工和市场分工，代替权威的内部分工和不分工。

而一些能够按照效率原则来进行专业化分工的企业，很重要的一个方面就是离不开对科斯意义上的对权威的制衡。这种对权威的制衡体现在两个方面。一方面是在企业内部，不仅让董事会对经理人监督，而且让股东以股东大会集体表决的方式对董事会进行制衡。处于信息弱势的股东由于能够为可能做出错误的决策承担责任而成为公司治理的权威；另一方面是在企业外部，需要依靠立法程序的专业论证，形成对监管权威的制衡。这些也相应成为现代市场制度建立完善的两个重要内容。其一是促使资源配置更加便利，以鼓励基于市场的自然专业化分工的市场制度；其二是无论来自企业内部还是外部，形成对权威的制衡，避免生硬的内部分工和乱分工，顺应效率原则的制衡制度。

我们需要充分认识到，权威的存在不是为了代替专业化分工，而是更好地实现专业化分工的最终目的——效率的提升。这事实上是正在建设统一市场的中国政府大有可为之处。

那么，如何在专业化分工经济学下重构科斯的企业理论呢？也许我们可以把专业化分工经济学下的“企业”理解为企业内部分工与外部市场分工的边界，其核心是借助专业化分工实现效率的提升。原因是，我们在一定程度上把科斯这里的权威理解为管理职能从生产经营职能中的分离，进而在企业内部实现的一种特殊的专业化分工。但我们强调，一个使企业长盛不衰的企业权威需要来自股东以及其他公司治理制度的有效制衡。

如何借助市场进行专业化分工？

近年来，无论在国内还是国际的企业实践中逐步出现了以权威命令方式强化内部分工，甚至不分工的趋势。例如，从环境保护等公共利益出发，企业不仅需要完成提供产品和服务、创造利润的本分，而且还需要积极履行公益捐赠等社会责任。这使得企业不得不置身于利益冲突的多任务（Mult-task）的内部分工环境中，往往“既要、又要、还要”。

而且社会责任处于层层加码的趋势中。最近一段时间出现了环境（environment）、社会（social）和公司治理（govermance）英文首字母组成的强调企业保护环境和社会责任履行的ESG概念。如果对ESG概念进行理论溯源，它可以归于反对“股权至上”的“利益相关者主义”。该理论强调公司董事应该向包括雇员、客户、供应商、社区和政府共同负责，而不是仅仅向股东负责。但利益相关者主义“扩大的责任范围”和“无法落实的责任”为有效实施ESG概念带来困难。长期以来，利益相关者主义仅仅停留在理念阶段，而无法付诸实践。相比较而言，在利润分配时受益顺序排在最后的股东却可以用出资入股的真金白银为自己在股东大会上所做的最后裁决承担相应责任。因而，各国公司法普遍规定董事应该向股东负有诚信责任，股东成为公司治理的权威，没有严格履行诚信责任的董事将受到股东的集体诉讼。

对于近年来出现的强化企业内部分工，甚至不分工，代替基于市场的自然分工趋势，我们也许可以从以下三个方面来解读上述思潮背后的原因。其一是新古典综合派对政府“看得见的手”的干预的过渡衍生。新古典经济学强调，追求利润最大化的企业，在完全竞争的市场条件下，将实现帕累托最优（一般均衡理论）。因而政府仅仅是防火防盗的“守夜人”，只有在火灾盗抢发生后才能派上用场。针对由于外部性、垄断以及信息不对称导致的市场失灵，宏观经济学家主张政府需用“看得见的手”对经济进行短期干预。20世纪五六十年代以萨缪尔森等为代表的新古典综合派，试图建立统一的新古典经济学分析框架。既然宏观经济运行都不得不借助政府“看得见的手”的干预，那么按照科斯的交易成本理论本身就存在权威的企业是不是更应如此？而且通过权威直接把政府宏观经济调控和社会管理的意图传递给企业，利用企业的内部分工加以实施不是更直接、更有效了吗？

其二，负责提供公共品的政府逃避责任。政府在经济生活中存在的现实理由之一是通过向每一个公民和企业征税，承诺向公民提供由于具有非排他性与非竞争性而容易产生搭便车问题的公共品。通过将环境保护责任以履行社会责任的方式转嫁给企业，政府自然可以降低和减缓作为公共品提供者的职责和公众对其没有兑现承诺的批评。

其三，政治正确与公共舆论的误导。我们以ESG概念为什么近年来大热为例。在《作为愿景与理念的ESG概念》这篇评论文章中，我提到，这一现象是资本市场、公众舆论和公共政策制定者在寻求“最大公约数”的过程中共同推动的结果。

ESG概念并非公司治理领域的主流理论利益相关者主义的升级版。在升级版中，ESG概念不再像利益相关者主义那样太多强调雇员的责任，因为雇员有劳动法和理论上的工会的保护；也不再太多强调客户，因为客户有合同法的保护。利益相关者主义升级的ESG概念在去掉了责权无法匹配的雇员和客户后，保留了似乎与每个人都有关系，因而每个人都没有理由反对的“环境”和“社会责任”。出于寻求共同兴趣，这一点容易理解，当经济停滞、市场低迷，对于缺乏好的题材和元素的资本市场，因绝大多数人不会反对而政治正确的ESG概念就成为合适的题材。

类似的例子是，当制度、文化与价值观并不完全相同的两个国家在寻求国际合作时，在有限的选项中只能是环境和公共卫生等。这就如同两个生活在民生问题堪忧的20世纪60年代的陌生人见面往往问候对方“吃了吗”，而在21世纪这两个陌生人见面就会大聊特聊“今天的天气如何”。

我们主张，既然当下中国重视全国统一大市场的建设，强调市场在资源配置中发挥的重要作用，就要充分认识和重视市场建设背后的专业化分工的逻辑和效率原则，以及相应的企业市场制度建设的关键和瓶颈。我们能否把提供更多具有公共品属性的产品和服务通过政府负责公共品提供、企业负责纳税这一专业化分工来完成，以代替企业既要创造利润、缴纳税收，又要积极保护环境、履行社会责任等的现状。芝加哥大学的弗里德曼教授曾经指出，“创造利润才是一个企业最本质的工作”。当然，企业的任何商业行为以不触犯和损害现有法律规定的环境保护等职责为前提。

其实，在很大程度上，做到了鼓励和促进专业化分工，自觉尊重效率原则，就自然完成了全国统一大市场的建设。

第四章

创新治理与中国式现代化

广义数字治理与平台治理难点

江小涓

中国行政管理学会会长，国务院原副秘书长

广义的数字治理包括三层含义：一是用数字技术治理，二是对数字技术治理，三是数字社会治理。这三层治理的含义都很复杂和深刻，超出人们的通常理解，带来传统角度的治理难题。有效治理需要理解问题本质，更新监管理念，转变治理载体和手段。

用数字技术治理

通常人们所说的利用数字技术进行治理，是指用数字技术为政府治理赋能，提供更多治理手段，例如通过监控设备进行远程现场监管、利用线上流程为市场主体和公民提供更好的公共服务等。然而，我这里所讲的“用数字技术治理”超出这个理解，它将其延伸到政府和市场边界划分这个大问题上。

埃莉诺·奥斯特罗姆是唯一一位获得诺贝尔经济学奖的公共管理领域的学者，她的重要贡献是提出多中心治理的概念。现代社会治理不像一些经济学家讲的那样，要么市场，要么政府。在一个很好的制度设计下，公民、社会组织、市场、企业都可以参与治理，我们原来讲所谓有外部性因而需要政府伸手的领域，有些可以通过一种有效的制度设计，通过各方的共同治理来完成。

在数字时代，多方治理问题可以极大扩展。数字时代之前，通过制度设计解决的问题通常是非常具体的，因为各方损益的计算很复杂。比如污水排放问题，只能在一个很局部的范围内设计。范围一大，就没有办法来计算各方在这个行动中的得与失。而现在有了数字技术提供的海量连接能力和巨大算力，环境问题中的多种形态排放、减排行为的贡献等，宏观上可以在很大范围内计算，微观上可以颗粒化到个人，而且可以追踪动态足迹。

更进一步就需要思考政府调控问题。需要政府干预市场的理由之一是政府具有“信息优势”：掌握统计数据，知道面上情况，因此能做出从全局角度看的正确决策。这些情况企业不知道，行业不知道，它们如果不听政府指导，就有可能盲目做出决策。现在情况发生了变化，政府的数据是层层报上来的，而数字平台的数据是各个现实场景实时汇聚出来的，很多行业组织甚至头部企业都能知道宏观数据，并不比政府知道的少，而且数据更加实时和准确。

例如，几个大的工程机械平台实时监控全国85%以上大型工程机械设备的开工时长和运转情况，由此得到所谓的“挖掘机指数”，这就能够精准推断出全国投资项目的开工进展情况，成为观察固定资产投资的风向标。此外，货运车平台得到的“物流热度指数”、租房平台得到的“租房供求倍数指数”等，都是经典的宏观指标。

数字经济在经济中已经占有重要地位，但其运行逻辑和传统经济并不相同，例如网络空间有大量可复用、复制、复刻的内容，供应方收益有限，消费者获益极大，却无法合理估值使其体现在GDP中。因此，政府原来依据信息优势进行的宏观指导，就成为一个值得思考和讨论的问题：政府的公共立场仍然无法被替代，但政府宏观调控行为、调控指标和调控手段是否需要进行调整优化？

对数字技术治理

对数字技术的治理主要聚焦于数据问题、垄断问题和价值观导向这几个问题上。这几个问题都是对数字技术负面作用的治理。社交平台上经常有很多虚假信息，这是所有国家都不愿看到的。欧洲2018年开始实施《通用数据保护条例》，旨在加强个人对网络隐私的控制。即使在这样的情况下，国内外平台的虚假信息也不少，平台持有的个人数据仍在持续增长，这是监管者和被监管者的博弈。

我国的平台企业在全球最宽松的环境中发展了 20 年，的确积累了不少问题，加强治理很有必要。不过对平台与传统大企业的差别要有清醒认识。“垄断”是监管中的高频词，但是对于平台企业的垄断判定有一些困惑，垄断的定义是具有市场控制力并因之获取不当利益，是状态和行为双标准。如果只是大而没有作恶，并没有什么问题。现在平台型大企业从其“大”来看超乎以往任何时期，但是现在很多大的平台没有“高收费”这种传统大平台损害消费者利益的行为，相反平台免费还给消费者提供了服务。

现在判定垄断多数都用经营者合并消灭同业竞争的这个理由，或者说平台有自我优待问题，即给自己的关联企业导流，让它们优先接触消费者。现在有些学者批评说监管者不理解数字时代的垄断问题，不过在我观察的范围内，监管者还没有如此轻率地说，由于平台太大了所以我要打击你，真正处罚的时候还是讲究专业性的。当然有许多值得讨论的新问题，例如平台易于跨界经营和消费者易于多平台转换，就使得没有同业竞争者，但并不等于没有竞争者。

数字社会治理

在这里讲数字社会，并不是经济问题、社会问题这种定义中的社会，而是与农业社会、工业社会、信息社会并列的一种划时代的社会形态。数字社会是一种新的社会形态，数字技术为其赋予了新的市场交易和社会交往的规则。比如大数据和算法可以在一定程度上决定每个人可以得到什么信息（智能推送）和获得什么资源（例如网络银行用算法决定谁能获得贷款）。数字技术还可以为早期的其他交易规则增效。比如市场信誉有利于增进交易，以前这种信誉都是局部的，骗子一处一处行骗走遍全国，但是现在互联网平台，一处失信处处难行。这对整个社会秩序的改变有重要影响。

从监管角度看，平台监管肯定是数字社会监管的重点，但确实面对许多难题。

一是大而管不了，一些消费者日常使用的大平台，出了问题肯定不能一关了之，有问题要整改但不得停运。

二是快而跟不上，平台上的商户、商品和服务数量巨大，以百万、千万计，而且更新极快，外在监管力量完全跟不上。

三是深而看不透，大平台都是上千项多层次投资项目及其他利益关联，不细查深查，不易看透看准。

四是新而看不懂，不同平台的商业模式不同，相似平台也有很大差异，视频平台 B 站、抖音、快手还有小红书，经营模式有挺大差别，而且各自都在持续创新，外部监管者看明白且理解到位很不容易。

平台自治是基础

面对这样的格局，数字平台怎么治理呢？除了政府继续加强和改善监管，平台自治是基础，要放在首要位置，一定要强调自治，没有这个基础，平台之外的监管者就没有办法应对平台治理这个难题。

平台在过去监管宽松的环境中已经运行了 20 多年，前十多年几乎在缺少监管的情况下运行，仍然得到极快发展。没有政府管理为其赋信，消费者怎么敢买东西？平台只有走自我管理这条路。虽然现在政府严加看管，但规模巨大和海量高频的交易，政府的监管能力实际上远远不足。平台每天要处理的纠纷和问题非常多，一旦处置迟缓，对平台的影响非常大，客户直线往下掉，舆情发酵就会产生很大影响，如果大家认为平台秩序不可信，平台就得关门。所以平台存在一天，就必须承担起协调和监管的职能。

平台的自我治理重点是平台生存所需要的，如消费者权益保护、知识产权保护、消费纠纷处理、交易信用维护、价值观导向正确等。之所以能够有效自治，还是靠技术能力。99% 的商品和内容审核都是靠智能算法，有没有侵权、有没有黄暴赌毒等，人工复核只能是极少数。总之，在政府监管之外、之前，这么多年中国各类平台还算有序运转，还能成长发展，靠的是自治为主的秩序维护。

对行政监管的思考

我们对平台的行政监管这两三年力度比较大。回顾平台发展史，思考这几年监管中的成效与问题，我们认为今后对平台的监管仍然要将平台自治水平的提升放在首位，换句规范的表述，就是要将对平台内部合规管理的监管放在首位。

首先，政府要给平台提要求，说清楚平台要自我管理好哪些问题，平台要能够向政府、向社会明示其内部合规管理的有效性并接受监管。关于平台合规管理问题，国际上有成熟的做法，比如，是不是建立了一个消费者保护的合规管理体系，是不是有个人数据隐私保护的合规管理体系，而且有 ISO（国际标准化组织）体系中的评价标准。当然，政府必须严格监管平台合规管理体系的建立和运行，这是政府在数字时代维护市场公平竞争和社会平稳运转的重要职责。

其次，政府需要按照平台特点进行分类监管。其实不同类型的平台违规的点和监管重点有相同之处，但更多是不同的。

再次，我们要各方利益平衡地监管。消费者的想法是不一样的，有些喜爱免费加广告，有些喜欢付费无广告；有些喜欢个性化推送，比如我喜欢平台为我推送的新书，特别精准了解我的偏好；有些喜欢在平台上冲浪觅新。总的来讲，平台的特点就是有智能算法，大多数场景下如果能够使不同偏好的消费者各得其所，有不同的方法满足不同人的需求，这样的场景就不要规定得太死，一定要怎么样或者不要怎么样，要防止出现一个极端事件就出台一个极端管理方法，维护了一部分人的利益却损害了另一部分人的利益。可以在守住底线的前提下先让平台试试看能不能做到平衡各方利益。

最后，信息真实性和价值观导向的监管，是各国政府都很重视的问题，在我国尤为重要。平台不仅是商业组织，同时也是社会信息传递和交互的基础设施，这方面的严格监管必不可少。

现在还有一个监管难点，就是有争议的技术应用谁说了算？反复讨论意见分歧的技术往往是正面、负面影响都很突出的技术，要不然早就禁了。例如人脸识别，在新冠肺炎疫情之中的应用总的来说大家基本赞同，但在正常情况下能否被广泛使用？反对者多以隐私保护为理由。赞同的理由有许多，我听一位城市管理者讲过，这项技术在他所在的城市应用后，走失的儿童、老人和智力障碍人士在几十分钟内绝大多数都能被找到。难题是谁说了算？还有许多这类问题，持不同立场的人观点不同，决策者有时也是难以平衡。

另一个难题是，面对数字技术带来的深层次的变化，行政监管的难题很多，监管部门也需要观察、研究和思考，需要综合考虑多种因素。数字技术应用领域，中国有许多创新走在前面，没有经验可以借鉴。监管部门偶尔出现行动不快、协调不够的情况可能很难避免。有些特别事件社会反响很大，政府只能先出手，先把问题最大的一面、最突出的一面管住稳住。因此，全社会都需要共同努力，有更多的公共讨论，不断提高对数字社会的认识水平，在政府主导下既各自表达又合作协同，提高数字社会治理水平。

中国政府治理的变革与现代化

周黎安

北京大学光华管理学院副院长

新中国成立以来，中国政府治理传统的韧性和活力一直得以延续和发展，体现在新中国成立之初毛泽东对苏联模式的深刻反思与系统改造，20 世纪 70 年代初地方分权与地方工业的兴起，改革开放以来的地方分权、财政包干制与地方竞争，以及各种政府间责任状和目标责任制的盛行。随着中国经济的市场化、现代化、全球化以及互联网技术的迅猛发展，中国传统政府治理的模式也呈现出各种各样的问题，面临着前所未有的挑战。十八届三中全会提出了推进中国国家治理体系和治理能力的现代化目标。在国家治理转型的重要节点上，我们需要系统反思中国政府治理的传统性特征、内在逻辑以及过去40多年的演进路径，预判未来可能的变革方向与挑战。

中国的央地关系与西方国家的联邦制或单一制最大的区别是，中国的央地关系是一个权威组织内部的上下级权力关系，而后者是一种契约上的平等关系，地方自治是基本原则。这个组织结构的差异决定了中国与西方国家在央地关系和国家治理方面所呈现的一系列系统的差异。以这个判断作为出发点，我将从纵向的央地关系和横向的地方竞争两个视角解析中国政府治理的传统特征、组织逻辑以及演化进程，梳理改革开放以来传统政府治理模式经历的传承与改造，同时分析近20年中国政府治理所发生的一系列变革、挑战和应对。

我认为，从中央到地方的纵向关系看，中国长期以来呈现“行政发包制”的特征。“行政发包制”刻画的是多层级政府之间的属地化管理模式。具体而言，中央把绝大多数行政和公共事务“包”给省一级政府，省一级又进一步把绝大部分事务发包向地级市，如此“层层转包”，直至县乡基层政府。地方政府作为承包方，管理的政府事务面面俱到，无所不包，同时还拥有整个辖区的综合治理权力。

而在中国政府治理的横向关系（同级地方政府之间）上，地方官员面临晋升竞争的政治锦标赛，或者说官场竞争，这体现了中央人事权的高度集中和地方政府（地方官员）之间的竞争关系。也就是说，同一行政级别的属地承包人之间还处于晋升竞争之中，因此与一个多层级的行政发包相对应的是一个多层级同时进行的官场竞争。对于一个具体的属地承包人，不仅要完成上级发包的任务，为了晋升，还必须要比他的竞争对手完成得更为出色。晋升竞争的优胜者有可能成为上一级的发包人。中央政府通过层层发包政府事务赋予每一级地方官员相当的决策空间，而集中的绩效考核与人事任免所引发的政治锦标赛，又赋予了每一个属地承包方强大的晋升激励和争胜冲动，纵向行政发包与横向的政治锦标赛相互结合、相互作用塑造了中国政府治理的基本特征。

过去 40 多年央地关系和政府治理的演变

1978 年开启了中国改革开放的新时代。在行政发包制方面，我们先是看到了 20 世纪八九十年代传统治理模式在改革开放时代强势回归，大放异彩，进入 21 世纪之后逐渐转向自身的系统改革与转型，目前这一过程仍在进行中。改革开放时代政府治理最大的变化还是围绕着地区经济发展的政治锦标赛被置于极为关键性的治理地位。地方官员围绕着地区经济发展而相互竞争，官场竞争驱动了地区间企业的市场竞争，而辖区企业在市场上竞争的绩效又影响了地方官员在官场竞争的命运，正是这种“官场 + 市场”的双层市场驱动模式为中国经济的高速增长奠定了极为重要的制度基础。

政府间行政发包关系的强化与发展

1979 年开始，中央实施“简政放权”，即把一些属于中央部委的行政管理权和经济管理权限下放给地方政府，一直伴随的是许多原来中央直属的企业交给地方政府所有和管理。这一波放权被学术界称为“行政性放权”，自此以后，地方政府逐渐获得了越来越多自主决策的权力，如投资决策、吸引外资、企业管理、对外贸易等。地方分权改革的一个突出特征是渐进性和局部突破。要让中央部委一次性大规模分权阻力很大，中央的策略就是先向一部分地区倾斜。于是深圳、厦门、珠海和汕头被开辟为经济特区，自 1984 年开始建立的计划单列市、14 个沿海开放城市，以及随后建立的上海浦东新区、天津滨海新区，都代表了中央条条部门的权力逐步向地方下放和转移的趋势。这些权力的下放进一步加强了新中国成立后条块管理中“块块”的权重，使地方政府从计划经济体制下的一个被动的执行者变成积极的管理者，大大调动了地方政府参与改革和发展的积极性。

计划经济留下的一个重要制度遗产就是各级政府习惯于用指标和数字进行管理，而现代国民经济核算及统计方法、技术的完善进一步强化了这一特点。改革开放以来，计划指标逐渐失去指令性质，而变成指导性，但仍然是指导经济社会工作的重要抓手。一般程序是，中央提出重大经济社会发展目标，各级地方政府积极响应，层层分解和落实中央目标。

行政发包制借助现代技术和管理方法能够更加有效地进行任务发包与责任考核。这方面最突出的例子就是 20 世纪 80 年代中期以来盛行的各种形式的政府责任状和目标责任制。责任状涵盖经济发展、计划生育、环境治理、扶贫救济、疾病预防等政府职责的各个方面，每个方面的责任最终表现为量化的任务指标，成为上级政府考核下级工作表现的重要依据。尤其在经济发展和招商引资上，省以下地方政府之间均采取签订政府责任状的形式，下级政府或部门领导对量化指标承担行政责任。有些指标如计划生育、安全生产对于行政责任人的评奖和晋升具有“一票否决”的效力。

为推动政府工作，领导责任包干制较为普遍。比如在环境污染治理方面，2007 年年底无锡为治理太湖污染首次推出“河长制”，治理污染的责任落实到人。河长制在云南昆明治理滇池、武汉治理东湖的污染上得以应用，并逐渐在全国推广。最近中央政府倡导的精准扶贫工作也是采取扶贫责任落实到人的方式，从省、市到县、乡镇，层层推进。

行政发包制的“财政分成”特征在改革开放之后尤其突出。20 世纪 80 年代初期开始至 1993 年，中国财政体制进入了纯粹意义的财政包干体制——交够中央的，剩下就是省里的。1993 年之后开始实行分税制，但中央和地方仍然是在维持过去的事权分配的基础上实现对不同税种收入的分享，行政事务的层层发包格局并未改变。

更关键的事实是，省以下还是各式各样的“财政包干制”。预算外资金长期以来在地方政府的财政收入中占据重要比例，尤其是土地出让收入，长期扮演着补偿地方政府预算内收入不足的角色。在一些发达地区，土地出让收入甚至比预算内财政收入还高。地方政府自筹资金的压力巨大。更关键的是，对于上级指定的任务目标，地方政府通常需要全力调动自身的财政资源去完成，经常的情况是“中央请客，地方买单”，或者“上级点菜，下级买单”，地方政府除了正常工作议程还要面对一个高度不确定的多任务环境。而为了完成上级下达的新增任务，地方政府筹集额外经费又是“八仙过海，各显神通”。发包人与承包人之间行政权力的不对称性要求承包方必须具备财政和预算的灵活性和弹性，这是长期以来中国政府间财政呈现二元性（预算内与预算外并存）的根本原因。近十年来投融资平台的兴起和发展以及地方债的积累是财政二元性的延伸，是地方政府以各种金融手段应对事权与财权不对等的结果。

地方政府的工作绩效要接受上级政府的验收考核，这种绩效考核更多是结果导向的，以结果论英雄。行政事务层层发包之后，上级对下级的监察能力其实相对有限，只能依靠例行检查、专项整治和结果考核进行内部控制。尤其在政府间目标责任制、承包责任制盛行的情况下，各种评比排名、末位淘汰大行其道。这些做法的核心特征是程序和规则作用相对弱化，结果决定一切。

以任务下达和指标分解为特征的行政事务层层发包，高度依赖各级地方政府和相关部门单位自筹资金的财政分成和预算包干，以结果导向为特征的考核和监管，这三个方面恰好构成了改革开放大部分时期我国政府间关系和行政治理的基本特征。在这种体制下，地方政府享有大量的自由裁量权或非正式的控制权。与此同时，中国不断加速的市场化改革和融入全球竞争，地方政府成为区域经济发展、对外开放和体制改革的中坚力量。

以经济增长为中心的政治锦标赛："官场 + 市场"模式

随着党的工作重心转向经济建设，尤其是邓小平反复强调发展是硬道理，各级党委对地方官员的绩效考核逐渐聚焦于区域经济发展的相关指标，如 GDP 增长、财税收入与招商引资规模。这就是社会各界经常谈论的所谓"GDP 挂帅""以 GDP 论英雄"现象。干部考核制度对于经济发展绩效的倚重直接引发了地方官员围绕着区域经济发展的晋升竞争，即基于经济增长的"政治锦标赛"。考虑到中国是一个多层级政府结构，实际上政治锦标赛是在地方政府的各个层级（省市县乡）同时推进，而且不同政府层级之间还相互影响、相互推动，因此中国政府体系可以被看作一个以经济发展为中心的多层级的政治锦标赛体制。

纵向的行政发包体制和横向的官员锦标赛竞争相互补充、相互作用。在改革开放时代，纵向行政发包和横向晋升竞争之间的互补关系被最大限度地激发和放大，成为中国经济高速增长和制度转型平稳推进的关键性制度基础。改革开放以来的地方分权改革使得各级地方政府掌握了关键性的行政和经济资源（如土地批租、财政补贴、融资、行政审批、基础设施），地方政府成为区域经济社会的中心和枢纽，同时又是辖区内游戏规则（如政策制定和执行）的制定者。行政发包制也使得地方官员手中的权力具有极大的自由裁量空间，从企业和老百姓的角度看，既可以成事，也可以不作为甚至败事。而地方官员之间政治锦标赛驱使地方官员将手中掌握的关键性资源和自由裁量空间转化为地区经济发展的条件和动力（如动员辖区一切可以利用的资源和规则为辖区企业创造良好的基础设施和营商环境），将地方官员从潜在的“掠夺之手”转变为“帮助之手”，从而解决了中国区域经济发展的最大挑战。

以经济发展为基础的横向晋升锦标赛，不仅与强化的行政发包制相互作用，还衍生出一种独具风格的政府和市场互动的模式，我称之为“官场 + 市场”模式。“官场”指的是“官场竞争”，即地方官员在政治晋升上相互竞争，“市场”指的是企业在经济市场上竞争。一方面，官场竞争的规则、方式以及激烈程度直接决定地方官员的晋升激励，进而影响地方官员推动辖区经济发展的努力，包括制定产业政策、投入基础设施、提高行政服务效率、提供土地和贷款支持，最后影响到辖区企业参与市场竞争的绩效；另一方面，辖区内所有企业通过市场竞争实现的绩效加总起来所形成的地区经济绩效（如 GDP 和财税增长）又会影响到官员在官场竞争的命运。官场竞争可能进一步加剧不同辖区企业间的市场竞争程度，比如政府的土地和资金支持使企业在市场上采取更加激进的竞争策略，而市场竞争反过来不仅影响官场竞争的结果，其经济生态还决定官员参与官场竞争的方式和策略，比如是扶持国企还是培育民企发展。这两种不同性质的竞争过程相互结合、相互作用，极大地推动了中国经济的高速发展。当然，各地区官场竞争和市场竞争的差异性也决定了不同地区政企合作和经济发展的多样化路径。

在这个模式中，地方政府必须面对市场竞争（包括参与全球竞争），采取的任何经济战略与政策必须接受市场逻辑的最终检验。在这个过程中，一个地方政府只能是全国和全球市场规则的接受者而无法操纵市场。官场竞争、市场竞争加上物质资本和人力资本跨地区的流动性使得地方官员必须善待企业和人才，从根本上限制了政府权力的任性、专断及过度干预行为。辖区企业和产业参与市场竞争的结果以反馈的形式又引导辖区内的官员与企业家携手合作、优势互补，寻找有竞争力的特色产业。"官场 + 市场"模式塑造了地区经济发展战略、产业政策与增长路径的多样性以及地区间的学习效应。

在经济转型与发展的过程中，我们既需要市场企业家不断创新发展，也需要敢于引领制度、政策和发展战略创新的政治企业家精神。从僵化的计划经济体制向市场化方向改革，不仅需要具备突破传统体制的勇气和探索改革的智慧，还经常需要面对既得利益的阻力和承担政治风险。而推动区域经济发展对地方官员来说更是一项复杂而具有挑战性的战略任务。一个地区的经济发展不仅需要地方政府的"亲商"态度与政策，更重要的是，如何利用其资源禀赋和制度条件发展优势产业，吸引人才和投资，克服市场失灵，进行制度和机制创新，提供良好的基础设施与政策环境，最终在地区经济竞争中胜出，也需要地方官员的战略和创新思维。总之，这些方面都呼唤地方官员的政治企业家精神，在艰难性、挑战性和创造性方面丝毫不逊色于市场企业家精神。"官场 + 市场"模式恰好催生了政治和市场两种企业家精神的同时涌现和密切结合。

官员激励和政府治理是各国的难题，在发展中国家，腐败和低效的政府尤其成为经济发展的主要杀手。中国地方官员的晋升锦标赛通过在政府部门引入竞争机制，同时又结合地区间和企业间的市场竞争，创造性地给出了中国特色的解决方案。“官场 + 市场”模式的双层竞争机制为中国经济高速增长提供了原动力。

然而，“官场 + 市场”模式并非完美的增长机制，它有擅长之处，也有短板和不足。官场竞争与市场竞争虽然都是一种竞争机制，但毕竟是性质不同的竞争方式。官场竞争因为晋升职位有限，只提拔少数的胜者，这使得官员之间的竞争更接近零和博弈（市场上企业竞争更接近正和博弈），导致其竞争动机强烈而合作动机不足。这种冲突最早期的形态是地方市场保护主义和地区封锁，到后来演变成跨行政区划企业并购和重组的困难，区域合作（如经济一体化、污染治理的跨地区协作）进展缓慢，以及市场监管和司法的地方保护主义，这些都与政治锦标赛零和博弈的性质有关。

另外，地方官员在一方任职有任期和年龄的限制（企业竞争则不受这两者的限制），官员的短期化行为难以避免，加之官员主要关注被上级考核的“硬指标”（如 GDP、财税和招商引资的增长），而忽略那些关系民生但在考核体系不受重视的“软指标”（如教育、医疗、环境治理等公共服务）。在我国，环保、教育、医疗、质检等都是辖区属地化服务，没有跨地区竞争，因此从我们的视角看，这些领域恰好是“官场竞争”和“市场竞争”的双重竞争机制失灵的领域，因而社会积怨甚多。过去40多年中国经济增长模式所面临的大多数问题，比如经济增长的粗放性、环境污染、教育医疗与社会保障投入不足、地方债务等问题，也可以在“官场+市场”模式的视角下加以解释。

政府治理的变革、转型与未来展望

20世纪90年代中期以来，随着市场经济的迅速发展，传统的属地化的行政发包体制正面临着严峻的挑战。当中国沿着市场化的方向改革传统计划经济，沿着经济开放的方向拥抱自由贸易和全球化，中国传统的政府治理就处于前所未有的深刻转型之中。

传统的单位制逐渐瓦解和消失，属地化联系逐渐解除和削弱，人员和资本的跨地区流动性日益增强。建立一个全国性、一体化的市场经济需要打破各类形式的地方保护主义与地区歧视，建立一整套超越属地局限的基础设施和制度环境，比如贯通全国的发达的交通通信基础设施，覆盖全国且跨地区可携带的医疗和社会保障服务、最低收入保证及失业救济金制度，涵盖环境保护、质检、卫生、安全生产等诸多领域的全国统一的市场监管标准和行政执法体系，能够抑制“地方保护主义”的司法制度体系，等等。而建立这些庞大的基础设施与保障监管体系，一是需要提高国家财政汲取能力，二是需要大规模改革传统的以属地关联为基础的传统政府治理体制。

20世纪90年代中期之后，纵向行政发包制和横向竞争锦标赛的传统模式都面临着系统性的转型，其中的首要转型就是垂直化管理的浪潮。从银行开始，到海关、国税、工商、土地、纪检、司法，各部门都在由原来以“块块为主”的属地管理，慢慢转向中央或省内垂直管理。这些年流行起来的各式各样的项目制，也是垂直化管理的体现：上级部门以项目形式提供专项转移支付。这些都在加强中央部委或上级部门的力量，削弱地方政府的自由裁量权。

90年代以来，国家财政预算体制经历了非常大的变革，比如实行国库集中支付，收支两条线，也就是说，政府部门从原来的收支挂钩改成收支脱钩，目的是减少其中的腐败或者其他问题。此外，财政预算体制改革还包括实行全口径预算、取消预算外收入和小金库等，这些都是对原来财政包干制的改革。现在新一轮的财税体制改革又提出要重新划分中央和地方的事权和支出责任，适当增加中央政府的事权，省直管县和乡财县管的改革，这些也是财政和预算体制改革当中非常重要的环节。

另外，政府转型还体现在锦标赛竞争方面，中央强调淡化GDP的考核，过去以经济增长为中心的政治锦标赛正在经历一系列的调整。我们不再简单地以GDP论英雄，而需要加大对环境治理、改善民生、技术创新和产业升级的考核力度。与此同时，对政府权力运用的各种制度约束在增强，强调依法行政、依法治国，让权力在阳光下运行，强调程序和过程的重要性。即使结果证明是好的，只要政府决策和行为触犯了法律或法规，也要对政府当事人进行问责。

中国下一步政府治理的现代化主要面临三个挑战。

第一，如何重新界定政府与市场、社会的边界，在发挥市场决定作用的同时也要发挥“有为政府”的作用。目前中国政府仍然是一个强政府，大包大揽，经常扮演“一只闲不住的手”；市场与社会的任何一方面的发展都高度依赖政府，也受到政府的严格管制。如何进一步简政放权，大力推进行政审批制度的改革，降低非国有企业进入市场的门槛，让市场发挥资源配置的决定性作用，这是改革的“深水区”，来自行政部门的阻力很大，但又是必须跨越的一道门槛。与此同时，中国在相当长的一段时间内，经济发展仍然是中国面临的中心问题和第一要务，地方竞争，尤其是地方政府的竞争在未来还将是一个重要的激励机制。如何在新时代的背景下完善政治锦标赛体制，并发挥其独特作用是一个值得探索的问题。

第二，如何创新界定中央与地方的权力和责任边界，维持中央集权与地方分权的平衡。迄今为止，中国改革最重要的成功经验就是地方分权与地方竞争推动了地区创新与发展，进而推动了经济改革与高速增长，这个成功模式在现在仍然有借鉴意义。应对传统属地发包出现的地方治理问题一律采取垂直化改革的思路并非万全之策。这些权力的上收一方面削弱了地方政府的职权，限制了地方政府因地制宜和创新发展的空间，另一方面也有可能增加政府部门的官僚主义和低效率，因此垂直化改革是有很大代价的。历史上央地关系反复出现的“放权—收权循环”说明，仅仅依靠央地政府权力的收放不能解决问题。事实上，导致这一问题的根源是自上而下的决策与监督机制，使得中央政府面临严重的信息不对称。如果引入有效的自下而上的监督和评价机制，加上法治的力量，这些市场与社会的监管权力不上收也可以避免地方政府的道德风险。

第三，面对各式各样的政府治理的挑战，我们如何去实现官员激励和约束的平衡。我们说，传统上中国政府治理是一个鼓励"放手做事"的体制，在锦标赛竞争和市场竞争的双重压力下，地方官员大胆冒险与创新。只要结果被证明是成功的，即使创新实践有可能违背了当时的规定和法律，地方官员的创新也可能得到首肯和奖励。随着政府治理规范化和制度化，地方政府的决策和行动空间显然在不断缩小。我们更强调"束手做事"，要依法依规，在有限的空间甚至是不断被压缩的空间里，地方官员要完成领域广泛的发包任务。而随着淡化 GDP 考核，做错事可能被事后追责，锦标赛竞争的激励可能又在减弱。

简言之，传统政府治理更倾向于强激励、弱约束、结果导向，而现代化治理更强调弱激励、强约束、结果与程序并重。如果政府是一个有限政府、小政府，弱激励、强约束带来的问题还不严重，因为此时最主要的是依法合规，不会造成权力滥用。但是，中国在相当长的时间里强政府仍将存在，更重要的是，在地区经济发展过程中，地方政府尚有许多有为空间，弱激励和强约束防止了权力滥用，但也有可能带来政府不作为、庸政懒政的问题。

给定上述政府治理的挑战，我认为下一步的改革应该围绕以下几个方面展开。

第一，进一步改革地方官员竞争的锦标赛制度，完善指标考核体系，让创新、绿色、环保进入官员晋升的指标体系，在经济发展之外发挥重要的指挥棒的作用，继续让锦标赛竞争和地方竞争成为制约、激励地方主要官员的重要机制。根据各地的经济发展和自然条件，不同地区可以尝试有区别的绩效考核体系。与此同时，加强对地方官员决策和行为长期影响的考核，如对地方政府债务状况和生态环境长期影响的考核，注重地方经济发展的连续性和可持续性。

第二，在“自上而下的考核”之外引入“自下而上”的考核，在公共服务方面引入跨政府部门和地区间的竞争机制。比如利用体制内已有的监督和评价机制，如人大和政协对官员绩效的评价，这样的评价应该对官员的晋升和任免发挥一定作用。另外也可利用现代移动互联技术，让百姓和企业及时评价政府部门的服务态度和效率。如同滴滴出行的司机必须接受乘客的点评，司机的口碑和顾客评价决定其抢单的能力。政府公务员以及相关职能部门也必须接受“客户”“受众”的点评，最终的评价结果应该公示，在跨部门间进行排名评比。评价结果的公示和排名可以变成“倒逼”公务员和相关政府部门改善服务态度、提高服务效率的强大力量。百姓的评价应该侧重在与民生息息相关的公共议题上，如教育、医疗、民政服务等，而企业的评价可以侧重在营商环境、行政服务效率及公务员廉洁自律等方面，可以考虑建立跨地区的营商环境排行榜。

第三，寻求中央集权与地方分权的平衡。引入多重的制衡和监督地方政府的方式之后，中央政府下放权力面临的信息和监督约束被大大放松，中央放权的两难困境在很大程度上可以避免。更多的权力可以下放给地方政府（如征税权和借债权），同时对地方政府干预全国性公共产品的供给行为加以制约和限制（比如维护全国统一市场，消除地方保护主义和劳动力的地域歧视），中国传统的治理模式才有可能发生根本性的改变。中央和地方的事权要进行重新调整，中央政府要加大支出责任，加大转移支付的力度，逐渐完善地方政府的事权与财力的匹配。

中国政府治理具有人类历史上最悠久的历史和传统，要告别中国传统的政府治理，走向符合现代化特征的政府治理，将是一个非常漫长和艰巨的过程。过去传统制度的惰性、惯性经常会导致传统制度回归的现象发生，因此政府治理的现代化必须采取渐进方式，依靠持续的努力才可能完成。

企业创新模式：从国企创新谈起

陈小洪

国务院发展研究中心研究员

党的十八大以来，习近平总书记提出创新是引领发展的第一动力的重大论断，强调要牢固树立创新发展理念、坚持创新在我国现代化建设全局中的核心地位，为全面建成社会主义现代化强国、实现第二个百年奋斗目标指明了前进方向，提供了根本遵循。党的二十大报告进一步强调，高质量发展以创新为动力，其中，国有企业一直以来都是国家科技创新的主力军。关于国有企业的创新，我讲几点看法。

国有企业的创新责任、贡献和挑战

第一，国有企业有责任搞好创新。这是中央“创新驱动发展战略”对我们提出的要求，是国有企业自身的地位和作用决定的。国有企业主要处在竞争性领域，只有创新才能更好地发展。国有企业占GDP的比重约三分之一，在很多行业都是排头兵，国有企业创新不仅是企业本身的创新问题，还是推动中国产业链创新的问题。

第二，国有企业有条件搞好创新。创新需要知识和人才，制造和市场，以及资金资本。国有企业具备以上条件。更重要的是经过这些年的发展和改革，国有企业已经有一批经营者型企业家。经营者型企业家与创业者型企业家有所不同。后者是打江山创业创新，前者是在已有的企业基础上创新。经营者型企业家创新，有利的是已经有基础，不利的是往往存在不少包袱，需要转变观念，进行已有结构的重大调整，难度比较大。很多大企业都是靠经营者型企业家领导才走出低谷、摆脱困境，成功实现创新的。经营者型企业家，国外有IBM的郭士纳、微软的纳德拉，中国国有企业有中化控股有限责任公司前董事长宁高宁先生、中国建材集团原董事长宋志平先生、北京京东方集团原董事长王东升先生，他们都在企业创新上做出了巨大贡献，很有成就。

第三，国有企业创新已经取得很多成绩。在航空航天、装备、原材料、能源、新型电子器件、新材料等领域，在基础设施建设及服务领域，国有企业都起到了创新引领的作用。

第四，国有企业创新面临挑战，问题不可轻视。首先，不少企业存在研发强度不高、深度不够的问题。强度不高是指研发费用投入占销售收入比重不高，研发深度不够是指研发主要是开发投入，基础研究和应用研究投入较少。企业研发中的基础研究占比，2018 年我国是 0.2%、美国是 6.2%、日本是 7.8%；应用研究占比，我国是 3.8%、美国是 22.6%、日本是 24.1%。我国企业研发结构与发达国家相比差异很大，问题突出。以上数据反映的是全国的情况，据我了解，不少国有企业是低于全国水平的。其次，创新体系及能力有待提高，如在开放性创新的情况下如何做到既开放又能掌握必要的主动权，在国际环境深刻变化的情况下国际合作创新和国内创新如何有机结合。此外，在创新的体系、架构和管理等方面，还有许多问题需要解决或者突破，体制机制也存在一定问题。

总体来看，国有企业创新有责任、有条件、有成果，同时还有挑战，需要努力。

创新方式和创新模式

提升国有企业的创新水平能力，需要对创新方式和创新模式有所了解。

创新是指以技术创新为基础的新商业或商业组合的成功。对创新的这种理解是由美国经济学家熊彼特教授提出的，他第一个提出了系统化创新理论，而且得到学术界公认。熊彼特教授认为创新有五种方式：新产品、新方法、新材料、新市场、新组织。这里所说的新组织主要指业务组织，如福特的生产流水线组织，与今天我们说的商业模式可能有些不同。当然对熊彼特教授的新组织做广义的理解，也可以认为是一回事儿。

这五种方式中，新产品即产品创新，特别是生产在市场上没有的创新产品，意义尤为重大。对企业而言，这意味着可以抢占市场先机，获得先发优势，有可能获得超额甚至一定程度上垄断的市场利益。

从经济增长的角度看，产品创新推动经济增长的意义也十分重要。增长经济学中过去有个哈罗德模型，这个模型描述了经济增长过程中的主要影响因素，包括资本和劳动力，但是没有将技术进步放在模型里面。之后模型随着研究的深入也不断完善，发现可以根据这个模型估算出技术进步的贡献，也就是技术进步率。但技术进步到底对经济增长如何影响，模型并未说得很清楚。20 世纪 80 年代后，由于对技术创新在经济增长中的作用机制和过程有了更深的理解，由于对模型进行了改造，技术进步成了经济发展的内生变量，并被放到了经济增长模型中。一个重要的成果是发现了产品创新推动经济增长的机制。产品创新会推动需求增长，要持续产品创新，就要投资研发，投资人力资本，从而增加供给，供给提升又会支持需求，也就是说，产品创新的技术进步推动了供给和需求的互动增长，从而推动了经济的增长。这就是我们现在所说的“创新驱动发展”。

新工艺、新材料总体来看都是中间产品的创新，与新产品直接面向消费者，在最后一环的“需求拉动”作用有所不同。但意义也不言而喻。中国过去在这方面问题很多，出现“卡脖子”问题，还有产业结构升级问题，因此前几年主要强调供给侧改革和创新。现在则要重视需求，要供给改革与发展需求相结合。这个需求，我认为不是凯恩斯经济学所说的通过增加货币来增加需求，而是通过创新创造需求，从而实现供给和需求相结合的互动发展。

关于创新模式，大家讲得很多。从某种意义上讲，创新方式和创新模式没有太大区别。如果想找出一点差异，我认为熊彼特讲的创新方式比较具体，是一个个具体的点。我将创新模式理解成有关创新的函数，讲的是创新的目标和有关资源的投入产出关系及其演进路径。

创新有多种模式，如关注创新程度和范围的渐进性创新和突破性创新。创新的程度和范围如果很大，就会发生质变，从而产生系统的变化，比如颠覆性创新。一个很先进的创新产品投放市场后，未必会得到市场的认可。或者因为初期价格较高，主流消费者关心的主要性能指标存在问题，或者因为相关的配套资源没有跟上，市场很小，所以这样的创新产品就别提颠覆了。美国哈佛大学教授克莱顿·克里斯坦森总结称，产品创新成功的重要方式是在前瞻性的技术产生之后，先找一个细分市场发展，以后主要性能都改进了，随着规模增大，经济性也提升了，创新产品开始进入更大的主流市场。克里斯坦森教授的颠覆性创新理论不仅说明了这种创新的成功机制，更重要的是他指出组织的思维定式是企业看不到创新机会的重要原因。

生态创新、平台创新也是日益受到大家关注的互相联系的创新模式。这种创新模式强调创新系统、创新生态和创新机制。平台创新要有核心技术和资源整合能力。英特尔公司 20 世纪 90 年以后拉开与日本公司距离的重要原因是它采取了技术平台战略，即免费开放了一个主板，这个主板由英特尔独立开发，不仅能与公司的 CPU（中央处理器）产品结合，还包容了其他有关器件，使下游企业能方便地与它进行技术对接，从而获得更快的成长。还有一种平台发展战略，就是中国互联网公司的发展。这些公司开始的技术水平不一定很高，但互联网有赢家通吃的网络外部性，一旦成为头部企业就可能快速发展，之后用技术创新拉开距离，实现增长。腾讯和阿里巴巴主要靠互联网业务和构造生态赢得快速发展，谷歌也主要依靠互联网业务，近年来又在人工智能、自动驾驶方向持续发力，就是因为这些业务的未来发展与互联网有关，而不能只靠互联网的广告业务赚钱。亚马逊和京东是以互联网为基础的零售企业，是新型的零售企业，前些年一直亏损，但依旧能得到市场认可，因为它有线下业务，又有其他零售企业没有的支撑业务平台的技术核心，即互联网技术平台。总而言之，搞平台创新就是要有核心技术。

平台创新不仅要有技术，还要有需求。互联网平台公司成功是因为有需求，其他行业企业搞平台创新，像英特尔公司一样，也是既要有技术，又要能抓住需求。华为能成功，首先是因为它有技术，能够提供高端复杂产品，提供直接与消费者挂钩的产品，这就形成了很大的需求。以前华为是系统供应商，现在则成了向消费者直接提供产品的企业，成长空间更大了。另外华为有IPD（集成产品开发）系统，它打通了技术研发到生产再到市场需求的全流程。华为已经成了很大的创新平台。

讲这么多，主要有两点：一是企业家要用开阔的思维理解创新方式和模式，不要被某种理论和经验束缚；二是要理解创新的本质，用系统的方法、用技术抓住需求。

原始创新模式

这些年原始创新受到高度关注。原始创新最基本的理解就是从源头做起的创新。什么是原始创新？是否只有从基础研究，再到应用研究，再到开发的创新才是原始创新？我认为，从经济学定义原始创新就是市场上他人没有的创新，至于创新的技术来源则是另外一个问题。由于美国搞完全违背国际规则的“技术脱钩”，由于中国企业研究做得不够，要补短板，就认为只有从基础研究做起来的创新才是原始创新，这在认识上就存在偏差。这种认识的概念逻辑就有问题，与已有的成功经验也不符，对中央重视基础研究和原始创新的要求更是一种误解。

我认为以下三种原始创新模式都值得还在追赶中的中国企业研究借鉴。

第一，以已有技术为基础的技术开发加商业模式的产品创新。这种模式的成功案例有美国的苹果和特斯拉。它们并不是该领域内基本技术原理的研究者和发明者，甚至不是产品的首推者，但是它们能够开发并且整合已有的技术，从而掌握产品的核心技术，再加上商业模式创新并且与技术互动，最终取得了很大的突破性的产品创新成功。

第二，在已有技术体系的基础上通过关键技术突破的产品原始创新，比如我们熟知的锂电池。电池的基本技术结构由正极、负极和隔离膜组成。美国的教授发现用钴酸锂做负极材料，可能做出能量密度更大的电池。但是最先推出创新产品的是日本企业，索尼和松下在已有技术原理和结构的基础上，通过使用新材料的创新及相应的构架创新完成了关键技术的突破，又与消费电子产品市场的开发相结合，最终实现了成功的产品创新。

第三，范式变革型原始创新。这是指技术体系的整体突破，日本开发出 LED（发光二极管）蓝光半导体就是成功案例。企业先在应用基础研究取得成功，而后进一步开发直至实现量产，开发企业的研究人员因此还获得了诺贝尔奖。这种开发能够成功，有关的知识、设备等互补性资产十分重要。

中国企业也有不少源头创新成功的案例，在目前的成功案例中，具有突破性并且在市场上取得成功的还较少，而改良性的创新并与中国市场密切结合的较多。中国的企业家不能狭隘地理解原始创新，而要打开思维，既要重视基础研究起步的原始创新，还要多条腿走路，尝试各种原始创新模式，同时政府也应该给予积极的鼓励和支持。

治理能力现代化进程中的社会资本

龙海波

国务院发展研究中心研究员，中国国际发展知识中心研究组织处处长

在二十大报告中，“治理”一词出现了50次，其中4次提到“国家治理体系和治理能力现代化”。治理能力现代化实质上是一个与时俱进、改革创新的过程，本身也意味着国家治理要从未现代化或者前现代化进入现代化。

当前国家治理的转型是内外因素共同作用的结果。一方面，传统治理职能的体制性衰退引发了政府信用危机的产生；另一方面，传统治理模式也不利于激发社会主体的发展活力，亟需依靠一种外部力量推动国家治理的转型。社会成员在信任关系、社会规范基础上相互交往、合作形成的社会资本，是实现治理能力现

代化的重要力量。因此，应当高度重视政府信用的治理意义，特别是其实现离不开社会资本的积极参与。社会资本主要通过作用于政府信用而影响政府治理，是国家治理体系和治理能力现代化的必要条件，要有序规范和引导社会资本，构建其良性积累的政治生态机制。

政府信用的治理意义及实现

信用是政府自诞生之初就形成的一种价值。这种价值被视为政府执政合法性的主要来源之一，政府信用水平的高低决定了政府治理现代化进程。随着我国经济发展进入新常态，传统的增长方式难以为继，面临的潜在风险和社会矛盾也逐渐暴露，这些都是信用政府建设面临的新挑战。如果民众对政府行为缺乏心理预期，全面深化改革就没有明显进展，不仅会影响政府自身形象，还影响整个社会信用体系的建设，甚至会引发政治合法性危机。科学的宏观调控、有效的政府治理，是发挥社会主义市场经济体制优势的内在要求。因此，必须切实转变政府职能，深化行政体制改革，创新行政管理方式，增强政府公信力和执行力。在新的历史时期，应当高度重视政府信用的治理意义，政府信用水平的高低决定了政府治理现代化的进程，信用政府建设已经成为政府治理能力现代化的重要内容。

政府信用是实现治理能力现代化的基础

国家治理的有效程度往往取决于社会共识的凝聚程度，因为一个缺乏基本共识的国家根本谈不上有效治理。推进国家治理能力现代化的核心要义就是要提升国家治理的有效程度。作为国家治理的重要主体之一，政府的政策制定和执行能力直接影响其他治理主体的运作方式及效能，比如，政府公共政策制定过程中如何更好地与公民沟通，从而进一步增进互信、提升效率。改革开放以来，威权主义的治理模式结束了民粹主义的无序状态，并在短期内凝聚人心、形成共识，通过行政、政策手段推动经济的快速增长和社会秩序的稳定。如何增进政府与公民之间的信任，形成推动经济社会发展合力显得尤为重要。

第一，高水平的政府信用有利于增强改革共识。当前，改革面临的外部环境远比想象中的复杂，利益格局调整带来的阻力有增无减，不同利益群体的诉求更为多元，各种针对改革的社会舆论更加嘈杂，这也加大了达成改革共识的难度。需要指出的是，新时期凝聚改革共识，不仅是对原有改革共识的延续，还是面对新情况对改革共识的重塑，而且都离不开一个良好的政府信用。政府信用水平越高，社会民众对政府官员、组织机构及其制度安排的信任就越高，有效协调沟通的能力也就越强。高水平的政府信用能够更好地理解其他治理参与主体的诉求，最大限度地调动一切积极因素，从而获得社会各界的广泛信任和大力支持。

第二，高水平的政府信用有利于提升治理绩效。政府治理绩效与政府的合法性、组织力、执行力紧密相关，还会受到治理结构和治理体制的影响。提升治理绩效的关键在于，充分发挥政府的引导整合功能，激发社会不同主体的潜能和活力，最大限度地改善社会民生、促进经济增长。最为重要的还是强化政府的合法性和执行力。已有研究表明，政府信任作为政府信用内涵的重要构成，是衡量公众对政府及其治理认可和支持程度的重要理论工具，同时也是政治合法性的重要来源。政府的一切行为都必须以政府信用为前提，高水平的政府信用能够有效扩大个人和组织的交往频率，减少公共治理成本，有效提升治理效率。

第三，高水平的政府信用有利于引导公众参与。一个始终以广大人民群众利益为出发点，以民主、法治、高效、廉洁为价值基础的信用政府，才能获得来自社会各界的广泛信任和大力支持，政府对于自己更好地扮演好社会治理引导者的角色才会更有信心。目前，政府治理仍然存在公民参与不足、政府缺乏有效回应等问题，直接影响了政府与社会主体之间的有序互动。加强公民参与，内在动因之一在于提升政府与公众的沟通协作，增强公众对政府的信任感，提升公众对政府的心理认同。因此，只有在政府发展目标、权力合法性以及契约有效性的认可的基础上建立畅通有序的多元主体参与治理网络，才能更好地引导公众参与，这也是政府信用的内涵要义。

政府信用的实现离不开社会资本参与

从推动力来看，政府是社会资本的最大来源之一，政府的合法性和可信度对于社会资本的形成和增加至关重要。实证分析结果显示，政府信用具有传导性特征，传导路径的多少与区域社会资本存量、结构有关。历史经验也表明，一个共同体的信任越普遍，国家与社会、政府与公众之间的良性互动就越有可能，政府自身信用的提升空间也就越大。超越现代政府信用的困境，将信任作为公众与政府互动关系的前提，以更加复合、开放、动态的视角寻求政府信任的基础，从而推动公众与政府信任关系的主动建构。由此可见，社会资本参与对于实现政府信用将发挥更为积极的作用。

一方面，社会资本为公众认可培育社会信任基础。社会资本的基础是社会信任，一个社会的经济繁荣程度取决于该社会的普遍信任程度。社会普遍信任的形成，是建立在社会成员通过不同层次和领域的合作参与基础上的。只要政府与公众的沟通互动顺畅了，政府决策制定真正体现了公共利益，政府的群众基础就会更加牢固，社会公众认可也会随之提高。当前中国社会进入全面转型时期，新的社会结构需要重建新的社会信任，多元主体参与治理更需要以社会信任为基础，其中政府信用是社会信任的核心。政府应当积极促进公民参与政府决策，积极与公民互动沟通，保障公民的表达权，让公民有机会表达和监督政府，从而弱化“批判性公民”的负面影响，提升社会公众的政府信任水平。

另一方面，社会资本为实现政府能力提供参与网络。公共参与网络能促进合作、团结、民主等公民精神的培育，增加博弈的重复性，有助于克服集体行动困境，提升政府治理绩效。通过公共参与网络，社会公众可以了解彼此的共同需求和利益差异，并以理性沟通协商的方式寻求一致性意见。它不仅存在于公众与公众之间，同样适用于政府与公众之间，这对于推进治理能力现代化至关重要，也更为迫切。当前，政府失信行为仍然较为突出，有些方面不是因为主观因素，而是由于自身能力不足导致的，这与传统治理模式参与网络单一、提供公共产品低效有关。因此，需要依靠社会资本进一步拓展参与网络，使之更加富有弹性和活力，真正让治理主体发自内心地信任其他参与者，并自觉遵守地方治理的运作规范，在相互合作中提升政府能力。

社会资本对治理能力现代化的影响

社会资本在政府治理过程中发挥着重要作用，它主要通过作用于政府信用进而影响政府治理，是国家治理体系和治理能力现代化的必要条件。可以说，政府治理与社会基础密不可分，社会资本理论或许可以成为一个研究视角。作为社会资本的核心要义，信任、互惠、规范以及参与网络是政府和公众沟通和联系的关键，这些要素结合形成的力量能够提高社会的凝聚力，有助于实现治理主体和权力来源的多样化。深刻认识现代社会资本的角色定位，必须对治理能力现代化的内涵进行阐释。在此基础上，我们尝试从正负外部效应的角度分析社会资本的影响作用。

治理能力现代化的认知审视

国家治理作为公共管理学概念被学者广泛关注，肇始于 1992

年世界银行发布的年度发展报告《治理与发展》。此后，“治理”“国家治理”等概念被公共管理学和政治学领域的诸多学者研究和讨论，成为学界探究的焦点。中央明确提出，全面深化改革的总目标是完善和发展中国特色社会主义制度，推进国家治理体系和治理能力现代化。“国家治理能力现代化”成为研究国家治理的新方向，是新时期社会主义民主政治建设的必然要求，也是国家执政理念科学转变的重大信号。国家治理现代化主要包括治理体系和治理能力现代化两个方面，其中治理体系的建设尤为受到关注。然而，仅有合理的治理体系是远远不够的，国家治理体系的建构需要治理能力的支持。需要指出的是，这里仅仅讨论治理能力这个范畴。

国家治理能力现代化包含的内容十分丰富，具有多重表征，很多学者也进行了归纳。刘建伟在《国家治理能力现代化研究述评》一文中进行了总结。概括而言，大致分为以下几类：“三表征说”，即制度化、公平化、有序化；“四表征说”，即国家治理的民主化、法治化、文明化、科学化；“五表征说”，一种表述为治理制度化、治理民主化、治理法治化、治理高效化、治理协调化，另一种表述为治理主体的多元性、治理关系的交互性、治理模式的复合性、治理方式的科学性以及治理结果的有效性；“综合表征说”，即国家、市场、社会机制的互相支撑与平衡，法治与德治的有机统一，民主与效率的相互补充与协调。总体来看，已有的研究对国家治理能力现代化的表征不尽相同，大都包含了制度化、民主化、协同化和高效化四个方面的特征。有学者指出，当下中国推进国家治理能力现代化需要特别重视共识凝聚能力、制度构建能力、科学发展能力与改革创新能力。国家治理能力现代化具体表现为持续提升的制度执行能力。

国家治理涉及多元治理主体、多种治理手段和复杂治理机制。推进国家治理能力现代化，需要充分发挥政府、市场和社会三方力量，综合运用多种治理工具，动员各方社会资源，通过强化公民参与提升政治认同感，进而推动社会结构和功能的调整，以及社会主体间关系的重塑和规范。“政府治理”作为国家治理的一个中心，在国家治理体系中处于关键位置。国家治理的转型首先要实现政府治理的转型，即由人治型向法治型、全能型向有限型、管制型向服务型转变。因此，我们可以理解为，政府治理能力是国家治理能力的重要体现，其核心特征与国家治理一脉相承，它以制度化为根本保障、协同化为基本手段，是一个多元主体参与政府治理的过程。从这个层面看，治理能力现代化是以政府信用为基础、实现善治为目标，以规范权力配置和运行机制为重点的系统性改革，它更加注重治理的制度化、民主化、协同化和高效化，主要表现为“治理结构 + 制度安排 + 治理绩效”。

现代社会资本的角色定位

社会资本是在信任关系基础上的社会群体及成员在特定的社会规范指引下相互交往、合作形成的一种网络关系。从本质上讲，社会资本是一种公共物品，它产生于人们的社会交往关系中，主要以关系网络的形式体现，其核心要素是信任关系、社会网络和社会规范。当前，社会资本正经历着由传统社会资本向现代社会资本的转变，但传统社会资本存量仍较为充分，现代社会资本存量不足。推进治理能力现代化，更多的是发挥现代社会资本的作用，因为它更加注重个人能力的发挥和个人价值的实现，强调社会成员之间的自主、平等、信任和互惠合作关系。可以说，培育现代社会资本，有利于提高政府信用，改善传统治理框架，不断发挥多元主体的参与作用，并主要体现在以下几个方面。

提高社会流动性。较高的社会流动性是维持长期经济增长的必要条件，也只有较高的社会流动性才能保证动态的机会公平，从而调动不同治理主体的参与积极性。从信任关系维度看，现代社会资本的培育主要依靠组织信任，政府治理如果缺乏组织信任的支撑，其有效性是难以实现的。现代社会全体成员之间的互动与信息交换都必须在抽象体系中的信任机制中进行。只有形成了普遍意义的信任关系，社会成员之间的关系网络才能更复杂，社会资源的互动与信息交换才会更频繁，不同阶层的社会成员流动性才能得到提高。曼瑟·奥尔森说，当一个社会被各种利益集团所挟持，各利益集团的利益日趋固化，那么这个社会的发展就停滞了。因此，要通过加强社会成员交往进一步增进彼此信任，包括社会公众对政府的信任，提高社会阶层的流动性，避免形成一种“拒绝合作”的稳定社会均衡。

增强治理回应性。网络是当今社会人与人之间沟通交流的重要纽带，是社会行动者及其彼此间关系的集合。以关系网络为载体的社会资本，可以为公民的利益表达提供多种渠道，促进政府与公众之间的良性互动，积极创造走向“善治”的有效空间。对政府治理而言，重点应强调政府与公众以及社会的合作理念，主张通过公共权力的分享来实现多元治理的有序互动。关系网络越广泛、越密集，公众就越有可能为了共同利益而积极参与，并且会放大其他个人值得信任的信息。通过公共参与网络，公众可以了解彼此的共同需求和利益差异，有效表达对政府决策的意见，从而有助于提升政府的有效回应，进一步扩大民主协商基础，为政府治理奠定稳固的民意基础。

发挥主体多元性。治理的实质是建立在市场原则、公共利益和认同基础上的合作，它所拥有的管理机制主要不是依靠政府的权威，而是合作网络的权威。现代社会资本最具特色的就是构建了这样一个合作关系网络，使得不同社会主体通过合作、协商、伙伴关系等方式对公共事务进行管理，其权力向度是多元的、相互的。这种多元主体参与是治理的核心要素之一，也是善治所倡导的“政府权力让渡”。由此可见，现代社会资本在治理能力现代化进程承担着重要角色。具体而言，信任基础使得不同参与主体愿意并敢于表达自身的立场，关系网络使得不同参与主体的意见和诉求能够通过畅通的渠道和关系路径得以表达，由互惠形成的社会规范反映了不同参与主体之间相互信任和紧密合作的整体秩序。

社会资本的外部效应及影响

政府治理的关键问题是转变政府职能、创新管理方式，构建以信用为基础的服务型政府，进而为形成多元治理创造环境。社会资本理论有助于引起人们对社会状况、经济条件、政治传统等因素的重视，主要关注人与人之间的社会关系以及镶嵌在社会结构中的信任、规范和参与网络等公共精神。基于文化传统和特定的历史背景，社会资本也有可能导致“拒绝合作”，传统习俗、潜在规则等非正式关系也有可能对政府治理及其社会资源分配产生不良影响。由此可见，社会资本是一把双刃剑。如果运用得当，能够更充分地释放制度红利；如果运用不当，则会使治理活动陷入泥淖。

从正外部效应看，社会资本为有效政府治理创造了优良的社会土壤，促成了经济的繁荣和民主政治的良好运转，是创新政府治理模式、提升政府治理绩效的重要前提。我们可以称之为“积极的社会资本”，它一般与横向且开放的组织结构、社区文化和公民文化、自治的社团组织相联系，其后果是形成普遍的信任关系。卡莱斯·博伊克斯分析了社会资本促进政府治理的五个微观机制：积极参与公共事务的网络可以增加官僚的责任感，同时扩大人们的利益表达渠道；如果人们对他人遵守政府规则的信任度增加，就会减少政府强制执行的成本；社会资本可以形成一种公民美德，努力培养人们对公共事务的关注；官僚之间的信任和合作可以降低上级监督下级的费用，从而提高官僚的工作效率；社会资本可以促进精英之间的妥协，消除不同群体间的隔阂。

从负外部效应看，社会资本作为一种非正式制度安排，是正式制度缺少情况下的一种不得已的安排。虽然能够对政府治理现代化有积极作用，但若缺乏正式制度的引导与规范，反而会妨碍政府治理绩效的提升。我国传统社会规范与伦理是在血缘关系或拟血缘关系基础上构建的，社会资本主要镶嵌在以家庭为核心的家族关系、朋友关系当中。在这样的条件下，社会资本外部性的发挥使得以家庭为核心的小群体联系越来越紧密，从而加剧了群体结构的封闭性。进入现代社会后，由于各种伦理观念对中国传统伦理的冲击，传统的小群体式的关系模式得以保留，但维系关系的关键则逐渐由“血缘”转变为“利益”，在功利主义的催化下原本严格的小群体内部的权利义务关系也变得松散不堪，形成了为社会道德所不容却又无孔不入的“圈子文化”，腐败社会网络也由此产生。

社会资本的良性积累：提升政府治理的重要抓手

从社会资本理论角度看，当前存在的许多不良社会风气都与官本主义有关，它在破坏公共生活社会资本的同时，本身也成为不良社会资本积累下来，并不断放大负面效应。一旦在关系、规范、信任之间形成恶性循环，社会资本便进入不良状态，极大地影响政治生态的健康发展（时和兴，2015）。如何规范和引导社会资本，构建良性社会资本积累的政治生态机制，是推进政府治理能力现代化的重要议题。因此，需要把握政治生态系统在不同层次的复杂性，进一步整合社会资本，着力培育现代意义上的社会资本，进而形成良好的政治生态。在讨论良性社会资本获取与积累时，主要从社会规范重构、关系网络重塑和信任关系重建三个方面进行阐述。

社会规范重构：非正式规约的合理引导

通常来说，社会规范有正式与非正式之分。正式的社会规范主要指法律、法规、规章等具有法律效力的规范；非正式的社会规范则主要指社会生活中没有正式成为法律规定但被广泛认可的和遵循的规范，例如道德规范、生活习俗等。正式规范与非正式规范间有紧密的联系，一般来说，正式规范会反映部分非正式规范的内容并且对公民具有实际的强制约束力；非正式规范的范围比正式规范更加广泛，虽然没有国家机器作为强制约束的保障，但通过舆论压力、渗透等方式对人们的思想观念和行为方式有重要乃至决定性的影响。正式规范如与非正式规范目标一致，则非正式规范能够帮助正式规范的执行；如果两者出现冲突，非正式规范的影响可能会阻碍正式规范发挥作用。

秩序良好的公共生活以正式规范和非正式规范的一致性为基础，这样才能产生既合理又合法的权威，建立非人格化的权威服从关系。然而，官本位、个人权威等不良社会资本及其所依附的非正式规约，扭曲了权利和义务、正式规范和非正式规范、法理和伦理相互之间的关系，严重影响社会的信任和互惠程度，其根本原因还在于现代民主法治精神的缺失。重构社会规范，不是全部否定传统习俗、宗族关系等非正式规则，而是对其中一些与法治精神相违背、不利于政府治理的规约加以合理引导，对其中的积极因素加以讨论并转化为理性的正式制度。

改变人格化的权威服从关系，就是要打破传统依附式的交往关系规则。无论在公共生活中以何种关系状态存在，所有行为主体都不得违背法治精神和公共伦理，不能以“圈子文化”“潜在规则”等代替法律制度。没有稳定的制度结构和稳定的行为预期，就不利于构建法治社会和法治政府。因此，政府要强化制度建设，坚持依法行政，降低人际关系在资源配置中的重要性，使社会资本成为法治的弥补和社会良性运转的润滑剂。只有如此，才能够为社会资本的良性积累打下坚实的制度基础，使积极的非正式规约逐步上升为正式规约，同时努力改造落后的非正式规范。

关系网络重塑：不同关系型网络的有效回应

实现社会资本的良性积累必须重塑关系网络，提高公民的政治积极性和参与意识。作为社会网络的节点，自主参与公共生活和集体行动的各种主体通过契约精神串联在一起，构成完整的社会交往结构。这种关系网络呈现平等性、自主性和契约式特征，通常在公共领域开展合作，实现资源的有效配置。如何为公民平等参与提供创造公共空间，有序推进社会组织自治发展，成为治理能力现代化进程中重塑关系网络的关键。开放畅通的社会网络能够促进不同群体间的沟通与协作，有利于彼此间信任关系的建立，进而提高社会治理绩效。然而，如果社会网络中存在彼此割裂的“小圈子”，事情则截然相反。因此，需要正确区分“强关系”社会网络和“弱关系”社会网络的特征，尽快建立和完善“官民共治”的制度框架和回应机制，让更多的公众通过合法方式有序参与公共生活的管理。

应该看到，基于传统血缘、地域以及共事关系形成的社会网络属于“强关系”网络，个人社会资本在促进区域经济发展、改善政府治理方面也发挥了积极作用。从已有观察中可以发现，地方政府主要官员到异地交流任职，通常都会借助在原来工作地方积累的个人社会资本，带动各种社会资源流向新的工作地方，尤其是在产业招商、企业融资、吸引人才等方面的表现更为突出，这是正式制度安排下资源整合所不具备的先天优势。只要在这种关系网络交往过程中不发生利益输送、徇私枉法等腐败行为，这种官员自身积累的个人社会资本是可以被有效利用的。由于“强关系”网络既有内部协作默契的优点，也存在较大封闭性和割裂性，容易成为“潜规则”滋生的土壤。此外，“强关系”社会网络也不利于培育多元参与主体，因为这种网络有着较强的群体规则和内在契约，往往是某几个关键节点控制着社会网络的运作。

与之相对应的是“弱关系”网络，它在群体、组织之间建立联系纽带，不同行为主体之间互动频率较弱、关系密切度较弱。社会网络本质上是一种弱关系，体现了理性的社会交换，人与人之间的正常交往互动通常是通过“弱关系”网络实现的。因此，一方面，应构建以“弱关系”为主导的开放畅通的社会网络，注重回应不同群体、不同组织的利益诉求，扩大关系网络空间；另一方面，要防止“强关系”社会网络可能滋生的腐败现象，使“强关系”不能越过法律为圈子内部成员谋取利益，要引导“强关系”网络中的成员通过合法方式开展投资合作。

信任关系构建：社会信用体系的不断完善

信任的发生依赖于社会环境的可信赖度、社会结构信息流动的能力，以及与奖惩相伴的规范。一定程度的信任等社会资本要素对于地方治理是必不可少的，它可以为政府治理培育理性而积极的参与主体。在公共事务参与过程中，公众之间的信任与合作至关重要，直接影响着政府治理的效果。政府工作人员只有与公众加强联系，增强互信，才能切实了解公众的期盼与需要。由此可见，信任是社会资本的核心和基础，社会信用体系建设首先应从政府开始。然而，政府本身不守信在现实生活中已经司空见惯，成为构建社会信用体系最大的难题。一方面，社会信用建设需要凭借政府的力量；另一方面，政府在很多时候又是社会信用的最大破坏者。虽然不能绝对地认为政府的一次失信会让社会信用体系彻底崩溃，但至少可以说它会使社会信用体系遭受沉重打击。

重建信任不能成为抽象的口号，而是要有实实在在的行动机制，只有对非正式规约加以合理引导，有效回应不同类型关系网络的需求，才能在交往互动中获得社会公众信任。首先，需要加快转变政府职能，明晰政府权力清单、责任清单和负面清单，加大政务信息公开力度，确保行政权力法制化运作。其次，在信息公开的基础上，要充分调动公民参政议政的积极性，通过广泛的社会网络构建与公民的良好回应机制，让公民在政府治理过程中扮演重要的角色。最后，政府应秉持公共行政精神，切实尊重公民合法权益，不断提高公共行政人员的责任意识和处理公共事务的能力，使之在行使公共权力的过程中实现公共利益最大化。

总之，信用政府是现代社会政府发展的基本形态，也是行政价值的基准线。一个始终以广大人民群众利益为出发点，以民主、法治、高效、廉洁为价值基础的信用政府，才是值得信任的政府、充满活力的政府、廉洁务实的政府。

第五章

共同富裕与中国式现代化

迈向共同富裕的三大途径

蔡　昉

中国社会科学院国家高端智库首席专家，中国社会科学院原副院长

实现全体人民共同富裕，是中国特色社会主义现代化的一个基本要求。走向共同富裕有“多途”，但和当前面临的挑战相关，可以通过以下三方面途径加快推进共同富裕的进程。

做大蛋糕和分好蛋糕

做大蛋糕和分好蛋糕，需要做好以下三点。

第一，要保持经济增长在合理区间。

党的十九届五中全会提出了到 2035 年基本实现社会主义现

代化远景目标，其中包括人均 GDP 达到中等发达国家水平。要实现这一目标，发展是解决一切问题的关键和基础。

按照我国潜在增长能力预测，要想实现上述目标，需要在未来 15 年里保持 14.7%~14.9% 的年均增长速度。按照现在的发展趋势和生产要素资本、人力资本、生产力提高幅度等潜能推算，“十四五”结束时，我国人均 GDP 可达 13000 美元到 14000 美元，能够进入高收入国家行列；到 2035 年，人均 GDP 接近 23000 美元，将非常接近中等发达国家水平，但还差一点。

如果通过一些必要的改革提高潜在增长率，到 2025 年将人均 GDP 提升到 14000 美元，那么到 2035 年人均 GDP 就可以接近 23000 美元，相当于今天葡萄牙的人均 GDP 水平，从而进入中等发达国家行列。这是我们必须达到的目标，也是走向共同富裕的一个基础。

第二，要保持经济增长与收入增长同步。

历史上，GDP 的增长和居民收入的增长常常是分离的。但党的十八大以来，我国 GDP 增长和居民可支配收入增长的同步性非常强，这意味着人均 GDP 的提高可以转化为居民收入的提高，居民能够共享发展成果。

未来，还应继续调整国民收入结构，提高居民收入和劳动报酬份额。同时，也要进行收入分配制度改革，缩小各种收入差距。

第三，初次分配和再分配要叠加发力。

党的十八大以来，居民收入差距，也就是基尼系数有所下降，但几年后又趋于平缓。基尼系数代表一个国家和地区的财富分配状况，数值越低，表明财富在社会成员之间的分配越均匀，反之亦然。基尼系数通常把 0.4 作为收入分配差距的“警戒线”。

目前，我国的基尼系数保持在 0.46 左右，陷入徘徊状态。这说明我国的收入分配结构还不够合理。事实上，初次分配是有极限的，不太可能把收入差距降到 0.4 以下。从 OECD 国家的经验来看，初次分配后的基尼系数多在 0.4 以上，有些甚至超过 0.5。之所以最终的分配结果都在 0.4 以下，有的甚至能达到 0.3，是因为税收和转移支付实现了再分配。

因此，要想把收入分配结构改善到合理水平，必须借助再分配。中国已经进入社会主义现代化的新发展阶段，再分配应该成为越来越重要的手段。而且，很多发达国家的经验也显示，虽然经济增长、技术变革、全球化可以做大蛋糕，但并没有自然而然分好蛋糕的机制，所以必须借助再分配手段。

促进和扩大社会性流动

党的十九大明确提出，要促进社会性流动。历史上的流动，主要是横向流动，比如农民工从原来务农转移到非农产业、小城镇、中等城市、大城市、沿海地区。但是，在横向流动中也有纵向流动，比如居民收入、身份、地位的提高，以及岗位提升等。这得益于两点：第一，教育水平改善速度非常快，普及九年义务教育和高校扩招，让更多的人进入教育序列当中；第二，经济增长非常快，蛋糕做得非常大。

而现在，我国已经进入中高速或者中速的增长时期，劳动力的流动显著放慢。在这个时候，更应关注向上的纵向流动。如果没有切实的手段，社会性流动容易变成零和博弈，相当于挤一辆公共汽车，你挤上来我就掉下去，这种现象会发生，也会产生社会冲突。中央提出扩大中等收入群体，核心就是加速社会流动。

如果按收入将居民分为五组，从宏观看，每组的收入都在提高，这是今后必须保障的，如果不能做到这一点，就谈不上扩大中等收入群体。从微观看，每个家庭的收入也在不断增加，这是过去的一个重要特点，但今后可能会出现零和博弈的现象，一些家庭的收入改善速度或将明显慢于其他家庭。从中观看，很多家庭可以从低收入群体或次低收入群体不断跨越收入组，进入更高的等级中，这些群体是社会流动的关键，也是扩大中等收入群体的关键。

因此我们提出，应该进入一个扩大中等收入群体的倍增计划，主要涉及以下三个群体。

“倍增”之一：脱贫后低收入农村人口

党的十八大以来，大概有1亿的农村绝对贫困人口脱贫，但他们仍是低收入群体。OECD国家的相对贫困标准是居民收入中位数的50%。2019年，我国农村居民收入的中位数是14389元，它的50%就是7195元；2020年有所提高。

假设30%的农村家庭符合这个标准，总人数至少为1.53亿，数量非常可观。如果能够把这部分人培育为中等收入群体，将创造又一个共同富裕奇迹。

“倍增”之二：进城农民工市民化

2020 年农民工的平均工资是 4549 元，是中等收入群体下限水平。虽然农民工大部分也能算得上是中等收入群体，但他们仍面对一堵“无形的墙”，即得不到充分的社会保障，无法享受基本公共服务。因此，只有把他们变成城市居民，他们才能成为真正意义上的中等收入群体，否则是非常不稳定的。比如 2020 年，因为新冠肺炎疫情的原因，外出农民工和住在城镇的农民工均减少了 3%。

2020 年，我国农民工总量 28560 万人，其中，外出农民工 16959 万人。如果能够把这些人变成中等收入群体，意义非常巨大，足以实现中等收入群体的倍增计划。

“倍增”之三：让老年人过上中等收入生活

第七次人口普查结果显示，老年人口比原来想象的多，老龄化程度比原来想象的高。目前 65 岁及以上人口高达 1.9 亿人，60 岁以上人口高达 2.6 亿人，这是一个庞大的中等收入群体后备军。如何让老年人达到中等收入生活水平，是我们老有所养的基本要求。同时，这也是共同富裕的需求，是扩大中等收入群体，保证消费需求能够继续支撑中国经济持续增长的一个基本条件。

社会福利全覆盖均等化

迈克尔·波特在《国家竞争优势》一书中讲道，经济增长会跨越四个阶段：第一个阶段是要素驱动，依靠资源和劳动力；第二个阶段是投资驱动，配合资源大规模投入资本；第三个阶段是创新驱动，依靠技术和生产力的提高；第四个阶段是财富驱动。波特认为，在前三个阶段，经济增长都是上行的，而到了财富驱动阶段，经济增长是减速的，而且一不小心就会陷入停滞。

中国经济发展已经跨过了要素驱动和投资驱动阶段，当下需要做的，是把创新驱动和财富驱动紧密结合。

长期以来，特别是 2012 年以来，制约中国经济增长速度的是供给侧，是潜在增长能力。但现在，随着中国人口趋近于零增长，需求侧的制约越发明显。这意味着，我国正面临双重制约。按照这个分类，中国需要把创新驱动和财富驱动这两个阶段和两类手段相结合，在供需两侧同时发力，既要保持必要速度，也要学会运用积累起的财富实现增长。

在这个发展阶段，现代化不能回避的就是中国特色的福利国家建设。如果人均 GDP 在 1 万美元到 2.5 万美元之间，政府的社会福利支出能够从 26% 提高到 36%，那么这 10 个百分点的提高，就意味着能够基本建成福利国家。

从现在到 2035 年，中国正处在第三和第四个发展阶段，所以必须真正建立起福利制度。除此之外，建设福利国家也保证了人的基本需求，可以实现社会政策托底，支撑创造性破坏。否则，没有宏观层面的支撑就永远会在微观层面去保岗位、保产能、保企业、保产业，最后的结果就是旧的不能出去，低效率的企业不能退出。

福利国家是国力发展到一定阶段必然要走的路。当然，我们有中国特色，就是七个“有所”：幼有所育、学有所教、劳有所得、病有所医、老有所养、住有所居、弱有所扶，是覆盖全生命周期的。

因此，在这一阶段，我们既要关注供给侧，保持潜在增长能力，也要从需求侧、共同富裕入手，保障消费能力的提升，以提高潜在增长率。

促进共同富裕应全面融入人的现代化

刘尚希

中国财政科学研究院院长、研究员

实现共同富裕是我国社会主义制度的本质要求。习近平总书记在庆祝中国共产党成立100周年大会上发表重要讲话时强调，新的征程上，着力推动人的全面发展、全体人民共同富裕取得更为明显的实质性进展。党的二十大报告把实现全体人民共同富裕摆在更加重要的地位，将其作为中国式现代化五大特征和本质要求之一。

共享发展成果，促进共同富裕，既是一个经济问题，也是一个政治问题。贫穷不是社会主义，两极分化也不是社会主义。这意味着建设社会主义首先要解放和发展生产力，实现富裕，同时在富裕起来的过程中避免两极分化，这是坚持和发展中国特色社会主义制度的题中应有之义。作为发展中大国，我国人均 GDP 刚刚跨过 1 万美元，不能算世界上的富裕国家。同时，我国基尼系数在世界排名并不低，收入差距较大。防止贫富差距进一步扩大是当前及今后的硬任务。促进共同富裕，不是走向平均主义，以财富的平均程度来衡量，而是走向人的现代化，以群体性的能力差距缩小为标志。只有围绕人来做文章，才能找到促进共同富裕的钥匙。

促进共同富裕与以人为核心的现代化

共同富裕是人类文明发展中的难题，至今为止，还没有任何一个国家完美地解决了这个问题。

从经济学角度来看，共同富裕是指包括财产、收入在内的物质财富生产和分配的问题。从社会发展的角度来看，共同富裕的实质是指人自身的发展问题。如果只是在物质财富的生产和分配上做文章，不落到人的发展、所有人的发展上，那么共同富裕只是分配政策的目标，仅仅具有短期意义。从世界发达国家的历史经验来看，仅仅依靠分配政策的调整不能逆转贫富差距扩大的基本趋势。

不要以为社会的物质生产和分配在一定时期合意了，人的发展、所有人的发展也就自然实现了。这是一种确定性思维、线性思维的认识。物质生活条件只是人自身发展的基础，并不等于人的发展。人的发展体现在人的主体性、创造性和文明性上。物质文化生活水平的提高，并不等于人的素质和能力的自然提升。

现代化的核心是人的现代化。社会主义的内在价值追求的是人自身发展上的平等机会，物质生活条件上的基本平等仅是一个手段或实现路径。因此，共同富裕的本质是所有人的共同发展，而不是物质财富上的均贫富。历史告诉我们，均贫富并不能实现所有人的共同发展，甚至可能使发展陷入停滞不前的境地。历史上的“社会实验”结果已经表明了这一点，这与社会历史条件及其变化密切相关。

在物资匮乏的年代，追求生产增长，解决人的生存所需（吃饱穿暖），可以视为促进了人的发展。但随着人均收入水平不断提高，物质财富生产与分配对人的自身发展的偏离就会越来越大，或者说物质的发展远快于人自身的发展，更不要说所有人的全面发展。在实现我国现代化的过程中，要防止的最大公共风险就在于物质财富发展中人的异化，也就是说，人被物质财富支配，而不是人支配物质财富。

促进共同富裕与以人为核心的现代化是一体两面的关系，是一个长期愿景目标。不能简单地以基尼系数作为衡量共同富裕是否取得实质性进展的指标。

人本逻辑下公平和效率可以融合

从世界历史来看，促进共同富裕的基本逻辑一直困在效率与公平的冲突之中。在两极分化的年代，均贫富曾是追求共同富裕的基本方式。从农民起义到工人运动，无一不是在分配上做文章。从生产成果的分配到生产条件的分配，反映出社会革命的深度、广度和烈度。这都是在人类文明进程中，追求共同富裕的探索。

中国特色社会主义道路是一条以马克思主义为指导思想、从中国实际出发的现代化道路。我国要转向人本逻辑，这与中国共产党坚持以人民为中心的发展思想高度吻合，与当前转向高质量发展和创新驱动的战略高度契合。人本逻辑的要义是彰显人的主体性、创造性和文明性，形成新的螺旋式上升的社会发展逻辑（人的发展—物质发展—人的发展），以替代物本逻辑下的发展公式（物质发展—人的发展—物质发展），把人的发展作为手段、要素，转变为把人的发展作为出发点和落脚点。

保障所有人获得基本能力

转向社会发展的人本逻辑，意味着要将经济问题纳入社会整体中来考虑。经济是社会的物质基础，但也只是社会的一部分，受制于社会的整体状态。

人的发展、所有人的全面发展，只有放到整个社会中才能被认识清楚，放在经济当中则只能看到一部分。观察物质财富的生产和分配，从整个社会来看，只是为人的发展、所有人的全面发展创造出一个必要条件，但不是充分条件。

共同富裕的充分条件是：社会要通过社会合力来保障所有的人获得基本能力。收入不能替代能力，收入差距缩小了也不等于能力差距就缩小了。能力来自社会消费过程。消费的可获得性涉及收入，但消费的可及性与收入无关。

消费是人的生产与再生产过程，是人的发展过程，是人力资本积累的过程，是人的能力提升的过程，是为经济提供目的和创造条件的过程。消费包括私人消费和公共消费，二者应当合力满足每一个人的基本消费，达到基本营养、基本教育、基本医疗、基本住房标准，以此保障每一个人获得基本能力。

国民基本能力普遍提升，起点公平、机会公平也就有了基础，同时也为创新创业提供了广泛社会基础，为未来的可持续发展提供了动力，效率与公平的融合也就含在其中了。促进共同富裕，要摆脱效率与公平、做“蛋糕”与分配“蛋糕”的困境，只有从物转向人，从财产和收入基准转向消费基准，才能真正做到从物本逻辑转向人本逻辑。

促进共同富裕面临的主要问题

从我国现实来看，人的发展既受制于经济，即财产和收入问题，也受制于社会结构的分治状态。

从改革来看，我国虽然进入全面深化改革阶段，但改革的进展并不全面，这从根本上制约了我国的进一步发展和共同富裕。这体现在以下三个“二元”上。

一是所有制二元。全民所有制和集体所有制二元结构是历史形成的，作为经济基础，从根本上制约经济体制和社会体制改革深化。尽管公共开支和投资不再局限于二元所有制，但土地市场、住房市场是二元的，人的社会身份也是二元的，因为农民不只有户籍身份，还有集体经济成员身份。城乡分治就是以二元所有制为基础的。农村土地、宅基地、农民住房、森林等产权制度改革也都在试图突破二元所有制带来的制约。

二是经济二元。这个概念是指传统落后的农业和现代先进的工业之间的关系。经济二元结构是发展中国家的普遍现象，通过市场化、工业化过程可以逐渐消除。但我国的经济二元结构不只建立在生产力基础之上，也建立在生产关系基础之上。

三是社会二元。这是在所有制二元基础上形成的社会成员身份、基本权利的二元结构。在市场化过程中，社会二元结构成为起点不公平、机会不公平的社会因素，也是社会分配中形成群体性差距，进而形成能力群体性差距的社会根源。群体性的家庭贫困的代际传递也会因此而形成。

这三个“二元”问题，从发展的底层逻辑上制约着我国共同富裕目标的推进。

以改革的办法促进共同富裕

促进共同富裕，是坚持和发展中国特色社会主义制度的目标，是走好中国道路的一个基本标志。但此事急不得，也等不得。急不得，在于共同富裕首先依赖于发展过程，包括物质发展和人的发展，都不是一夜之间的事情。等不得，在于实现双循环相互促进，扩大内需，构建新发展格局，创新驱动发展，等等，都依赖于共同富裕的边际改进。

群体性消费差距的缩小是当前改革的重中之重。私人消费与公共消费如何形成合力，如何既能扩大短期内需，又能提升人的能力，改变社会预期，都至关重要。其中，形成与能力、创新创业和就业相关的良好的分配预期，更是关键。社会的再分配预期需要淡化，人人参与、人人努力的初次分配预期需要强化。

从人的平等发展需要出发来推进各项改革，需要抓住以上三个“二元”结构来完善顶层设计，把经济改革、社会改革等各方面改革关联起来。只有形成关联效应，整体设计才能找出重点，分出轻重缓急。板块式的改革往往各自为政，使得改革协同、系统集成的要求难以落地。

“一体两翼”推进共同富裕示范区建设

朱克力

国研新经济研究院创始院长，新经济智库首席研究员

邓小平同志讲过，“一部分地区、一部分人可以先富起来，带动和帮助其他地区、其他的人，逐步达到共同富裕”[①]。作为“大同”理念的现代阐释，“共同富裕”既不是政治话术，也不是社会空想，而是中国改革开放的使命初心。在中国经济总量突破 100 万亿元、人均 GDP 突破 1 万美元、东部地区有望率先实现现代化之际，探索共富路径成为大势所趋。但鉴于发展不平衡不充分等问题的存在，有必要选取部分地区“先行先试、作出示

① 邓小平．社会主义和市场经济不存在根本矛盾（一九八五年十月二十三日）[M]// 邓小平．邓小平文选：第三卷．北京：人民出版社，1993.

范”[1]。作为脱贫攻坚之后一个更加长期的政策，实现共同富裕势必要付出更多的时间和努力。那么，示范建设应当从哪些方面重点切入探索共富路径呢？

为什么是浙江？

从高层到民间，其实大家都很清楚，这些年来，各地发展都有自己的特点和亮点，但要论谁能真正蹚出一条共同富裕的路子，还真要多方权衡。要论经济总量，广东独占鳌头，2020年GDP超11万亿元，被称为“粤老大”；江苏紧跟其后，也突破了10万亿元，人称“苏大强”；然后是山东，逾7.3万亿元；浙江只能屈居第四，接近6.5万亿元。而论人均GDP，前五名分别是北京、上海、江苏、福建、浙江，浙江垫底。再看人均可支配收入，上海最高，2020年是7.2万元；北京第二，6.9万元；浙江以5.2万元排在第三。

的确，在这些维度上浙江不是“单项冠军”，但不妨碍它成为探索共富路径的“全能冠军”。既然要走共同富裕的路子，首要考量的还是发展的均衡程度。由于比较视角的不同，同样可以得出不同的结论。比如，以城市经济规模来看，江苏排首位的苏州是排最后的宿迁的6.2倍，而浙江排首位的杭州是排最后的舟山的11.2倍，广东排第一的深圳则是排最后的云浮的29倍。就

---

① 中共中央 国务院关于支持浙江高质量发展建设共同富裕示范区的意见[OL].[2021-06-10]. http://www.gov.cn/zhengce/2021-06/10/content_5616833.htm.

此而言，江苏的均衡度相对要高。

但仅仅以城市经济规模之间的均衡度来比较是不够的，还要看居民收入水平和富裕程度。以人均可支配收入为例，除去直辖市，浙江无论城市还是农村的排名，都居全国省（区）首位。而且浙江城乡居民收入比小于“2”，是全国最低的地区之一。此外，浙商遍布全国各地，富者大有人在，只不过未必体现在本地数据中，更加藏富于民。看来，作为全国城乡居民收入差距最小、区域发展差距最小，同时经济发展水平最高的省份之一，浙江探路打造共富样板有足够的实力和底气，是貌似有争议、实则无疑义的。

建设高质量发展的共同富裕示范区，有没有初步积累的发展经验？有没有阶段性的可量化指标？从既有的发展经验来看，“七山一水二分田”的浙江，数十载大踏步向前发展，同时持续缩小贫富差距、城乡差距、区域差距。可以说，城乡融合和区域协同的均衡化发展一直是其制胜要诀。未来探索高质量的共同富裕，关键路径也必然在于进一步的均衡化发展。而关于阶段性的可量化指标，在衡量一个地区共同富裕程度时，地区人均GDP、居民人均可支配收入、地区人均GDP最高最低倍差、地区人均可支配收入最高最低倍差、城乡居民收入倍差、家庭年可支配收入目标值群体比例等，每一项都很重要。

为了全面落实《浙江高质量发展建设共同富裕示范区实施方案（2021—2025年）》，浙江将夯实共同富裕的物质基础。到2025年，人均生产总值达到13万元，居民人均可支配收入达到

7.5 万元。从人均 GDP 目标看，尽管在国内仍然低于北京和上海，但从全球看，已达到中等发达经济体水平，也意味着要跨过“中等收入陷阱”，这是一项意义重大的探索。同时提出，到 2025 年地区人均 GDP 最高最低倍差缩小到 2.1 以内，地区人均可支配收入最高最低倍差缩小到 1.55 以内，城乡居民收入倍差缩小到 1.9 以内。这三项目标，分别跟浙江建设共同富裕示范区的三大主攻方向一一对应，重在解决区域发展差距、城乡差距、收入差距。以城乡居民收入倍差为例，2020 年浙江的数据为 1.96，已经远低于全国的 2.56，力争降到 1.9 以下则更显魄力。此外，还提出到 2025 年，家庭年可支配收入 10 万 ~50 万元的群体比例达到 80%、20 万 ~60 万元的群体比例力争达到 45%。这两项目标意味着，浙江要实施扩大中等收入群体行动计划，目标是基本形成以中等收入群体为主体的橄榄型社会结构。

按照世界银行的标准，年收入 2.5 万 ~25 万元都属于中等收入，中间相差 10 倍。经济学家刘世锦则提出，中等收入群体的标准是“三口之家，年收入在 10 万 ~50 万元之间”。而典型的橄榄型社会，中等收入群体的比例往往超过 60%。浙江 2025 年的目标，无疑是高于这个定义的。以上这些指标，强调的都是均衡化发展，无不指向五大新发展理念中的“协调”和“共享”。全面推动协调发展，加快提升共享发展水平。实现目标的过程，重在改革，关键在人。何以激发人们进一步追求富裕的动力，何以消除阻碍共同富裕的障碍？实施和深化共享式改革是必由之路。

在高质量发展中促进共同富裕

从愿景回到现实，从浙江再到全国，无论促进共同富裕这个时代课题达成了多少社会共识，人们认知与理解的现实差异依然会存在。比方说，对当前推动共同富裕的战略时机是否有利，就有可能存在相关的疑虑或困惑。

在十九届六中全会闭幕次日召开的中共中央举行的新闻发布会上，与此有关且具有一定代表性的问题就从记者口中问了出来："中国已经将实现共同富裕正式提上了日程，目前中国经济增速正在放缓，是不是会对实现共同富裕带来挑战？中国在面临经济增长压力的情况下，如何实现共同富裕？"对此，中央财经委员会办公室分管日常工作的副主任韩文秀给予了回答。①

在以"在高质量发展中促进共同富裕"这句话开门见山后，韩文秀提出推动共同富裕要处理好"发展"与"分配"的关系，表示"推动共同富裕，解决发展问题是第一位的，分配问题也很重要，但不能仅仅靠分配来实现共同富裕"。他指出，我国人均国内生产总值虽然已经超过 1 万美元，但还没有达到高收入国家的水平，即使把现在所有的国民收入全部平均分配，也还达不到共同富裕。从而他强调，"共同富裕没有捷径，不是变戏法，必须靠 14 亿多中国人民艰苦奋斗来实现"。紧接着，他围绕如何推

① 韩文秀：共同富裕没有捷径，必须靠艰苦奋斗来实现[OL].[2021-11-12].http://www.scio.gov.cn/xwfbh/xwbfbh/wqfbh/44687/47390/zy47394/document/1716243/1716243.htm.

动共同富裕，从实现高质量发展、构建收入分配体系、企业履行社会责任等三方面做了具体阐述。

第一，推动共同富裕，需要实现高质量发展。韩文秀表示，我国仍然是世界上最大的发展中国家，我们仍然要用发展的办法解决前进中的问题，新时代的发展必须完整、准确、全面贯彻新发展理念，实现高质量发展。要增强发展的平衡性、协调性、包容性，持续缩小城乡、区域发展差距，从源头上打好共同富裕的基础。要坚持以人民为中心的发展思想，保障人民在参与发展中机会公平、规则公平、权利公平，共同创造社会财富，共同分享发展成果。可以说，推动高质量发展的过程就是解决发展不平衡不充分这一主要矛盾的过程，是提高中等收入者比重、优化分配结构的过程，是促进人的全面发展、推动共同富裕的过程。他特别提到，2020 年以来，面对新冠肺炎疫情的冲击，中国率先恢复经济增长，如期完成脱贫攻坚任务，全面建成小康社会，展现了中国经济的强劲韧性。“经济波动是短期现象，共同富裕是长期目标。中国经济拥有健康的基本面、巨大的内需潜力和发展空间，完全能够实现长期持续健康发展，为扎实推动共同富裕提供更为雄厚的物质基础。”这是他对记者的前半个问题（“中国经济增速放缓会不会对实现共同富裕带来挑战?”）做出的正面回应。

第二，推动共同富裕，需要构建体现效率、促进公平的收入分配体系。韩文秀指出，初次分配对于最终分配格局的形成具有基础性作用。要坚持按劳分配为主体、多种分配方式并存，激励引导社会成员通过诚实劳动和创新创业富裕起来。初次分配既要讲效率，又要讲公平，要规范分配秩序、合理控制初始分配差距。再分配要增强对分配差距的调节功能，通过完善税收制度、提高直接税比重、加强税收征管，更好发挥收入调节功能。同时，还要健全社会保障体系，完善转移支付制度，加大对低收入者和困难地区的支持与帮扶，更好地发挥兜底提低的作用，努力使橄榄型分配结构的两头更小一些、中间更大一些。再分配也要处理好效率和公平的关系，既促进公平，又考虑效率，防止顾此失彼。总之，要构建初次分配、再分配、三次分配协调配套的基础性制度安排，使收入分配调节既能够分好蛋糕，又有利于进一步做大蛋糕。

第三，推动共同富裕，需要企业"办好自己的事"。在韩文秀看来，企业家为共同富裕做贡献有多种渠道和方式，最基本的就是要做到合法诚信经营，照章纳税，履行社会责任，善待员工和客户，保护劳动者和消费者合法权益，办好自己的企业，为社会创造财富，这是企业的"本分"，也是为共同富裕做贡献的"正道"。同时，国家鼓励支持企业和企业家在有意愿、有能力的情况下积极参与公益慈善事业，这在客观上也会起到第三次分配的作用。他不无乐观地展望，随着我国企业不断发展壮大和更多的人富起来，加上国家激励政策的完善，我国的公益慈善事业将会迎来一个大发展。但是他同时也提醒，慈善捐赠是自愿行为，绝不能"杀富济贫""杀富致贫"，不能搞"逼捐"，因为那不符合共同富裕的本意，也不可能达到共同富裕的目的。会后，有专家评论称，"韩主任的回答切中肯綮，回应了近期社会关注的热点，再次澄清了对于共同富裕的认识误区"[①]。

共同富裕是什么、靠什么、怎么办？

以上并不是官方首次就共同富裕问题对社会关切予以回应。此前在中共中央宣传部举行的一场新闻发布会上，也有一次产生较大反响的对话。当时，记者问道："中国已经全面建成了小康社会，目前正在向建设社会主义现代化强国的第二个百年奋斗目标迈进。请问，在解决贫富分化、实现共同富裕上面临哪些挑战？又将如何应对？"对此，韩文秀当即旗帜鲜明地表示，共同富裕要靠共同奋斗，不搞"劫富济贫"。在他的回答中，涉及了共同富裕是什么、靠什么、怎么办等三方面的内容。[②]

一是，什么是共同富裕。韩文秀坦言，我们已经全面建成小康社会，在这个基础上，要继续把做大蛋糕和分好蛋糕两件事情办好，大力推动高质量发展，普遍提高城乡居民收入水平，逐步缩小分配差距，坚决防止两极分化。共同富裕是全体人民的富裕，不是少数人的富裕是人民群众物质生活和精神生活双富裕，不是仅仅物质上富裕而精神上空虚是仍然存在一定差距的共同富裕，不是整齐划一的平均主义同等富裕（见表 1）。

---

① 冯俏彬．推动共同富裕要处理好"发展"与"分配"的关系 [OL].[2021-11-13].https://www.bjnews.com.cn/detail/163679211014220.html.

②《中国共产党的历史使命与行动价值》文献新闻发布会直播实录 [OL].[2021-08-26].http://www.xinhuanet.com/politics/ddwxzb/wzsl.htm.

表 1 共同富裕“是什么”“不是什么”[①]

共同富裕“是什么”	共同富裕“不是什么”
是中国式现代化的“母版”“新版”	不是西方高福利政策的“再版”“翻版”
是高质量发展基础上的富裕	不是“穿新鞋走老路”
是分阶段促进共同富裕	不是同时同步同等富裕
是靠人人参与、人人奋斗	不是“躺平”“搭车”
是全体人民的共同富裕	不是少数人的富裕
是先富带后富、帮后富	不是“劫富济贫”“打土豪分田地”
是普遍富裕基础上的差别富裕	不是“绝对公平”“吃大锅饭”
是“富口袋”与“富脑袋”的统一	不是单单物质上的“土豪”“富豪”
是各尽所能、各尽其责	不是靠捐赠搞“逼捐”
一场等不得、也急不得的“耐力赛”	不是速战速决的“百米跑”

二是，靠什么来实现共同富裕。韩文秀强调，共同富裕要靠共同奋斗，这是根本途径。要鼓励勤劳致富、创新致富，鼓励辛勤劳动、合法经营、敢于创业的致富带头人，允许一部分人先富起来，先富带后富、帮后富，不搞“杀富济贫”。要坚持在发展中保障和改善民生，为人民提高受教育程度、增强发展能力，创造更加普惠、公平的条件，畅通社会向上流动的通道，给更多人创造致富的机会。要扎实推进基本公共服务均等化，坚持尽力而为、量力而行，防止落入福利主义的陷阱，我们不能等靠要，不能养懒汉。要构建初次分配、再分配、三次分配协调配套的基础

① 共同富裕“是什么”“不是什么”[N/OL]. 浙江日报，[2021-11-05].http://zjrb.zjol.com.cn/html/2021-11/05/content_3488642.htm.

性制度安排，加大税收、社保、转移支付等等调节的力度，扩大中等收入群体，形成中间大、两头小的橄榄形分配结构。第三次分配是在自愿基础上的，不是强制的，国家税收政策要给予适当激励，通过慈善捐赠等方式，起到改善分配结构的补充作用。

三是，要充分估计实现共同富裕的长期性、艰巨性、复杂性。诚如韩文秀所言，我国正在全面建设社会主义现代化国家，由全面小康迈向共同富裕，由中等收入国家发展成为高收入国家，实现共同富裕是一个在动态中向前发展的过程，不可能一蹴而就，也不可能齐头并进。因此，他最后不忘强调："我们要坚持稳中求进、循序渐进、久久为功，一件事情接着一件事情办，一年接着一年干，在新时代促进人的全面发展、使全体人民共同富裕取得实质性进展。"

正确理解共同富裕的重点

推进共同富裕，要充分考验战略定力。从高层论述到专家解读，无不认识到，推进共同富裕离不开坚实的经济基础。当然，这也正是以经济大省浙江作为示范区的重要考量。

从邓小平于1984年明确提出共同富裕，经过30多年的筚路蓝缕，中国的经济总量由1985年的0.9万亿元快速增长到2020年的101.6万亿元，增长了112倍。国家统计局数据显示，中国2019年、2020年人均国内生产总值超过1万美元。2020年，全国居民人均可支配收入比2010年实际增长100.8%。此外，脱贫等三大攻坚战取得了重大突破。这些恰恰是当前以及未来新征程上扎实推进共同富裕的基础和底气来源。

作为一项长期艰巨的任务，共同富裕是一条通往未来的崎岖之路，需要直面区域、城乡、行业、居民之间发展不平衡不充分等一系列现实问题。这些都是推进共同富裕过程中必须跨越的“拦路虎”。

从发展不充分来看，一个发展中的中等收入国家，只有继续保持较高经济增速，才能跻身高收入行列。据国际货币基金组织统计，2020 年，在全球 194 个国家和经济体里，中国人均国内生产总值名列第 63 位；联合国开发计划署人类发展指数表明，在全球 189 个国家和经济体里，中国排名第 85 位。而这也意味着，中国实现高质量发展目标的空间还很大。

从发展不平衡来看，中国面临更为艰巨的挑战。综合相关部门估计和学者测算，代表收入差距的基尼系数在现实中可能超过了 0.5（警戒线是 0.4）。此外，中等收入群体比重也偏低。2018 年全国中等收入群体比重约为 30%，总人口约 4 亿，其分布存在严重的城乡不平衡，农村中等收入群体比重不足 10%，低收入人群占 90% 以上。

解决发展不平衡不充分的关键路径在于高质量发展，这也是走向共同富裕的基本前提和必经之途。那么，在高质量发展的引领下，共同富裕主要有哪些特征或标准？“共同富裕是全体人民的富裕，是人民群众物质生活和精神生活都富裕，不是少数人的富裕，也不是整齐划一的平均主义，要分阶段促进共同富裕。”

这是中央财经委员会第十次会议关于共同富裕的标准，据相关报道概括，“三多”“两靠”是正确理解共同富裕的重点所在。

“三多”：一是人数多，是全体人民的富裕，不是少数人的富裕；二是内容多，物质生活要富裕，精神生活也要富裕；三是步骤多，共同富裕不是整齐划一的平均主义，要分阶段逐步实现。

“两靠”：实现共同富裕就像做蛋糕，既要做大，还要分好。“做大”要靠高质量发展，用好创新和教育两大“原料”，不断探索新的“制作方法”，给更多人创造致富的机会，而“分好”则要靠制度性安排，调整致富的节奏，实现“先富带动后富”。

不仅如此，中央财经委员会第十次会议还围绕促进共同富裕部署了重点工作，提出要在高质量发展中促进共同富裕，正确处理效率和公平的关系，构建初次分配、再分配、三次分配协调配套的基础性制度安排。同时强调，加大税收、社保、转移支付等调节力度并提高精准性，扩大中等收入群体比重，增加低收入群体收入，合理调节高收入，取缔非法收入，形成中间大、两头小的橄榄型分配结构。这就要求处理好效率和公平的关系，收入分配更均衡、基层保障更精准，在分得匀的同时还要兜得住，真正做到循序渐进、分阶段促进共同富裕。

构建共同富裕的动力系统

扎实推动共同富裕，需要构建“一体两翼”的动力系统（见表 2）。其中的“一体”是均衡化，也是共同富裕的运行内核；“两翼”则是数字化与绿色化，也是持续促进共同富裕的两大动能。

表 2　构建“一体两翼”的共同富裕动力系统

角色	动力	实现路径及推进重点
一体	均衡化	促城乡融合发展，中等收入群体倍增，橄榄型社会结构
两翼	数字化	科技引领，创新驱动，数字赋能；优化营商，升级产业
	绿色化	双碳目标，生态优先，绿色发展；健康生活，三生融合

回到浙江的示范探索上来。浙江在建设共同富裕示范区的 2025 年主要目标中，除了重点围绕均衡化发展的几组数字，还有三组比较重要的指标：一是数字经济增加值占生产总值比重达到 60%；二是人均预期寿命超过 80 岁，国民体质合格率超过 94.5%；三是生活垃圾分类覆盖面达到 100%，重点生物物种保护率 95%。前一组对应的是数字化发展（数字经济），后两组则突出了绿色化发展（大健康及生态）。二者与均衡化发展共同组成“一体两翼”，构建以均衡化发展为一体（内核）、以数字化发展和绿色化发展为两翼（动能）的共同富裕动力系统。而且无论是数字化，还是绿色化，都应以均衡化为依归。

数字化发展，彰显的是五大新发展理念中的“创新”。当前，浙江以“数字化改革”为引领，撬动全领域改革的制度机制创新，打造最优营商环境、投资环境、干事环境、政商环境，促进数字产业化、产业数字化发展，是提高数字经济增加值占 GDP 比重、缩小城乡和区域数字鸿沟的有效途径。为缩小城乡和区域差距，浙江提出打造“山海协作”升级版，推进“跨山统筹”，持续促进后发地区26县加快发展。以发达地区和加快发展地区之间的创新合作为重点，研究发达地区的技术、人才、信息等要素向加快发展地区转移的有效途径。

绿色化发展，体现的是五大新发展理念中的“绿色”。浙江在全国率先提出“绿水青山就是金山银山”的绿色发展理念，在发展经济的同时，注重人的健康，可持续推动生活、生产、生态“三生融合”，既不为经济发展舍弃环境，也不为环境放弃经济发展。譬如，在安吉、德清、余杭等地农村，过去卖矿石，现在转变成卖文化、卖旅游，生活富裕，环境优美，生态优良。在此过程中，创新生态保护机制至关重要。而在推进城乡公共服务均等化发展的同时，也要注重多元化、差别化，在区域生态补偿方面更要多元化。如加大对限制开发区域、禁止开发区域生态保护财力转移支付力度，提高全流域生态保护补偿标准，完善生态保护成效与相关转移支付资金分配挂钩机制等。

为全国探路，率先实现共同富裕，是建设共同富裕示范区的首要初衷。夯实共同富裕之基，需要探索建立先富带后富、推动共同富裕的目标体系、工作体系、政策体系、评价体系，探索推进共同富裕的体制机制和制度体系，形成可复制可推广的经验。其核心要义有二：一是在动态中处理好政府与市场、公平与效率这两对经典关系，二是推动均衡化、数字化、绿色化“三化”发展。当然，无论前路有多美多曲折，唯有不断“做大蛋糕”，才能持续“分好蛋糕”。这是促进共同富裕的不二法门，也是当好“模范生”的正确姿势。

紧扣发展不平衡不充分这个主要矛盾，在高质量发展中扎实推进共同富裕，以缩小城乡区域发展差距和收入分配差距为主攻方向，改革和完善收入分配制度，实现人的全面发展，满足人的多维度需求，成为新发展格局下的必答题。

结　语

中国式现代化新道路实现的新超越

黄群慧

中国社会科学院经济研究所所长、研究员

习近平总书记指出：“我们坚持和发展中国特色社会主义，推动物质文明、政治文明、精神文明、社会文明、生态文明协调发展，创造了中国式现代化新道路，创造了人类文明新形态。”[①] 中国式现代化既切合中国实际，体现社会主义建设规律，也体现人类社会发展规律，实现了对西方现代化理论的全面超越，有着深刻的历史逻辑、理论逻辑、实践逻辑。

① 习近平．在庆祝中国共产党成立100周年大会上的讲话[OL].[2021-07-01]. http://www.gov.cn/xinwen/2021-07/01/content_5621847.htm.

中国式现代化道路新在哪里

作为一条现代化新道路，中国式现代化对于推进人类社会现代化进程具有重要理论价值和实践意义。

坚持以人民为中心的发展思想，摒弃西方现代化老路

中国式现代化遵循现代化理论中关于以工业化、市场化、经济全球化促进生产力发展的普遍规律，但与西方现代化的基本逻辑并不相同，与西方现代化有着本质区别。

中国式现代化摒弃了西方现代化所遵循的生产力发展单纯服从于资本的逻辑，摒弃了西方以资本为中心的现代化、两极分化的现代化、物质主义膨胀的现代化、对外扩张掠夺的现代化老路，既实现了对西方现代化理论的超越，又丰富和发展了马克思主义发展理论。中国式现代化坚持以人民为中心的发展思想，把增进人民福祉、促进人的全面发展、朝着共同富裕方向稳步前进作为经济发展的出发点和落脚点，扎实推动共同富裕，不断增强人民群众获得感、幸福感、安全感。中国式现代化统筹推进经济建设、政治建设、文化建设、社会建设、生态文明建设，推动新型工业化、信息化、城镇化、农业现代化同步发展，推动物质文明、政治文明、精神文明、社会文明、生态文明协调发展，形成了系统协调的现代文明新形态。围绕满足人民美好生活需要，针对发展不平衡、不协调、不可持续问题，中国式现代化推动经济发展质量变革、效率变革、动力变革，努力实现创新成为第一动

力、协调成为内生特点、绿色成为普遍形态、开放成为必由之路、共享成为根本目的的高质量发展。新时代现代化理论的创新突破，指引我国从“现代化的迟到国”跃升为“世界现代化的增长极”。

坚持立足本国国情探索现代化动力机制和战略，给发展中国家走向现代化带来启示

坚持独立自主开辟发展道路，立足本国国情探索适合自己的现代化动力机制和战略，是中国式现代化取得成功的一个重要原因。

从现代化动力机制看，我们党创造性地把社会主义与市场经济有机结合起来，探索建立了社会主义市场经济体制，既充分发挥市场经济提高资源配置效率的长处，又有效发挥社会主义制度集中力量办大事的优越性；既使市场在资源配置中起决定性作用，又更好地发挥政府作用；既充分利用资本在促进生产力发展方面的积极作用，又有效防止资本野蛮生长，实现了有效市场和有为政府的更好结合，让一切劳动、知识、技术、管理、资本的活力竞相迸发，让一切创造社会财富的源泉充分涌流，极大解放和发展了社会生产力。

从现代化战略看，新中国成立以来，我们党始终立足本国国情和发展阶段对建设社会主义现代化国家做出战略安排，并以五年规划（计划）的形式加以贯彻落实。进入新时代，以习近平同志为核心的党中央对全面建成社会主义现代化强国做出了分两步

走的战略安排：从 2020 年到 2035 年基本实现社会主义现代化，从 2035 年到本世纪（21 世纪）中叶把我国建成富强民主文明和谐美丽的社会主义现代化强国，并在“十三五”“十四五”规划建议中提出一批具有标志性的重大战略，实施富有前瞻性、全局性、基础性、针对性的重大举措。习近平总书记关于立足新发展阶段、贯彻新发展理念、构建新发展格局、推动高质量发展的一系列重要论述，为破解发展难题、增强发展动力、厚植发展优势、加快现代化发展提供了行动指南。适合国情的正确现代化战略，指引我国加快迈上更高质量、更有效率、更加公平、更可持续、更为安全的发展之路。

中国式现代化的成功实践向世人表明，一个后发国家即使不具备先发国家那样的发展条件，只要锚定自己的现代化目标，立足本国国情独立自主探索适合自己的现代化道路，也能实现跨越式发展。

积极倡导文明交流互鉴，打破西方“文明冲突论”对人类文明的桎梏

西方现代化是从农耕文明到工业文明再到信息文明的依次发展过程，形成了传统和现代二元对立的文明观，主张用现代性取代传统性。许多西方学者和政要认为，多种文明不可能和谐相处，必然发生冲突和对立。在西方现代化史上，一些国家利用其工业文明的先发优势对仍处于传统农业文明阶段的国家和民族进行侵略、压迫和奴役。今天，一些西方学者和政客依然在竭力宣

扬西方文明等同于现代文明，试图改造其他文明，这加剧了世界范围的文明冲突，不利于人类文明丰富发展。

中国式现代化主张以文明交流超越文明隔阂，以文明互鉴超越文明冲突，以文明共存超越文明优越，探索创立具有包容性的人类文明新形态。我们党坚持把马克思主义基本原理同中国具体实际相结合、同中华优秀传统文化相结合，用马克思主义真理的力量激活了中华民族历经几千年创造的伟大文明，使中华文明再次迸发出强大精神力量。坚持弘扬平等、互鉴、对话、包容的文明观，尊重文明多样性，推动不同文明交流对话、和平共处、和谐共生，努力让文明交流互鉴成为增进各国人民友谊的桥梁、推动人类社会进步的动力、维护世界和平的纽带。中国式现代化打破了西方“文明冲突论”对人类文明的桎梏，推动人类创造的各种文明交相辉映、相互尊重、和谐共处。

坚持走和平发展道路，维护世界和平，促进共同发展

习近平指出，我国现代化是走和平发展道路的现代化。与西方国家在现代化进程中长期奉行“国强必霸”的丛林法则和对抗性的零和博弈思维不同，和平发展是中国式现代化的重要特征。在推进现代化的过程中，中国始终坚守永远不称霸、不搞扩张、不谋求势力范围的庄严承诺，坚持推动构建人类命运共同体，在努力谋求自身发展的同时，积极为维护世界和平、促进共同发展贡献力量。

当今世界正经历百年未有之大变局，这场变局不限于一时一

事、一国一域，而是深刻而宏阔的时代之变。百年变局和世纪疫情相互叠加，世界进入新的动荡变革期。各国人民对和平发展的期盼更加殷切，对公平正义的呼声更加强烈，对合作共赢的追求更加坚定。这更加凸显了走和平发展道路的中国式现代化的重大意义。针对当前世界面临的一系列现代化困境和危机，中国积极推动构建人类命运共同体，推动共建“一带一路”高质量发展，提出全球发展倡议、全球安全倡议，科学回答世界之问、时代之问，指出人类文明进步和现代化发展的正确方向，为建设持久和平、普遍安全、共同繁荣、开放包容、清洁美丽的世界贡献了中国智慧、中国方案、中国力量。

深化对现代化进程中经济规律的认识

进入新发展阶段，我国踏上全面建设社会主义现代化国家新征程。不容忽视的是，当今世界正处于百年未有之大变局，特别是新冠肺炎疫情和乌克兰危机导致风险挑战增多，我国经济发展环境的复杂性、严峻性、不确定性上升，无论是长期发展还是短期增长，都面临着一些挑战和压力。2021 年中央经济工作会议指出，我国经济发展面临需求收缩、供给冲击、预期转弱三重压力。我们需要深化对现代化进程中经济规律的认识，把握经济现代化发展大势，科学分析经济形势，从而坚定信心，制定出正确的经济战略和有效的经济政策，实现符合经济规律的科学发展。

在把握中国式现代化道路形成特质中深化对总体性规律的认识

新中国成立以后，中国式现代化道路的形成大体经历了三个时期，一是社会主义革命和建设时期。这个时期确立社会主义基本制度，推动社会主义建设向着工业、农业、国防和科学技术四个现代化目标不断发展，建立了独立的比较完整的工业体系和国民经济体系，为中国式现代化道路奠定了前提和经济基础。二是改革开放和社会主义现代化建设新时期。这个时期我们形成了充满活力的社会主义市场经济体制，指明了新型工业化的发展方向，实现了人民生活从温饱不足到总体小康、奔向全面小康的历史性跨越，中国式现代化道路初步形成。三是中国特色社会主义新时代。这个时期全面建成小康社会，进入新发展阶段，我们比历史上任何时期都更接近、更有信心和能力实现中华民族伟大复兴目标，中国式现代化道路的理论和制度体系日趋完善，物质基础更为坚实，中国式现代化道路在世界上的影响日益深远。

从中国式现代化道路的形成过程中可以看出，最为关键的要素是中国共产党的领导。经济史和经济思想史充分表明，对后发国家而言，拥有一个积极、坚强、有效的国家领导力量是实现经济赶超的关键所在。在我国对社会主义现代化探索过程中，面对复杂多变的环境，在中国共产党的坚强领导下，科学制定并不断完善短中期现代化目标，坚持建设社会主义现代化国家的长期目标不动摇，充分发掘潜力、抓住机遇。我们党领导人民不仅创造了世所罕见的经济快速发展奇迹和社会长期稳定奇迹，而且成功走出了中国式现代化道路，创造了人类文明新形态。

历史经验证明，坚持党中央集中统一领导，发挥党中央对经济发展的掌舵领航作用，这是我国经济现代化必须遵循的总体性规律。在经济工作中越是遇到前所未有的挑战和压力，越是要坚定信心，深化坚持党中央集中统一领导这个规律性认识。这要求我们必须从思想上和行动上统一到党中央对经济工作的重大决策和重要战略部署上来，必须不断完善党领导经济工作的体制机制，有效发挥党在各个经济领域重大工作的顶层设计、总体布局、统筹协调、整体推进和督促落实作用。

在把握现代化发展阶段特征中深化对高质量发展规律的认识

经济规律虽然具有不以人的意志为转移的客观性，但并不意味着所有规律都适合所有国家、所有地区和各个经济发展阶段，尤其是在具体经济工作中，必须结合经济发展阶段和具体国情来认识和使用经济规律。我国已经进入一个新的发展阶段，需要积极探索新发展阶段的经济发展规律。

中国特色社会主义进入新时代，我国社会主要矛盾已经转化为人民日益增长的美好生活需要和不平衡不充分的发展之间的矛盾，经济已由高速增长阶段转向高质量发展阶段，经济建设的主要任务是促进经济高质量发展，这需要认识把握高质量发展规律。高质量发展要求以创新、协调、绿色、开放、共享的新发展理念为指导，着力解决发展不平衡不充分问题。因此，在新发展阶段，必须积极探索创新发展规律、协调发展规律、绿色发展规律、开放发展规律和共享发展规律，并将这些规律应用到具体的经济工作中。进一步看，高质量发展规律可以由这五方面的规律组成，而且每方面的规律又包含着丰富内容，甚至每方面的发展规律都可对应相应的经济学分支，如创新发展规律可以对应创新经济学或者技术经济学，但总体上高质量发展规律是一个以人民为中心、针对发展不平衡不充分问题的五方面经济规律呈现有机联系的规律系统，我们必须从整体上把握。在这个规律系统中，共享发展规律体现社会主义生产目的方面的规律，注重解决社会公平正义问题，而创新、协调、绿色、开放更多体现生产方式方面的规律，其中创新发展规律注重解决发展动力问题，协调发展规律注重解决发展不平衡问题，绿色发展规律注重解决人与自然和谐问题，开放发展规律注重解决发展内外联动问题。

既然高质量发展规律是一个系统，这就进一步要求我们在具体应用中既要把握五方面规律的各自要求，又要坚持系统观念、加强统筹协调，注重把握高质量发展规律的内在联系和系统性。面对经济发展不平衡和多重经济压力时，一定要坚持系统观念，从问题导向出发，抓住主要矛盾，各方面政策要具有协同性。尤其是面对需求收缩、供给冲击、预期转弱三重压力时，要注重协调逆周期政策与跨周期政策，推动供给侧结构性改革政策与需求侧管理政策协同。各部委和各地方政府在出台经济政策时，要坚决服从党中央集中统一领导，充分考虑政策协同效应，打好政策组合拳，避免出现合成谬误。

在完善社会主义市场经济体制中深化对经济运行规律的认识

习近平总书记深刻指出，在社会主义条件下发展市场经济，是我们党的一个伟大创举。我国经济发展获得巨大成功的一个关键因素，就是我们既发挥了市场经济的长处，又发挥了社会主义制度的优越性。迄今为止，我国经济发展取得了令世人瞩目的辉煌成就，极大促进了社会主义现代化事业的发展，充分彰显了社会主义市场经济具有无与伦比的生命力。走中国式现代化道路，不断推动中国现代化进程，需要坚持发展社会主义市场经济，完善社会主义市场经济体制。

在这一过程中，关键是要把市场经济优势和社会主义制度优势有机结合起来，这要求我们必须深化对市场经济运行规律和社会主义发展规律的认识，在二者有机结合上下功夫，从而探索出社会主义市场经济条件下的经济运行规律。既要发挥市场经济体制下价值规律、经济周期规律、货币流通规律等促进生产力发展的作用，又要使生产力发展符合社会主义发展规律要求的生产目的。具体到经济运行调控上，就是既要“有效的市场”，强调充分遵循市场经济规律，使市场在资源配置中起决定性作用，也要“有为的政府”，更好地发挥政府作用，加强统筹协调，将二者有机结合在社会主义市场经济这个统一框架下。

经过多年探索，我国在各方面制度更加成熟、更加定型上已取得明显成效，随着社会主义现代化进程的不断深入和世界百年未有之大变局的加速演化，新的问题和挑战也在不断出现，需要进一步探索社会主义市场经济条件下经济运行和经济增长规律，当前尤其要注意探索社会主义市场经济条件下的资本行为规律、共同富裕实现规律。

关于资本行为规律，一方面要深化对资本多重属性的认识。在社会主义市场经济体制下，资本是带动各类生产要素集聚配置的重要纽带，是促进社会生产力发展的重要力量。同时，必须认识到，资本具有逐利本性，如不加以规范和约束，就会给经济社会发展带来不可估量的危害。因此，要历史地、发展地、辩证地认识和把握我国社会存在的各类资本及其作用。只有深刻认识资本的多重属性，才能认识资本行为规律，从而发挥资本作为生产要素的积极作用，同时有效控制其消极作用，使资本运行逻辑符合社会主义生产目的，促进共同富裕。另一方面要深化对资本多重形态的认识。现阶段，我国存在国有资本、集体资本、民营资本、外国资本、混合资本等各种形态资本。只有深刻认识各种资本形态的特性，正确处理不同形态资本之间的关系，才能协调推动各类资本规范健康发展，促进社会主义市场经济不断发展。

关于共同富裕实现规律，一方面要深化对实现共同富裕的阶段性认识。共同富裕是社会主义的本质要求，是中国式现代化的重要特征。实现共同富裕，不可能一蹴而就，也不可能齐头并进，而是一个长期的、分阶段的历史过程。首先要通过全国人民共同奋斗把蛋糕做大做好，然后通过合理的制度安排把蛋糕切好分好。另一方面要深化对实现共同富裕和高质量发展关系的认识。高质量发展与实现共同富裕有内在统一性，实现共同富裕是高质量发展的目标和内在要求，高质量发展是实现共同富裕的手段和基本过程。实现共同富裕意味着不仅要遵循共享发展规律，同时还要遵循创新发展、协调发展、绿色发展、开放发展规律，在高质量发展中促进共同富裕。